Irene Adam · Schneidern für alle

Irene Adam

Verlag für die Frau · Leipzig

Schneidern
für alle

Adam, Irene:
Schneidern für alle / Irene Adam.
Zeichn.: Hannelore Reinhardt-Fischer ...
.— 4. Aufl. — Leipzig:
Verlag für die Frau 1988. — 188 S.: Ill.
ISBN 3-7304-0185-8

4. Auflage 1988 · (1. Taschenbuchausgabe)
Alle Rechte vorbehalten
© 1984 Verlag für die Frau, DDR Leipzig
Entwürfe für Zeichnungen: Irene Adam
Zeichnungen: Hannelore Reinhardt-Fischer,
Lore Jacobi, Konstanze Neumann-Gast,
Ursula Wagner
Modelle: Verlag für die Frau
Fotos: Brigitte Weibrecht, Heinz Schütze
Gesamtgestaltung: Rolf Kunze, Großpösna
Druckgenehmigungsnummer: 126/405/37/88
Lichtsatz und Reproduktion: INTERDRUCK
Graphischer Großbetrieb Leipzig — III/18/97
LSV 9269 · Bestellnummer: 672 541 0
01160

Inhaltsverzeichnis

Vorwort 7

1. Voraussetzungen zum Schneidern 9

1.1. Fertigungsmittel 9
1.2. Textile Stoffe 12
1.3. Fadenmaterial 13
1.4. Ergänzungsmaterialien 14

2. Grundbegriffe und grundlegende Techniken des Schneiderns 15

2.1. Vorbereitende Arbeiten 15
2.2. Stiche 17
2.3. Nähte 22
2.4. Trennen 24
2.5. Abnäher, Biesen, Fältchen und Falten 24
2.6. Einreihen 25
2.7. Einreihen mit Smokgummi 25
2.8. Versäubern der Nähte 26
2.9. Säume 27
2.10. Verstürzen 28
2.11. Ecken nähen 29
2.12. Schrägstreifen 30
2.13. Knöpfe, Druckknöpfe, Haken und Ösen 33
2.14. Knopflöcher 34
2.15. Gürtel und Schnallen 35
2.16. Aufhänger und Schlaufen 37
2.17. Polster 39
2.18. Verarbeitung von Spitze 40
2.19. Verarbeitung von Webpelz 40
2.20. Das Bügeln 41

3. Die Nähvorbereitung 43

3.1. Das Maßnehmen 43
3.2. Die Größenbestimmung 43
3.3. Der Schnitt 44
3.4. Die Schnittveränderung 45
3.5. Der Zuschnitt 50
3.6. Das Markieren 52
3.7. Das Heften 53
3.8. Die Anprobe 54

4. Der Rock 56

4.1. Rockanprobe 58
4.2. Näharbeiten am Rock 60
4.3. Rockformen ohne Schnitt 67

5. Die Hose 72

5.1. Anprobe der Hose 74
5.2. Näharbeiten an der Hose 77

6. Die Weste 86

6.1. Anprobe der Weste 88
6.2. Näharbeiten an der Weste 90

7. Die Bluse 96

7.1. Anprobe der Bluse 98
7.2. Näharbeiten an der Bluse 100

8. Das Kleid 116

8.1. Anprobe des Kleides 118
8.2. Näharbeiten am Kleid 121

9. Die Jacke 128

9.1. Die Jacke mit Kimonoärmeln 130
9.2. Die Jacke mit Raglanärmeln 134
9.3. Der Verschluß an der Jacke 140
9.4. Taschen in der Jacke 142

10. Der Mantel 148

10.1. Vorbereitung zur Anprobe 150
10.2. Die Mantelanprobe 153
10.3. Näharbeiten am Mantel 157

11. Zierarbeiten 164

11.1. Rüschen und Falbeln 164
11.2. Wattestepperei 167
11.3. Wattestopferei 167
11.4. Applikation 168
11.5. Inkrustation 169
11.6. Spitzenmotive einsetzen 169
11.7. Smok 170
11.8. Pompons, Quasten, Schnuren 171

12. Änderungen, Modernisierungen und Reparaturen 173

12.1. Kleidungsstücke 173
12.2. Frottierhandtücher 176
12.3. Bettwäsche 176
12.4. Dekorationsstoffe weiterverwenden 177

Register 178

Vorwort

Mit diesem Schneiderbuch wenden wir uns an alle, die den Wunsch haben, etwas Modisches und Praktisches zu nähen. Schneidertechnische Fertigkeiten setzen wir dabei nicht voraus. Zweierlei möchten Sie aber mitbringen: Interesse und Geduld – auch wenn Ihr erstes „Werkstück" noch nicht alle Erwartungen erfüllen sollte.

Wir haben das Buch nach einer Art Baukastensystem aufgebaut: Wir beginnen den Hauptteil, die Kapitel 4 bis 10, mit der einfachsten Schneiderarbeit, dem Rock, und schließen ihn ab mit dem Mantelnähen, was natürlich sehr viel mehr Erfahrung und Fertigkeiten verlangt. An Rock, Hose, Weste, Bluse, Kleid, Jacke und Mantel erläutern wir die Verarbeitungsschwerpunkte, die für das betreffende Kleidungsstück typisch sind, die aber auch bei den nachfolgend beschriebenen immer wieder angewendet werden müssen. Das Zusammenfügen zweier Stoffteile, das Nähen von Abnähern und die Bundverarbeitung werden zum Beispiel im Rockkapitel erklärt; in den folgenden Kapiteln setzen wir diese Fertigkeiten voraus, verweisen aber im laufenden Text auf diejenigen Abschnitte oder Abbildungen, in denen wir sie erläutert haben. Außerdem hilft Ihnen das Register, wenn Sie einen Begriff suchen oder eine Technik erklärt haben möchten.

Ganz vorn im Buch, auf dem Vorsatz, haben wir die in den Zeichnungen verwendeten Symbole erklärt und auch die auf dem Schnittmusterbogen üblichen Zeichen beschrieben; wir hoffen, durch diese Erläuterungen zum besseren Verständnis beizutragen.

Die Maßtabelle am Ende des Buches zeigt Ihnen, wie gemessen werden soll, und bietet die Möglichkeit, individuelle Maße einzutragen, damit sie immer zur Hand sind.

Zunächst schlagen wir Ihnen vor, sich intensiv mit den drei einführenden Kapiteln zu befassen; sie informieren über Stoffe, Faden- und Ergänzungsmaterialien, vor allem aber machen sie vertraut mit den Grundbegriffen des Schneiderns, den Stichen und Nähten und all den anderen Arbeiten, die Ihnen auch bei den tagtäglichen Reparaturen von Textilien zugute kommen. Außerdem ist hier das Wichtigste zur Nähvorbereitung nachzulesen, z. B. über das Maßnehmen, den Umgang mit Schnitten, das Zuschneiden, das Heften und die Anprobe.

Ergänzt wird dieser Schneidervorkurs durch das Kapitel 11, das allerlei Zierarbeiten zeigt, die Ihren Modellen individuellen Chic geben.

Dabei haben wir nicht Vollständigkeit angestrebt, sondern nur einiges Wesentliche aufgenommen, was auch dem Laien gut gelingen wird und vor allem nicht zu zeitaufwendig ist. Handarbeiten, die Ihre Kleidung zieren können, z. B. Hohlsäume, Stickereien oder selbstgefertigte Spitzen, finden Sie in Zeitschriften oder in den Bänden „Handarbeitstechniken" aus unserem Verlag.

Auch bei der Darstellung von Schneidertechniken haben wir bewußt auf solche Arbeiten verzichtet, die sehr viel Übung und Erfahrung erfordern, wenn sie zu befriedigenden Ergebnissen führen sollen.

Ausgerüstet mit diesem Grundwissen können Sie sich ohne weiteres an das Schneidern eines Rocks wagen. Wenn Sie sich ein Modell ausgewählt haben, vergessen Sie nicht, die Beschreibung auf dem Einzelschnitt bzw. die Legende auf dem Schnittbogen gewissenhaft durchzulesen, weil hier zusätzliche Hinweise gegeben werden — auch was die günstigste Reihenfolge der Näharbeiten am spezifischen Modell angeht —, wie wir sie in diesem Buch, das ja die typischen Schneidertechniken vermitteln soll, nur bedingt zeigen können.

Wer noch Vorbehalte haben sollte, dem empfehlen wir, die allerersten Schneiderkünste nicht unbedingt an einem besonders guten Rockstoff zu erproben. Überhaupt: In der „Hausschneiderei" muß nicht immer nur neuer Stoff verarbeitet werden. Kontrollieren Sie Ihren Kleiderschrank und sondern Sie diejenigen Stücke aus, die Sie in der gegebenen Form nicht mehr tragen können oder wollen. Prüfen Sie, was sich vielleicht noch daraus machen ließe. Manchen Tip für Änderungen und für Möglichkeiten, aus Alt Neu werden zu lassen, finden Sie in unserem letzten Kapitel, das auch Hinweise für Reparaturen enthält.

Wir haben uns bemüht, Ihnen zu zeigen, wie Sie mit möglichst geringem Aufwand zu guten Ergebnissen gelangen können und dadurch Ihren Freizeitfonds nicht mehr als nötig belasten.

Viel Freude wünschen wir Ihnen beim Schneidern und große Erfolge mit Ihren selbstgenähten Röcken, Hosen, Westen, Blusen, Kleidern, Jacken und Mänteln!

1. Voraussetzungen zum Schneidern

1.1. Fertigungsmittel

1.1.1. Die Nähmaschine. Die wichtigste technische Voraussetzung für das Anfertigen von Kleidungsstücken ist eine moderne, gut funktionierende Nähmaschine. Beim Kauf kann man unter verschiedenen Typen mit unterschiedlichen Nähprogrammen wählen. Man kann sich entscheiden

- ▶ für eine Programm-Zick-Zack-Maschine mit 8 Programmen,
- ▶ für eine Nutznaht-Automatik-Maschine mit 8 Nähprogrammen und halbautomatischer Knopflocheinrichtung,
- ▶ für die Super-Nutznaht-Automatik-Maschine mit 13 Nahtprogrammen und automatischer Knopflocheinrichtung,
- ▶ für die Spezial-Nutznaht-Automatik-Maschine mit 16 Nähprogrammen und halbautomatischer Knopflocheinrichtung,
- ▶ für die Super-Programm-Automatik-Maschine mit 21 Nähprogrammen und automatischer Knopflocheinrichtung.

Ausschlaggebend bei der Wahl sollte sein, wie häufig man die Nähmaschine nutzen wird und wie perfekt im Nähen man schon ist.

Alle Möglichkeiten, die die jeweilige Nähmaschinenvariante bietet, sind in den entsprechenden Gebrauchsanleitungen sorgfältig erläutert. Vor Inbetriebnahme einer neuen Nähmaschine muß man sich diese Anleitungen gründlich ansehen und die möglichen Arbeitsgänge oft auf Stoffresten ausprobieren, bevor man mit einer größeren Näharbeit beginnt. Nur so kann man die vielfältigen Programme für die persönliche Anwendung erschließen und auch sachgemäß anwenden.

Ob man sich für eine *Koffernähmaschine* oder für eine *Nähmaschine mit Nähmöbel* entscheidet, hängt auch vom Platz ab, der für die Nähecke zur Verfügung steht.

Besitzt man nur eine funktionstüchtige *Geradstichmaschine* älterer oder neuerer Bauart, so kann man damit selbstverständlich auch komplette Kleidungsstücke fertigen, jedoch ist der Zeitaufwand wesentlich größer, da eine ganze Reihe von Näharbeiten, wie Nahtversäubern, Saumversäubern und Knopflochanfertigen, mit der Hand ausgeführt werden müssen. Diese Arbeiten werden in den betreffenden Abschnitten erläutert.

Der Nähplatz. Wenn es der Wohnraum erlaubt, sollte man sich einen festen Nähplatz schaffen. Zusätzlich zur Nähmaschinenbeleuchtung, die in modernen Nähmaschinen eingebaut ist, braucht man noch eine gute Arbeitsplatzbeleuchtung, wobei zu beachten ist, daß man beim Sitzen keinen Schatten auf die Näharbeit wirft. Ein kleines Regal für Stoffreste, ein Kasten mit übersichtlicher Einteilung für Nähfäden und alle anderen Utensilien sowie eine Ablage für Scheren, Stecknadeln und das Maßband sorgen für Ordnung und Übersichtlichkeit.

Vorbereitung der Näharbeit. Die eingesetzte Nähmaschinennadel muß in ihrer Stärke zum Stoff passen. Oberfaden und Spulenfaden sollten in Fadenstärke und Farbe aufeinander abgestimmt sein und den zu verarbeitenden textilen Stoffen entsprechen.

Für feine, dünne Stoffe wählt man Nähmaschinennadeln in den Stärken 70 bis 90, für dicke oder sehr feste Stoffe dagegen Nadeln in den Stärken 100 bis 120.

Die Wahl des Nähfadens ist von Farbe und Material abhängig. Bei dünnen Stoffen empfehlen sich Synalin für vollsynthetische Fasern, Kermalin für synthetische Fasern, Baumwollfasern und Mischfasern. Baumwollzwirn, Haushaltgarn genannt, oder reine Maschinenseide eignen sich für alle dünnen Stoffe. Für dicke Stoffe und sehr haltbare Nähte wählt man Baumwollzwirn in der Stärke 40 und Nähmaschinennadeln in der Stärke 100.

Knopflochseide zum Absteppen wird mit einer Nadelstärke von 90 bis 110 genäht, je nach Stoffstärke. Der Unterfaden sollte aus normalem Nähzwirn bestehen. Nur wenn die Stepperei rechts und links gleichermaßen sichtbar sein soll, kann man Knopflochseide sowohl als Oberfaden wie auch als Spulenfaden verwenden; dabei ist aber eine sorgfältige Regulierung der Fadenspannung vor dem Nähen erforderlich. Für dünne Stoffe eignet sich Steppseide aus Polyesterseide; sie läßt sich allerdings schwer einfädeln, weil sich die Fadenenden leicht spalten.

Auf einer Stoffprobe wird die Stichbildung ausprobiert und geprüft. Möchte man Knopflöcher arbeiten, so wird ein Probeknopfloch auf einem Stoffrest mit untergelegter Einlage gefertigt; das erste Knopfloch sollte ohne vorherige Probe niemals gleich in das Kleidungsstück eingearbeitet werden. Ebenso prüft man vor dem Absteppen von Kanten oder vor Stickarbeiten das Nahtbild auf einem Stoffrest, der aber dem zu verarbeitenden Material genau entsprechen muß. Auf diese Weise vermeidet man unschöne Stellen und aufwendige Trennarbeiten.

Nähmaschinenpflege. Mit einem Pinsel werden alle zugänglichen Stellen der Nähmaschine gründlich und regelmäßig gesäubert. Anschließend wird Nähmaschinenöl in die dafür vorgesehenen Löcher getropft. Ölt man innen direkt auf die Gelenke, vermeidet man Ölflecke auf dem Gehäuse der Maschine. Vor jeder Benutzung ist die Nähmaschine sorgfältig mit einem weichen Tuch abzuwischen, damit das Nähgut nicht verschmutzt wird. Defekte Nähnadeln sollte man sofort aussondern.

Nähstörungen. Häufig auftretende Nähstörungen und Möglichkeiten, sie zu beheben, sind in den Gebrauchsanleitungen zur Nähmaschine erklärt. Öfter klemmt sich ein Nähfaden im Greifer fest, so daß die Maschine blockiert. In solchem Falle sollte man nicht etwa versuchen, die Teile auseinanderzuschrauben, da man dabei die winzigen Schrauben verlieren kann und der Sitz des Greifers verschoben wird. Man träufelt Öl in die Rillen zwischen Spulenkapselhalter und Greifer und versucht durch Hin- und Herbewegen des Handrades den eingeklemmten Faden zu erweichen, herauszuspülen und dadurch die Maschine wieder funktionsfähig zu machen.

Wenn man alle in der Gebrauchsanleitung gegebenen Hinweise beachtet und durch häufiges Üben die möglichen Arbeitsgänge gut beherrschen lernt, wird man mit der Nähmaschine gut arbeiten und sie allmählich auch umfassend nutzen können.

1.1.2. Scheren. Zum Schneidern braucht man mindestens zwei verschiedene Scheren, und zwar eine größere zum Zuschneiden und eine kleine Handschere zum Trennen der Nähte oder Fäden, zum Verschneiden der Nähte, Einschneiden der Knopflöcher und für ähnliche Arbeiten. Die Scheren sollten scharf geschliffen sein und nur für Näharbeiten benutzt werden, damit sie immer saubere Schnitte ausführen können.

1.1.3. Nadeln
Handnähnadeln. Für die Hausschneiderei ist es günstig, Nadelsortimente zu kaufen, die Nadeln unterschiedlicher Stärke und Länge enthalten, so daß man

sie entsprechend der Stoffstärke und der Art der Näharbeit einsetzen kann. Je höher die Nummer der Nadel, desto feiner ist sie; die am häufigsten gebrauchte Nadel ist die Nr. 8, halblang. Zum Heften und Einreihen werden längere, dünne Nadeln verwendet, für die anderen Näharbeiten, z. B. zum Säumen, sind kürzere Nadeln besser geeignet. Zum Sticken, besonders auf locker gewebten Stoffen, nimmt man Nadeln mit stumpfer Spitze, für Lederarbeiten Nadeln mit kegelförmiger Spitze. Stopfnadeln gibt es in unterschiedlicher Stärke mit entsprechend großem Öhr.

Nähmaschinennadeln. Sie sollten nach der Systemnummer gekauft werden, die aus dem Nähmaschinenprospekt ersichtlich ist; es gibt sie in den Stärken 70 bis 120. Für das Nähen von Biesen verwendet man Zwillingsnadeln, hier sind zwei Nadeln in einem Kolben vereint; sie werden in unterschiedlichen Stärken und Nadelabständen hergestellt.

Nähmaschinennadeln verschiedener Stärke sollte man immer vorrätig haben.

Stecknadeln. Für die Schneiderei sind feine Stahlstecknadeln oder Stecknadeln mit Plastkopf geeignet. Vermeiden sollte man dicke Stecknadeln, weil sie Löcher im Stoff hinterlassen. Rostige Stecknadeln sind auszusondern.

1.1.4. Bügelgeräte

Bügeleisen. Moderne Bügeleisen sind mit Regeleinrichtung versehen. Man stellt die Bügeltemperatur ein, die für den betreffenden Stoff benötigt wird; Überhitzungsgefahr ist dabei ausgeschlossen. Wählen kann man zwischen dem Dampfbügeleisen und dem einfachen Reglerbügeleisen mit oder ohne Antihaftbeschichtung. Letzteres ist besonders für Stoffe mit synthetischem Faseranteil geeignet, weil die Beschichtung das Verkleben der Bügelsohle verhindert. Dampfbügeleisen werden mit destilliertem Wasser gefüllt und geben nach Bedarf Dampf beim Bügeln ab, so daß sich der Gebrauch eines feuchten Bügeltuchs erübrigt.

Bügelbrett. Es ist zum Bügeln großer Flächen oder fertiger Kleidungsstücke günstig. Man zieht die Teile so darüber, daß man von der offenen Seite, also meist vom Saum aus, in die Flächen hineinbügeln kann. Aufstellbare Bügelbretter können frei im Raum stehen und nach Gebrauch zusammengeklappt abgestellt werden.

Ärmelbügelbrett. Es ist variabel einsetzbar, nicht nur zum Bügeln von Ärmeln, sondern auch zum Bügeln schmaler, enger Teile. Es sollte bei jeder Schneiderarbeit zur Hand sein, denn es wird zum Zwischenbügeln häufig gebraucht.

Für Bügelbrett und Ärmelbügelbrett sollten waschbare, nicht fusselnde, weiße Bezüge genäht werden. Am besten geeignet dafür sind Baumwollstoffe (z. B. ausgediente Bett- oder Tischwäsche).

Steht kein Bügelbrett zur Verfügung, so bildet der Tisch mit einer dicken Wolldecke und einem sauberen Tuch darüber eine ideale Bügelfläche. Allerdings sollte man darauf achten, daß die Tischfläche nicht durch Hitze- oder Dampfeinwirkung beschädigt wird.

Bügelhilfen. Aus Mantelstoff oder filzähnlichen Stoffresten kann man einen *Bügelhandschuh* fertigen. Man näht mehrere Lagen in abgerundeter Form übereinander und läßt einen Eingriff für die Hand oder für das Einschieben des Ärmelbretts offen. Über diesem Bügelhandschuh lassen sich besonders gewölbte Teile gut bügeln. Zum Bügeln von Längsnähten in Gürteln empfiehlt sich eine schmale Holzleiste, die eingeschoben wird, um zu verhindern, daß an falscher Stelle Brüche eingebügelt werden.

Als *Bügeltuch* kann man entweder ein Stück Baumwollstoff oder feines Leinen verwenden (es muß bereits gewaschen — appreturfrei — sein!). Es wird angefeuchtet auf die zu bügelnde Stelle gelegt. Mit dem Bügeltuch wird Glanzbildung verhindert, so daß die Stoffe auch von rechts gebügelt werden können. Sollen Nähte ohne Tuch feucht gebügelt werden, benetzt man die Stelle mit einem angefeuchteten Schwamm und bügelt sie bis zum Trockenwerden.

1.1.5. Weitere Hilfsmittel.

Das *Maßband* dient nicht nur zum Maßnehmen, sondern auch zum Abmessen und Nachmessen. *Lineal und Winkel* werden zum Aufzeichnen längerer Nähte, zum Markieren von Falten und für ähnliche Arbeiten gebraucht. *Kopierrädchen* und eine feste „Rädelunterlage" werden benötigt, wenn man Schnitte vom Schnittmusterbogen abnehmen möchte. *Schneiderkreide*, weiße für dunkle, farbige für helle Stoffe, ist unentbehrlich für das Übertragen vom Schnitt auf den Stoff, für Markierungen, aber auch zum Kennzeichnen von Änderungen bei der Anprobe. Man sollte jedoch möglichst für alle Stoffe weiße Kreide verwenden, da sich farbige Kreide schlecht entfernen läßt und nach rechts durchschlagen kann. Der *Fingerhut* schützt den Mittelfinger vor schmerzhaften Einstichen und erleichtert das Nähen. Ein *Nadelkissen* sollte man auch bereitstellen, ebenso einen *Schreibblock* mit *Stift*, einen *Papierkorb* und einen *Tischpapierkorb* für Fadenreste und Stoffabschnitte. Daß der *Arbeitsplatz* gut beleuchtet sein muß, ebenso die Nähmaschine, versteht sich von selbst. Günstig ist, sich ein *„Nähfach"* einzurichten, in dem man alle Nähutensilien zusammen unterbringen kann. Ein großer *Spiegel* erleichtert die Anprobe.

1.2. Textile Stoffe

Man unterscheidet textile Stoffe oder — wie der Fachausdruck heißt — textile Flächengebilde, nach zwei Gesichtspunkten: nach dem Material und nach der Fertigungstechnik. Zur Weiterverarbeitung textiler Stoffe ist es wichtig zu wissen, ob es sich um ein Gewebe oder ein Gewirke bzw. ein Gestrick handelt. Für die spätere Pflege und auch in bezug auf die Trageigenschaften des Kleidungsstücks sollte man die Zusammensetzung des Materials kennen. Es ist deshalb ratsam, sich beim Stoffkauf danach zu erkundigen und auch um die entsprechenden Pflegehinweise zu bitten.

1.2.1. Fasermaterial der textilen Stoffe
Natürliche Fasern
Wolle. Nach dem Spinnverfahren unterteilt man in Streichgarnwolle und in Kammgarnwolle. Zu den Wollstoffen gehören Cheviot, Gabardine, Wollkrepp,

Tweed, Tuch, Jersey und Flanell. Aus Wollstoffen werden vornehmlich Kostüme, Anzüge und Mäntel gefertigt, aber auch Röcke, Kleider und Blusen.
Naturseide. Zu den Stoffen aus Naturseide gehören Taft, Chiffon, Moiré, Georgette, Spitze, Honan, Shantung, Schappe, Bourette, Satin. Seidenstoffe finden vor allem für Blusen und Kleider Verwendung, als stärkere Gewebe auch für Kostüme.
Baumwolle. Batist, Popeline, Kräuselkrepp, Pikee, Satin und Spitze werden aus Baumwolle hergestellt. Baumwollstoffe verarbeitet man für Blusen, Herrenoberhemden, Kleider und Wäsche.
Chemiefasern
Regeneratfasern. Dazu gehören Viskoseseide und Viskosefaserstoffe sowie Azetatseide, aus denen Futtertafte, Mantelfutter, Kleiderstoffe und Unterwäsche hergestellt werden.
Synthetische Fasern
Polyesterfaserstoffe und -seiden. Als Grisuten werden sie für Kleider, Blusen, Röcke und Hosen verarbeitet. Polyester ist das Ausgangsmaterial für Großrundgestrick und Seidenjersey sowie für Gardinen.
Polyamidfasern und **-seiden** sind als Dederon das Material für Unterwäsche, Berufsbekleidung, für Futterstoffe und Strümpfe.
Polyakrylnitrilfasern. Als Wolpryla verarbeitet man sie zu Strick- und Wirkwaren und für Unterwäsche.

In den meisten Fällen werden synthetische Fasern nicht rein zu textilen Stoffen verarbeitet, sondern zu *Mischgeweben* unterschiedlicher Mischungsverhältnisse, zu einem beträchtlichen Teil auch mit natürlichen Fasern gemischt. Solche Mischgewebe sind qualitativ hochwertige, pflegeleichte und strapazierfähige Stoffe, die für alle Bereiche der Bekleidung einsetzbar sind. Kenntnis der Materialzusammensetzung und Beachtung der entsprechenden Pflegevorschriften machen Reinigung und Pflege leicht.

1.2.2. Herstellungsverfahren der textilen Flächengebilde
Gewebe. Sie entstehen durch vielfältige Art der Verkreuzung von Kett- und

Schußfäden. Die Art der Fadenverkreuzung heißt *Bindung*; hier wiederum gibt es drei große Gruppen: die Leinwandbindung, die Köper- und die Atlasbindung. Ein besonderes Verarbeitungsmerkmal von Geweben ist die gute Dehnbarkeit in Diagonalrichtung. Diesen Vorteil macht man sich beim Nähen zunutze, weil schräg verarbeitete Stoffe besonders weich fallen. Schrägstreifen z. B. lassen sich gut legen, so daß man sie deshalb zum Einfassen von Kanten und Rundungen verwendet.

Gewirke und Gestricke. Sie werden auf Wirkmaschinen bzw. Rundstrickmaschinen hergestellt; die textile Fläche entsteht durch Maschen und Maschenreihen. Diese Herstellungsart ermöglicht die Fertigung von Stoffen in größerer Breite als das bei Geweben möglich ist. Gewirke und Gestricke verfügen über gute Dehnbarkeit und Elastizität, wobei sich die Stoffe in Querrichtung häufig stärker dehnen als in Längsrichtung. Das bewirkt z. B., daß sich „ausgesessene" Stellen wieder in ihre ursprüngliche Form zurückbilden.

1.2.3. Textile Stoffe als Ergänzungsmaterialien. Die meisten Stoffe werden, wie bereits dargestellt, für Oberbekleidung verarbeitet, demgemäß sind Musterung und Aussehen. Daneben gibt es aber auch Stoffe, die für eine gute schneidertechnische Verarbeitung notwendig sind, und zwar als Einlagestoffe, Futterstoffe, Polster- bzw. Füllstoffe.

Einlagestoffe. Zu den traditionellen gewebten Einlagestoffen zählen Steifleinen, Gaze und Wäschestoffe. Dazu wurden in jüngerer Zeit Vlieseinlagen entwickelt in unterschiedlichen Stärken. Ganz besonders vorteilhaft beim Verarbeiten erweist sich *Retovlies*, eine Vlieseinlage, die nicht franst und bei der man beim Zuschneiden keinen Fadenlauf zu beachten braucht. Man erhält es beschichtet oder unbeschichtet. Die Beschichtung ermöglicht das Aufbügeln auf den Oberstoff; Nahtzugabe und die zusätzliche Befestigung entfallen also. Allerdings sollte man Retovlies nicht auf die Oberseite der zu verarbeitenden Teile aufbügeln, weil eine möglicherweise nachträgliche Krump-

fung des Oberstoffs das Aussehen beeinträchtigt. Bügelt man Retovlieseinlagen auf Beläge, Innenseiten und Unterkragen auf, dann ist es ein idealer Einlagestoff.

Futterstoffe. Zusätzlich zu den bisher verwendeten Futterstoffen Serge und Taft hat sich das *Dederonkettgewirk* durchgesetzt. Durch das breite Farbsortiment und die gute Waschbarkeit – Dederonkettgewirk ist farbecht, krumpffrei und bügelfrei – ist es vielfältig einsetzbar. *Futterstoffe aus Viskoseseide* sollten, wenn man sie in waschbare Kleidungsstücke einarbeiten will, zuvor gedämpft oder auch gebrüht und gebügelt werden, um nachträgliches Einlaufen zu verhindern.

Füll- und Polsterstoffe. Um Kleidungsstücken ein besonders gutes Wärmehaltevermögen, ein plastischeres Aussehen oder eine bessere Paßform zu geben, werden füllende Stoffe verarbeitet. Zu ihnen zählen Watteline, Kragenfilze und Schaumgummi. Man kann diese Materialien untersteppen und dabei gleichzeitig eine plastische Wirkung erzielen, man kann sie auch zu Polstern verarbeiten oder unter die Ärmeleinsätze legen und befestigen, damit das Kleidungsstück besonders gut aussieht.

1.3. Fadenmaterial

Nach der üblichen Reihenfolge ihrer Anwendung beim Schneidern benötigt man Heftfaden, Nähseiden, Nähzwirne, Stickzwirne und Knopflochseiden.

1.3.1. Heftfäden. Sie bestehen aus Viskosefasern und sind auf großen Rollen in naturweißem Farbton erhältlich. Sie eignen sich nicht für Maschinennähte. Sehr dünne Stoffe besser mit Haushaltgarn heften.

1.3.2. Nähseiden. Sie werden aus echter Seide, aber auch aus Polyesterseide und Dederonseide hergestellt; sie sind glatt und haltbar und für Maschinen- und für Handnähte gleichermaßen geeignet. Nähseiden aus synthetischem Material eignen sich besonders zum Nähen von Dederonstoffen und für Gardinen. Nähseiden aus Naturseide eignen sich für fast alle Stoffarten; sehr gut lassen sie sich für alle Handnäharbeiten verwenden, da sie nicht schlingen oder knoten.

1.3.3. Nähzwirne.
Sie sind als *Kermalin*, bestehend aus einem Kern aus Grisutenseide und einem Mantel aus Baumwollfasern, als *Synalin*, dessen Kern und Mantel aus Grisuten bestehen, als *Haushaltgarn* aus Baumwolle oder als *Zwirn* aus Baumwolle in unterschiedlichen Stärken erhältlich. Die Wahl des zu verwendenden Zwirnes richtet sich nach dem Verwendungszweck, der Stoffstärke und dem Fasermaterial des Stoffs. Für Stoffe aus Dederon sollte man stets Nähzwirn auf synthetischer Basis wählen; wenn man Baumwollzwirn verwendet, so sind in kurzer Zeit die Nähte aufgescheuert, da der Stoff eine starke Reibung auf den Nähfaden ausübt.

1.3.4. Knopflochseiden.
Sie werden aus Naturseide, aber auch aus Polyesterseide hergestellt; man braucht sie zum Absteppen, für handgestochene Knopflöcher und zum Annähen von Knöpfen.

1.3.5. Stickzwirne.
Sie gibt es in verschiedenen Stärken und Farben, glänzend und stumpf. Stickzwirne sind mehrfädig, lassen sich teilen und auch als Einzelfäden versticken. Man verwendet sie für Zierarbeiten an Kleidungsstücken. Für diesen Zweck eignen sich auch wollige Fäden in unterschiedlicher Stärke.

1.4. Ergänzungsmaterialien

1.4.1. Bänder und Litzen.
Nahtbänder werden aus Baumwolle, Baumwollmischgewebe oder aus Regan hergestellt. Vor der Verarbeitung sollten sie feucht gebügelt werden, um späteres Einhalten zu verhindern.

Eckenband ist ein schmales, beigefarbiges Band, das bei der Innenverarbeitung von Mänteln und Kostümen verwendet wird. Es dient zum Einhalten von Kanten und Nähten. Vor der Verarbeitung feucht abbügeln!

Henkelband ist ein schmales, oft seidiges Band in unterschiedlichen Farben. Es wird für Aufhänger verwendet.

Schrägstreifenband gibt es als Dederon-Kettgewirk in vielen Farben oder aus Regan mit umgebügelten Kanten. Es dient zum Einfassen von Kanten oder zum Aufnähen als Ziereffekt.

Tresse, ein seidigglänzendes Schrägband, und Lacktresse nimmt man zum Einfassen von Kanten.

Hohllitze, ein schmales, schlauchartiges Schrägband wird als Zierband aufgenäht. Man kann daraus auch Knöpfösen oder Verschlußbänder anfertigen.

Soutache ist ein schmales, zweirippiges Bändchen, das man zum Verzieren zwischen den beiden Rippen mit Handstichen oder mit der Maschine aufnäht.

1.4.2. Gummibänder.
Gummigurtband wird am oberen Rockrand anstelle des Bundes angenäht. Um guten Sitz zu gewährleisten, wird es etwas straffer angenäht.

Einziehgummi gibt es in unterschiedlichen Breiten. Je nach Elastizität ist der Gummi etwas enger zu nähen als die Fertigweite vorsieht.

Smokgummi ist ein dünner, übersponnener Gummifaden, den man in Trikotagen oder Strickwaren mit einer dicken Nadel einzieht oder beim Nähen mit der Nähmaschine mitfaßt.

1.4.3. Reißverschlüsse.
Es gibt sie als Metallreißverschlüsse oder mit Plastspirale oder Plastzähnchen. Man wählt sie in Farbe und Stärke nach dem Oberstoff.

1.4.4. Verschlußelemente.
Haken und Ösen werden in Schwarz und Silber hergestellt. Für Pelze und sehr dicke Stoffe gibt es sie in besonderer Größe.

Druckknöpfe aus Metall sind schwarz oder silberfarbig, aus Plast gibt es sie in Schwarz oder Weiß.

Knöpfe bekommt man aus Naturmaterialien, wie Horn, Perlmutt und Holz, oder aus synthetischem Material in vielen Größen als Zweiloch- oder Vierlochknöpfe zum Durchnähen. Außerdem gibt es Knöpfe mit Annähöse auf der Unterseite. Knöpfe zum Beziehen sind aus Metall. Vor dem Annähen sollte man durch Waschprobe feststellen, ob die Knöpfe rosten.

2. Grundbegriffe und grundlegende Techniken des Schneiderns

2.1. Vorbereitende Arbeiten

2.1.1. Die Haltung beim Nähen. Beim Nähen mit der Hand sollte man die Füße auf eine Fußbank stellen, damit man die Näharbeit und die Unterarme auf die erhöhte Kniepartie auflegen kann. Besonders große Stücke sollten beim Arbeiten auf dem Tisch liegen, um sie vor dem Zerdrücken zu schützen. Benutzt man einen zweiten Stuhl als Ablagefläche, kann man auch solche Näharbeiten auf dem Schoß ausführen.

Die Hände halten das Stück stets dem Körper zugeneigt, nicht von ihm weg. Mit dem Daumen der linken Hand kann dabei das Nahtstück festgehalten und evtl. auch korrigiert werden, bevor man näht (Abb. 2.1—1).

2.1.2. Einfädeln der Nadel. Die günstigste Fadenlänge beträgt etwa 50 cm; der Faden wird mit der Schere von der Rolle getrennt. Man hält die Nadel zwischen Daumen und Zeigefinger der linken Hand mit dem Öhr gegen das Licht. Die rechte Hand führt das angefeuchtete Fadenende in das Öhr.

Wolle, Twist oder andere sich spaltende Fäden legt man um die Nadelspitze zur Schlinge, klemmt sie zwischen Daumen und Zeigefinger der linken Hand, zieht die Nadel heraus und stülpt das Nadelöhr mit der rechten Hand über das ge-

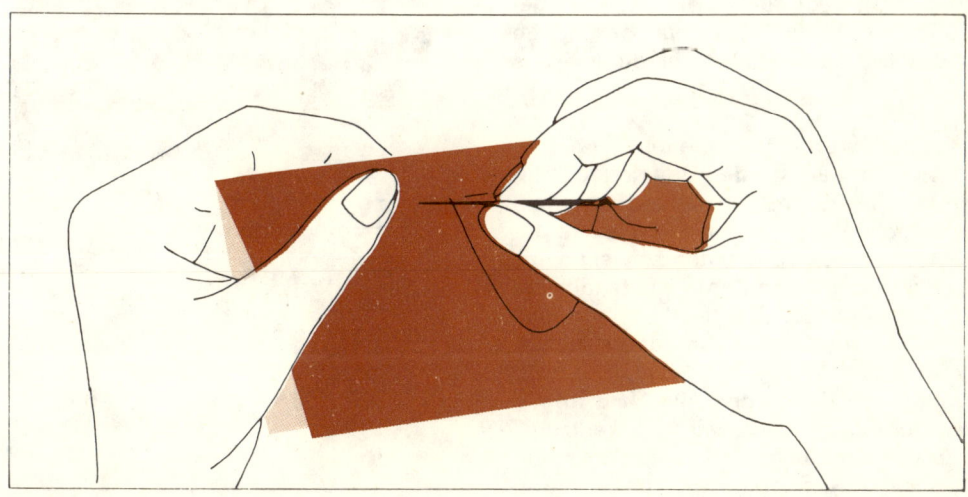

2.1—1

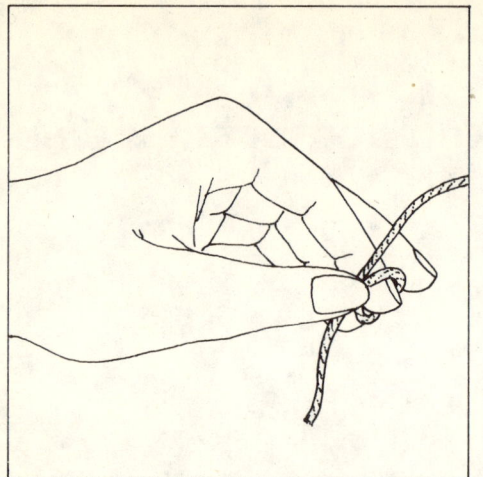

2.1−2

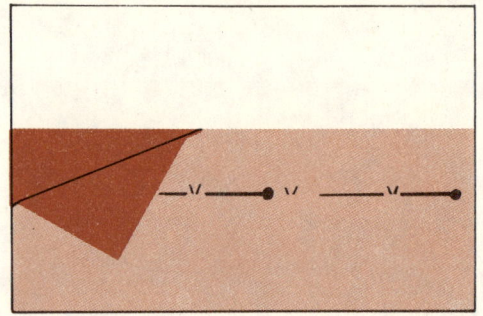

2.1−3

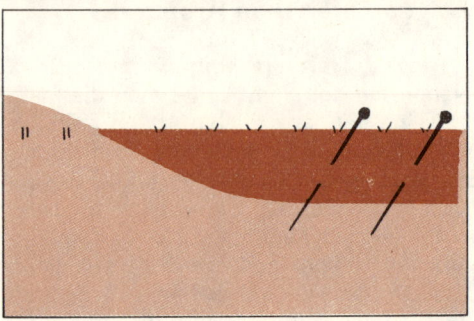

2.1−4

bogene Fadenende. Für gänzlich Ungeübte empfiehlt sich der Nadeleinfädler,
der im Fachgeschäft erhältlich ist.

2.1.3. Knoten am Fadenende. Man legt
um den Zeigefinger der linken Hand eine
Fadenschlinge, dreht sie zwischen Daumen und Zeigefinger zusammen und
zieht sie anschließend fest (Abb. 2.1−2).
Das evtl. herausragende Fadenende wird
abgeschnitten.

2.1.4. Verwenden des Fingerhuts. Der
Fingerhut sitzt auf dem Mittelfinger der
rechten Hand. Die Nadel wird mit Daumen und Zeigefinger in den Stoff gesteckt, mit dem durch den Fingerhut ge-
schützten Mittelfinger nachgeschoben
und mit Daumen und Zeigefinger aus
dem Stoff herausgezogen.

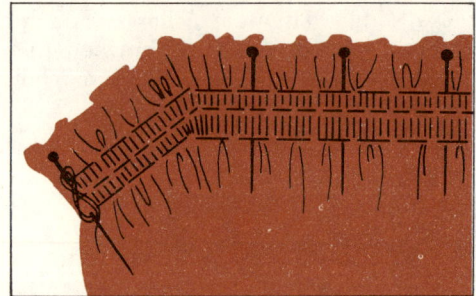

2.1−5

2.1.5. Arbeiten mit Schneiderkreide
Anspitzen der Kreide. Die Kreide muß
gut gespitzt sein. Deshalb schabt man
mit einem Messer an einer Breitseite der
Kreide von oben und unten so viel ab, bis
eine dünne, scharfe Kante entstanden ist.
Das abgeschabte Kreidepulver kann man
zum Füllen des Rockabrunders benut-
zen.
Aufkreiden der Schnitteile. Alle Konturen der Schnitteile sowie die Nahtzugaben werden auf die linke Stoffseite aufgezeichnet. Um Abnäher oder andere in
den Teilen liegende Linien und Ansatz-

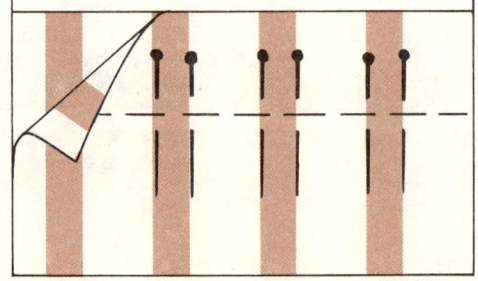

2.1−6

punkte vom Schnitt übertragen zu können, wird der Schnitt an diesen Stellen zurückgeschlagen, an den Endpunkten werden kleine Kreuze aufgezeichnet und die Linien von da aus mit dem Lineal verbunden. Zusätzlich kreidet man noch Paßzeichen an den Ärmeln und an Taschen- sowie Passenteilen auf, die falsches Zusammensetzen verhindern sollen.

2.1.6. Stecknadeln richtig einstecken.
Zum Zusammenstecken von Nähten und Abnähern werden die Nadeln im Nahtverlauf in den Stoff gesteckt (Abb. 2.1–3). Beim Umlegen von Säumen und Bruchkanten steckt man sie dagegen schräg zur Kante, weil sich der Verlauf so besser kontrollieren läßt (Abb. 2.1–4). Beim Zusammenstecken geriehener Teile an glatte Teile wird die Reihweite gleichmäßiger festgesteckt, wenn die Nadeln auf der Reihlinie senkrecht zur Kante eingesteckt werden (Abb. 2.1–5). Beim Zusammensetzen von Karos und Querstreifen steckt man zusätzlich zur Heftnaht Stecknadeln genau im Musterverlauf quer zur Nahtlinie ein, näht vorsichtig über die Nadeln hinweg und entfernt sie erst nach dem Nähen (Abb. 2.1–6).

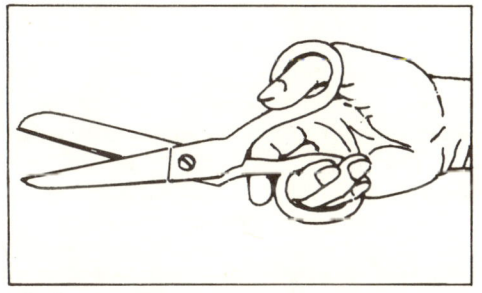

2.1–7

2.1.7. Halten der Schere beim Zuschneiden.
Der schmalere, spitze Schenkel der Schere liegt auf der Tischfläche auf und wird Schnittlänge um Schnittlänge vorgeschoben. Um gerade und zackenfreie Schnittkanten zu erhalten, sind lange Schnitte auszuführen (Abb. 2.1–7).

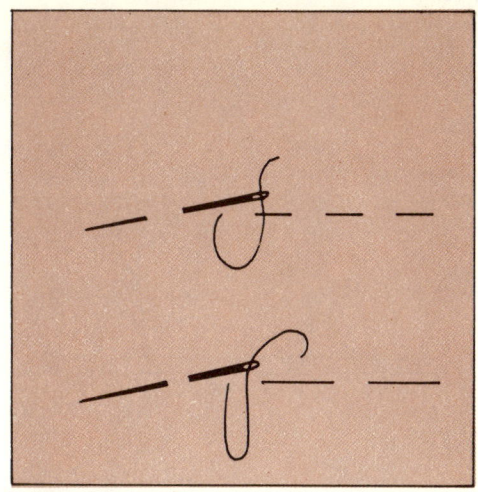

2.2–1

2.2. Stiche

2.2.1. Handstiche
Befestigung des Nähfadens. Bei provisorischen Nähten, beispielsweise Heftnähten, kann man den Faden mit einem Knoten befestigen, den man in das Fadenende geschlungen hat. Besser und haltbarer ist es, die Näharbeit mit Befestigungsstichen zu beginnen: Man führt etwa drei *Rückstiche* an gleicher Stelle aus. So verfährt man bei Vor-, Rück- und Steppstichnähten, und auf gleiche Weise befestigt man auch das Fadenende bzw. das Ende der Naht.

Vorstiche dienen zum Heften und Einreihen. Dafür wird eine möglichst lange Nadel mit einfachem Faden durch den Stoff gestochen und nach etwa ½ cm wieder nach oben geführt. Jeweils im Wechsel ist der Faden einmal oben und einmal unten sichtbar (Abb. 2.2–1).

Durchschlagstiche verwendet man zum Markieren der Schnittlinien auf der zweiten Stoffhälfte. Man näht mit doppeltem Heftfaden. Auf der gekreideten Linie sticht man in den doppelt liegenden Stoff ein, sticht nach etwa 1½ cm nach oben, nach weiteren 1½ cm wieder nach unten. Dabei wird der Heftfaden jedoch nicht fest angezogen, so daß eine Schlinge stehenbleibt (Abb. 2.2–2). Man kann auch zwei kurze Vorstiche machen und läßt dann einen längeren Zwischenraum zu den nachfolgenden beiden kurzen Vorsti-

17

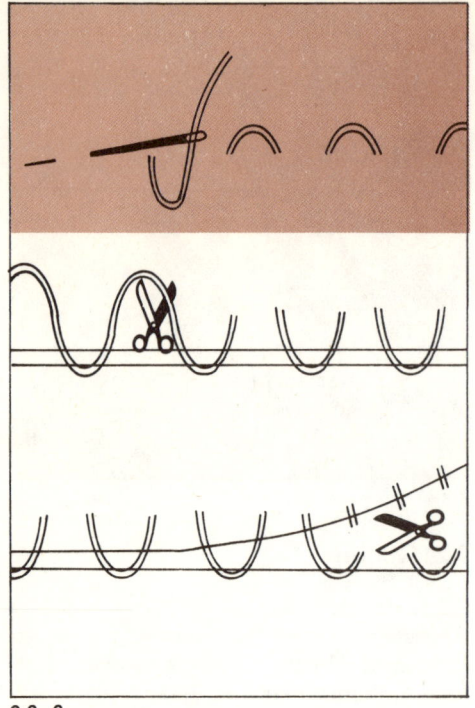

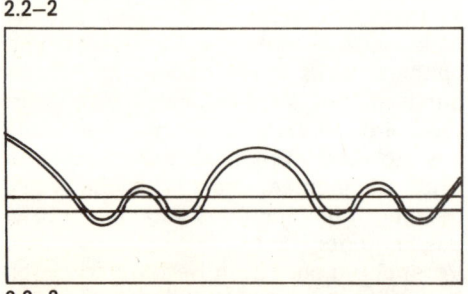

2.2—2

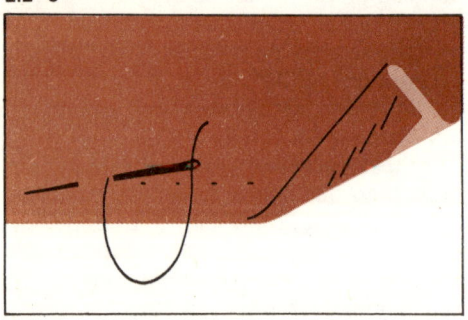

2.2—3

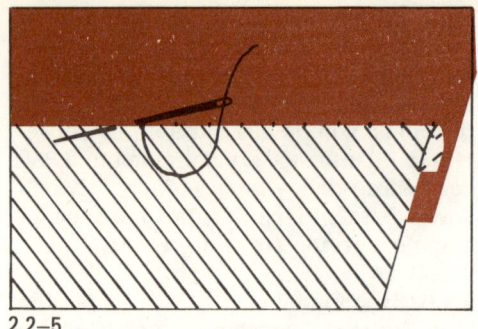

2.2—5

chen (Abb. 2.2.–3). Die Fadenschlinge bzw. der Faden über dem langen Zwischenraum wird durchgeschnitten. Dann zieht man beide Stoffteile auseinander und trennt die Heftfäden zwischen den Stofflagen. Dadurch bleiben auf beiden Teilen kleine Fadenenden stehen, die den Linienverlauf des Schnitteils auf beiden Stoffteilen markieren.

Rückstiche braucht man zum Einnähen von Reißverschlüssen. Man sticht in den Stoff ein, nach etwa ½ cm wieder nach oben und führt nun die Nadel um einen Gewebefaden zurückgesetzt wieder in den Stoff ein, sticht im Wechsel ½ cm nach vorn und dann um einen Gewebefaden zurück, so daß eine punktförmige Naht entsteht (Abb. 2.2–4).

Staffierstiche verwendet man zum Annähen von Futter oder Kanten. Man sticht in die untere Stofflage ein, führt die Nadel etwa 3 mm nach vorn und sticht nach oben. Dabei faßt man vom Futter bzw. von der eingeschlagenen Kante, z. B. am Kragen oder am Ärmelbündchen, nur zwei Gewebefäden. An der Ausstichstelle wird wieder in die untere Stofflage eingestochen und der Vorgang wiederholt (Abb. 2.2–5).

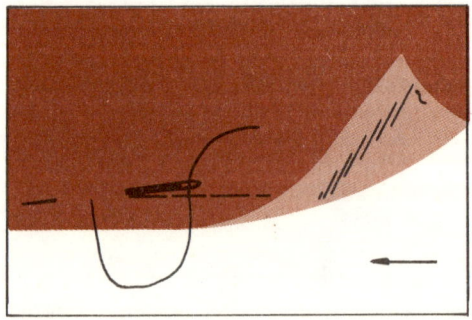

2.2—4

2.2—6

Steppstiche gebraucht man als Zierstiche oder verwendet sie anstatt einer Maschinennaht. Man sticht in den Stoff ein, führt die Nadel nach etwa 3 mm nach oben, sticht an der Einstichstelle in den Stoff zurück, führt die Nadel nach etwa 6 mm wiederum nach oben und sticht zurück in die zweite Einstichstelle. Diese Stichfolge wird fortlaufend wiederholt, so daß sich eine geschlossene Stichreihe ergibt (Abb. 2.2–6).

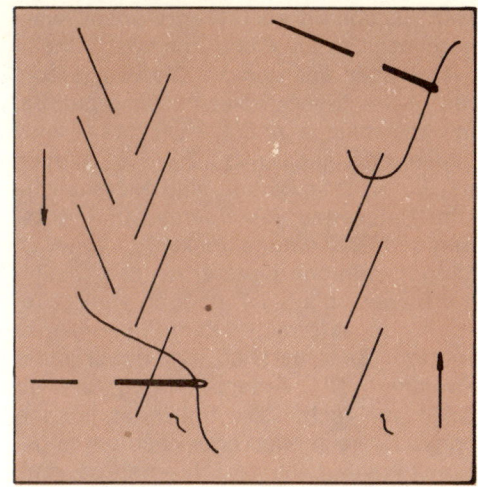

2.2–7

Pikierstiche dienen zum Befestigen von Einlagen an Kragen und Revers. Beide Stofflagen, Oberstoff und Einlage, werden leicht gewölbt mit der linken Hand gehalten. Man sticht mit kleinen, waagerechten Stichen in beide Stofflagen ein, allerdings wird dabei der Oberstoff nur leicht gefaßt. Zwischen den Stichen wird der Faden über die Einlage jeweils schräg nach unten geführt. Auf diese Weise entstehen Reihen aus Schrägstichen, die im Wechsel nach unten oder oben führen (Abb. 2.2–7).

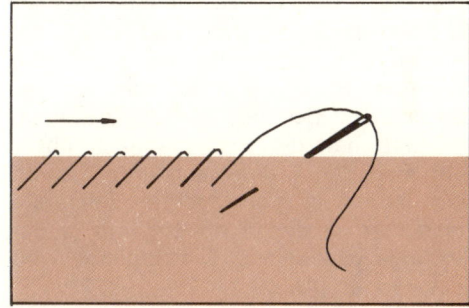

2.2–8

Überwendliche Stiche arbeitet man beim Umstechen von Schnittkanten. Die Schnittkanten werden mit der linken Hand gehalten. Man sticht von der Unterseite her, etwa ½ cm von der Schnittkante entfernt, in den Stoff ein, führt die Nadel nach oben und sticht von links nach rechts in gleichmäßigem Abstand wieder von unten in den Stoff ein, so daß der Nähfaden um die Schnittkante herum liegt und somit verhindert, daß sich Gewebefäden lösen (Ab. 2.2–8).

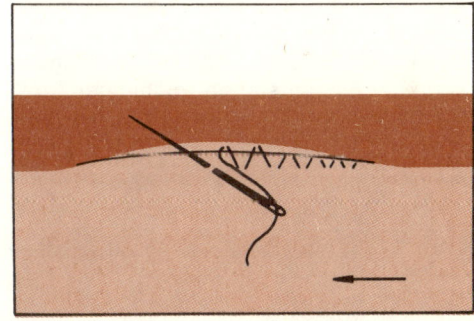

2.2–9

Hohlstiche verwendet man zum Befestigen von Säumen. Man näht von rechts nach links. Dabei faßt man abwechselnd die Saumkante und dann ein bis zwei Gewebefäden des Oberstoffs. Saumstiche werden locker gearbeitet; sie sollen von rechts möglichst nicht sichtbar sein (Abb. 2.2–9).

Hexenstiche sind Zierstiche, die man außerdem zum Befestigen offener Kanten an Belägen sowie zum Befestigen von Einlagen am Oberstoff verwendet. Die Arbeitsrichtung verläuft von links nach rechts. Man näht abwechselnd auf zwei parallelen Linien, die in geringem Abstand voneinander liegen. Die Nadel sticht von links unten schräg nach rechts oben, dann waagerecht nach links. Von hier aus schräg nach rechts unten, waagerecht nach links und nun wieder nach rechts oben und so fort. Die waagerechten Stiche liegen versetzt zueinander, damit gleichlange und gleichschräge lose Fäden entstehen (Abb. 2.2–10). Wegen der guten Dehnbarkeit sind Hexenstiche zum Befestigen von Säumen in Trikotagen und Großrundgestricken geeignet.

Langettenstiche gehören zu den Schlingenstichen, die als Zierstiche zum Befestigen bogenförmiger Kanten verwendet werden. Es entstehen Schlingen ohne Knötchen. Die Arbeitsrichtung ist von links nach rechts. Die Schlingen können entweder nach oben oder nach unten gezogen werden. Wird nach unten gearbeitet, legt man den Faden vor dem Einstechen nach unten und hält ihn mit dem Daumen der linken Hand fest. Die Nadel sticht in gewünschter Stichtiefe nach hinten in den Stoff und in der Schlinge wieder aus. Die Schlinge wird festgezogen. Arbeitet man die Schlinge nach oben, legt man den Faden nach unten, sticht von hinten in gewünschter Stichtiefe nach vorn in den Stoff ein und in der Schlinge wieder aus. Die Schlinge wird festgezogen (Abb. 2.2–11).

Knopflochstiche sind ebenfalls Schlingenstiche, die entweder als Zierstiche, zum Nähen von Knopflöchern oder zum Befestigen offener Kanten verwendet werden. Es entstehen Schlingen mit Knötchen. Die Arbeitsrichtung ist von

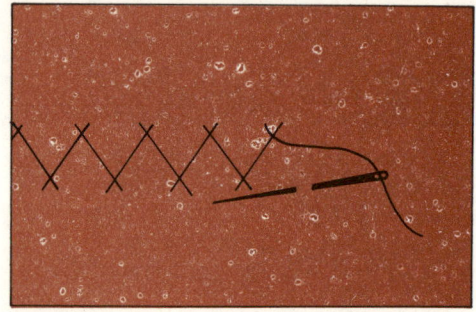

2.2–10

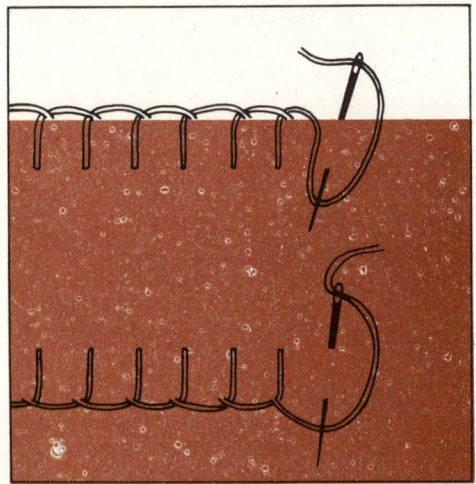

2.2–11

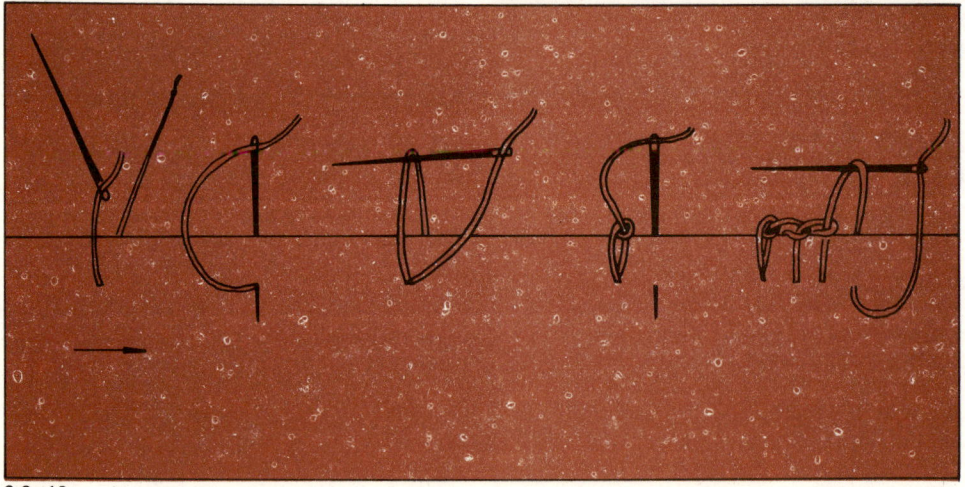

2.2–12

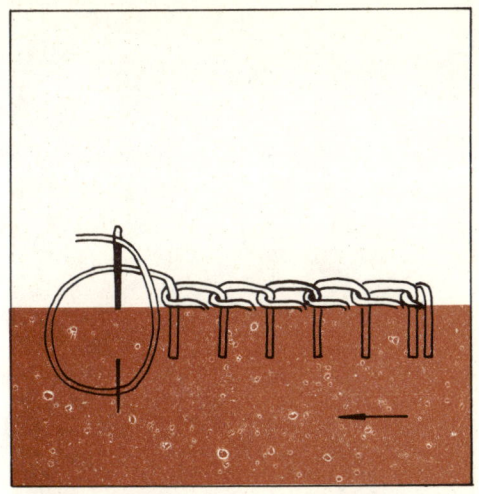

2.2–13

links nach rechts (Wäsche- und Kleider-knopfloch) oder von rechts nach links (Augenknopfloch). Die Nadel sticht von hinten in den Stoff ein, sticht bei gewünschter Stichtiefe wieder aus und fängt die Schlinge von hinten nach vorn. Der Faden kann auch um die Nadelspitze herumgelegt werden. Die Schlinge wird festgezogen, dabei rückt man das Knötchen leicht nach außen. Das Aneinanderreihen vieler Knopflochstiche ergibt eine feste Knötchenreihe mit perlartigem Aussehen, die widerstandsfähig gegen Reibung ist (Abb. 2.2–12 bis 2.2–15; ↑ Abb. 2.14–1; 2.14–2).

2.2.2. Heften. Man verwendet Heftgarn; nur bei besonders feinen, dünnen Stoffen dünnen Nähfaden, um Löcher zu vermeiden. *Zusammengeheftet* wird mit etwa 1 cm langen Vorstichen, die fest angezogen werden, ohne dabei die Naht zusammenzuziehen. Abnäher heftet man von der Spitze aus; sie werden beim Heften der Nähte nicht mit gefaßt. Auf diese Weise braucht man beim späteren Nähen des Abnähers die Heftnaht nicht zu öffnen. Schulternähte heftet man vom Rücken aus, um das Einhalten der Weite regulieren zu können.

Beim *Umheften* befestigt man Säume oder andere Bruchkanten bzw. verstürzte Kanten zunächst unmittelbar neben dem Bruch durch Heftreihen aus etwa 1 cm langen Stichen. Eine zweite Reihe Heftstiche liegt meist 1 bis 2 cm vor der Schnittkante; diese Stiche sind etwa 3 cm lang.

Abgeheftet werden die während der Anprobe abgesteckten Linien oder Abnäher bzw. alle Veränderungen, die vor dem Nähen vorgenommen werden müssen. Dafür heftet man mit 3 bis 4 cm langen Stichen im Abstand von 0,5 cm. Diese Stichreihen sind lose, sie werden nach dem Kreiden der Veränderungen wieder entfernt.

2.2.3. Maschinenstiche. Man unterscheidet zwischen Geradstich und Zick-Zack-Stich. Mit *Geradstich* werden Nähte, Abnäher und Steppereien ausgeführt. Hierbei ist wichtig, die Fadenspannung zu kontrollieren, damit auf der Ober- und auf der Unterseite der Naht gleichmäßige

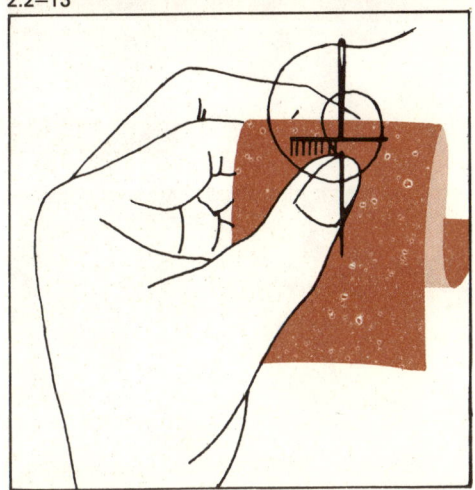

2.2–14

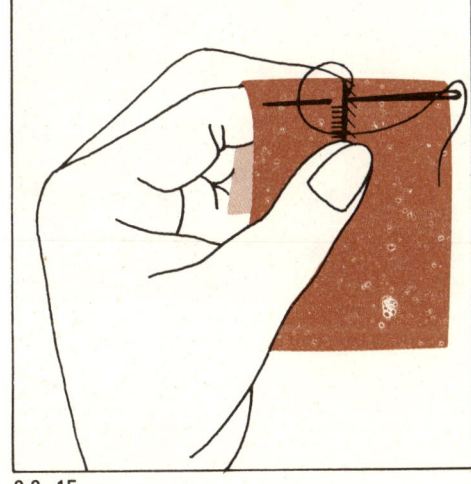

2.2–15

21

Stichreihen entstehen. Die Stichlänge richtet sich im allgemeinen nach der Stoffart. Der *Zick-Zack-Stich* in allen Abwandlungen, die die Programm-Automatik- oder die Nutznaht-Automatik-Nähmaschine aufweisen, dient der Nahtversäuberung, zum Nähen von Knopflöchern, zum Knopfannähen und gibt die vielfältigsten Möglichkeiten für Verzierungen. Einzelheiten sind der Anleitung zur jeweiligen Nähmaschine zu entnehmen.

Sichern der Maschinennaht. Nahtanfang und Nahtende werden durch Zurücknähen auf den ersten bzw. den letzten fünf Stichen befestigt. Beide Stichreihen müssen dabei genau übereinanderliegen, um einen glatten Nahtverlauf zu erhalten. Bei feinen, dünnen Stoffen empfiehlt sich das Verknoten von Ober- und Unterfadenenden an Nahtanfang und -ende. Man legt beide Fadenenden zu einer Schlinge, sticht mit einer Nadel in die Schlinge ein und zieht so die Schlinge bis zum Nahtende. Nach dem Festziehen beide Fadenenden kurz abschneiden.

2.3. Nähte

2.3.1. Heftnaht. Beide Stofflagen werden rechts auf rechts zusammengesteckt, die Markierungen genau passend. Für lange Nähte legt man die Teile auf dem Tisch glatt übereinander und steckt sie so zusammen, daß Querlinien aneinandertreffen. Man sollte stets beide Hälften eines Kleidungsstücks erst stecken und dann heften, um Ungenauigkeiten zu vermeiden. Gehheftet wird mit Vorstichen in der markierten Linie.

2.3.2. Einfache Naht. Sie wird mit Geradstichen genäht. Dazu werden die Teile rechts auf rechts aufeinandergelegt. Nahtanfang und -ende sollten durch Rückwärtsstiche oder durch Verknoten der Nähfäden gesichert werden. Vor dem Nähen entfernt man erst die Durchschlagstiche. Man näht so neben der Heftnaht, daß das Kleidungsstück nicht enger wird und die Heftstiche nicht festgenäht werden; denn übernähte Heftfäden lassen sich nur schwer entfernen. Die einfache Naht wird meist breitgebügelt (Abb. 2.3–1).

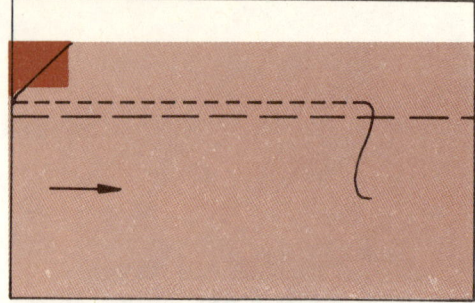

2.3–1

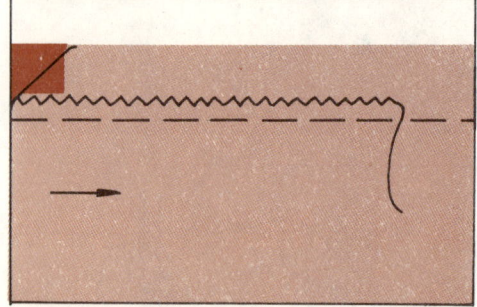

2.3–2

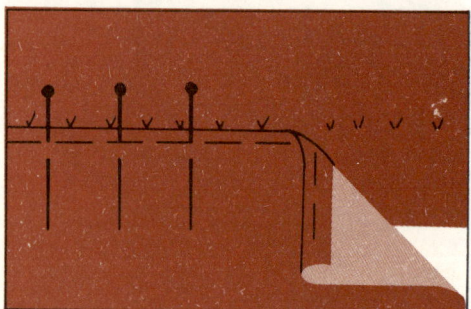

2.3–3

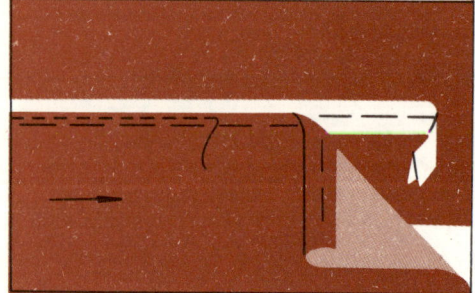

2.3–4

2.3.3. Zick-Zack-Naht. Sie ist vor allem in elastischem Material günstig, allerdings nur, wenn die Naht nicht breitgebügelt werden soll. Verwendet man beim Befestigen von Belägen und Kanten mit Zick-Zack-Stichen farblich abstechende Nähfäden, erreicht man zugleich zierende Wirkung (Abb. 2.3–2).

2.3.4. Aufgesteppte Naht. Durch ihre plastische Wirkung ist die Naht auch als Ziernaht geeignet. Das aufzusteppende Teil wird in der Durchschlagmarkierung umgeheftet, auf das darunterliegende Teil gesteckt, aufgeheftet und in gewünschter Breite von rechts aufgesteppt. Man kann dafür Knopflochseide verwenden oder eine größere Stichlänge einstellen, um die Naht besonders hervorzuheben (Abb. 2.3–3).

Soll die Naht durch einen farbigen Paspel betont werden, heftet man den zur Hälfte gebügelten Schrägstreifen auf das untere Teil. Das obere Teil wird aufgeheftet und knappkantig von rechts aufgesteppt (Abb. 2.3–4).

2.3.5. Rechts-Links-Naht. Beide Stoffteile werden links auf links knappkantig zusammengenäht. Die Nahtzugabe wird gleichmäßig schmal verschnitten und breitgebügelt. Man wendet die Arbeit und legt sie genau in der Stepplinie rechts auf rechts zusammen. Dann wird die zweite Naht genäht, und zwar parallel zu den innenliegenden Schnittkanten der ersten Naht, so daß an der geschlossenen Rechts-Links-Naht von rechts kein Gewebefaden sichtbar wird. Diese Naht wird nach der Seite gebügelt. Da sie sehr haltbar ist, verwendet man sie für Wäsche und Kinderkleidung (Abb. 2.3–5).

2.3.6. Kappnaht. Beide Stoffteile werden rechts auf rechts so aufeinandergelegt und geheftet, daß die eine Schnittkante etwa 5 mm breiter ist als die andere. Die Naht wird genäht und zur Seite gebügelt. Danach wird die überstehende Schnittkante um die schmalere eingeschlagen und knappkantig aufgesteppt. Man muß sehr exakt arbeiten, denn die zweite Steppnaht ist von rechts sichtbar. Sie sollte genau parallel zur ersten liegen. Als

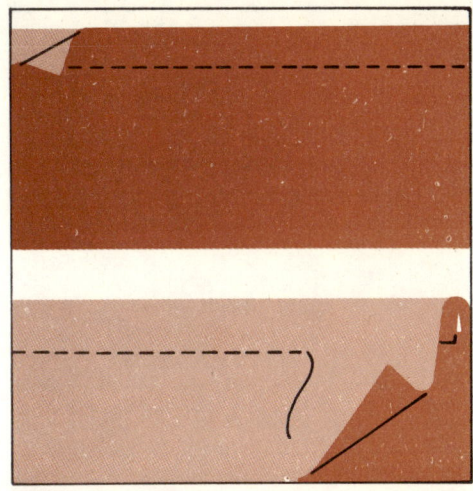

2.3–5

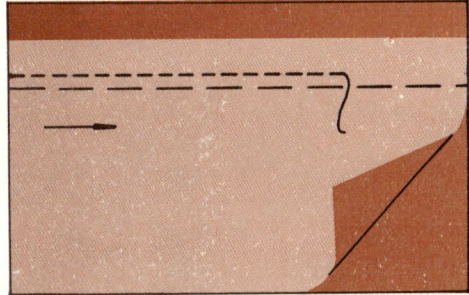

2.3–6

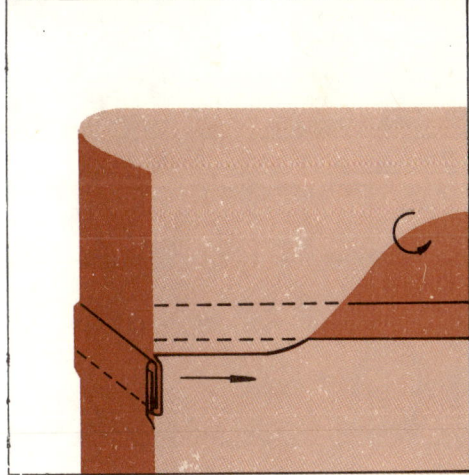

2.3–7

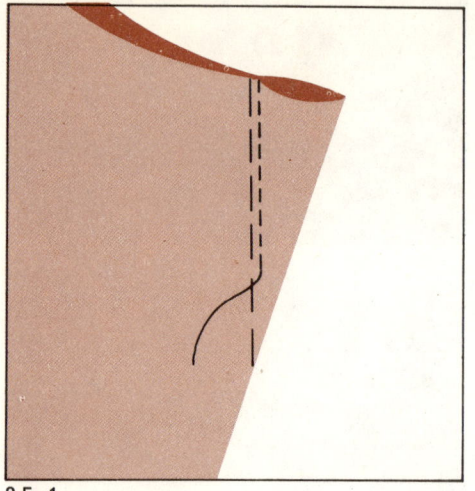
2.5—1

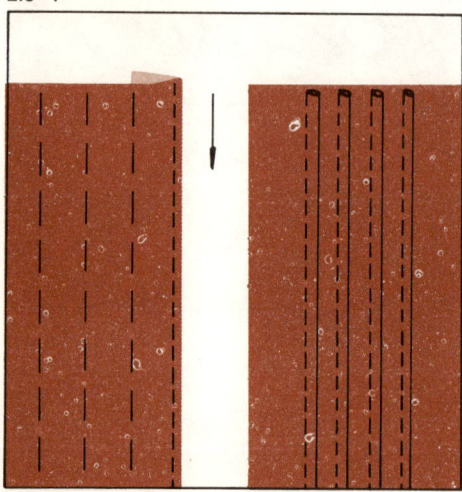
2.5—2

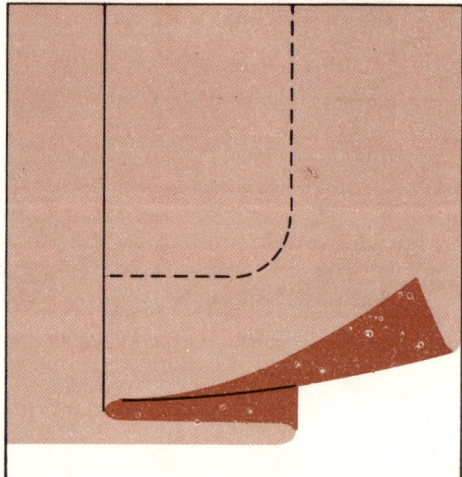
2.5—3

Ziernaht kann man die zweite Naht mit andersfarbigem Nähfaden nähen. Die Kappnaht ist eine feste, saubere Naht, besonders geeignet für Sportbekleidung und für Wäsche (Abb. 2.3—6; 2.3—7).

2.4. Trennen

Man löst die ersten zehn Stiche einer Naht mit der Stecknadel heraus, zieht das frei gewordene Fadenende an und reißt es ab. Das geschieht abwechselnd mit Ober- und Unterfaden, bis die Naht vollständig gelöst ist. Vorteil: Alle Fadenreste werden beim Trennen gleich mit entfernt.

2.5. Abnäher, Biesen, Fältchen, Falten

2.5.1. Abnäher. Sie geben dem Kleidungsstück die erforderliche Form. Mit dem Nähen beginnt man am breiten Ende, sichert den Nahtanfang durch Rückwärtsstiche und näht zur Spitze. Sie muß sehr sorgfältig ausgenäht werden, da sonst am Abnäherende eine Blase entsteht, die sich kaum verbügeln läßt.

Für Ungeübte empfiehlt sich, das Nahtende nicht durch Rückwärtsstiche, sondern durch Verknoten zu sichern (Abb. 2.5—1).

2.5.2. Biesen. So nennt man feine, von rechts abgesteppte Ziernähte. Genau im Fadenlauf werden die Linien markiert (man kann auch einen Gewebefaden ziehen). Der Stoff wird gefaltet und etwa $1\frac{1}{2}$ bis 2 mm neben dem Bruch abgesteppt. In gleichmäßigem Abstand oder auch in Gruppen ergeben Biesen einen sehr schönen Effekt (Abb. 2.5—2). Biesen müssen nach dem Nähen gut gebügelt werden. Besonders leicht lassen sich Biesen mit der Zick-Zack-Maschine und eingesetzter Zwillingsnadel nähen. Dabei bleibt der Stoff glatt liegen; eine mitgeführte dünne Schnur macht die Biesen plastischer.

2.5.3. Fältchen. Sie werden wie Biesen von rechts abgenäht, in unterschiedlicher Breite, und dann nach einer Seite gebügelt. Sollen Fältchen einen Einsatz zieren, so ist es günstig, sie angabengemäß vor dem Zuschneiden zu nähen und zu bügeln. Dazu markiert man das Teil zunächst mit Kreide auf dem Stoff, schneidet es nur in groben Umrissen zu und legt erst nach dem Nähen und Bügeln den Schnitt auf. Auf diese Weise vermeidet man Maßungenauigkeiten.

2.5.4. Falten. Bei allen genähten Falten muß das Ende der Steppnaht vor dem Ausplatzen gut gesichert werden. Man läßt die Stepplinie mit einer Rundung am äußeren Faltenbruch auslaufen und näht waagerecht bis zum inneren Faltenbruch weiter. Dadurch verteilt sich die bei der Bewegung entstehende Spannung auf die gerundete Nahtlinie; das Einreißen des Stoffs wird verhindert. Falten, die aufgesteppt werden sollen, näht man zunächst auf der linken Seite gerundet ab, und zwar beginnt man etwa 2 cm oberhalb vom markierten Ende der Stepplinie und läßt die Rundung etwa 2 cm unterhalb dieser Markierung enden; anschließend steppt man die Falte von rechts auf (Abb. 2.5–3; 2.5–4).

2.6. Einreihen

Beim Einreihen mit der Hand zieht man zwei oder drei Vorstichreihen parallel zueinander ein, die Stichlänge sollte so klein wie möglich sein. Nähanfang gut befestigen! Alle drei Fäden werden gemeinsam zusammengezogen und zur vorläufigen Befestigung um eine Stecknadel gewickelt, die am Nahtende senkrecht zur Reihlinie in den Stoff gesteckt wurde (Abb. 2.6–1). Beim Einreihen mit der Maschine wird der längste Stich eingestellt und die Oberfadenspannung so weit gelockert, daß die Fadenverschlingung auf der linken Seite sichtbar wird. Man näht auf der rechten Stoffseite drei parallele Linien im Abstand von 0,5 bis 0,75 cm. Alle drei Unterfäden werden gemeinsam zusammengezogen, bis die erforderliche Weite erreicht ist. Die Fadenenden werden vorübergehend um eine eingesteckte Stecknadel gewickelt. Lange Reihstrecken sollte man vor dem Zusammenziehen in gleiche Abstände unterteilen, um die

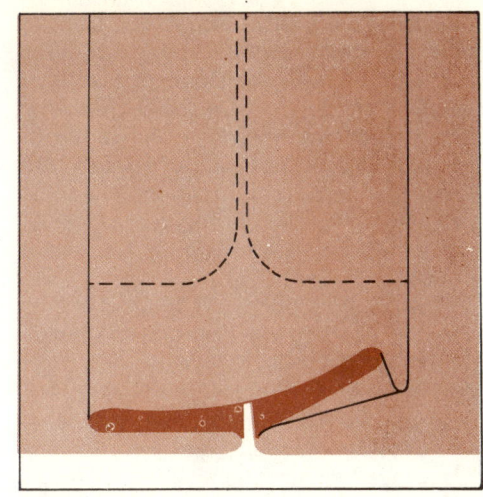

2.5–4

Weite gleichmäßig verteilen zu können. Alle Reihfältchen müssen vor dem Weiterverarbeiten sorgfältig verteilt werden.

Nach dem Nähen verknotet man jeweils Ober- und Unterfaden einer Reihe, rechts sichtbare Reihfäden werden entfernt.

2.7. Einreihen mit Smokgummi

1. Möglichkeit: Man wickelt Smokgummi mit der Hand glatt und spannungsfrei auf die Spule und lockert die Spannung an der Spule. Als Oberfaden verwendet man dem Stoff entsprechenden Nähzwirn.

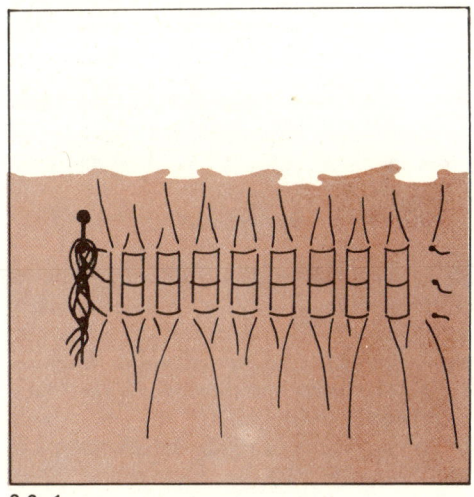

2.6–1

Man stellt die größte Stichlänge ein und näht auf der rechten Seite. Bei jeder neuen Reihe muß der eingezogene Stoff wieder glatt gespannt werden. Zum Regulieren der Weite können die Gummifäden vorsichtig straffgezogen werden. Am Nahtende und Nahtanfang müssen die lose hängenden Gummifäden mit dem jeweiligen Oberfaden sorgfältig festgenäht werden.

Eine Arbeitsprobe vor Beginn der Näharbeit ermöglicht das Berechnen der erzielten Kräuselung.

2. Möglichkeit: Hierbei wird sehr viel Smokgummi verbraucht, man kann aber den Stoff besser auf die erforderliche Weite zusammenziehen. Ober- und Unterfaden bestehen aus Nähzwirn. Man näht mit kleinstem Zick-Zack-Stich auf der rechten Stoffseite, der Smokgummi wird auf der linken Seite mitgeführt und durch die Zick-Zack-Naht gehalten. Nachdem alle Linien genäht worden sind, zieht man die Gummifäden auf erforderliche Weite zusammen und verteilt die Reihfältchen gleichmäßig. Die überstehenden Gummifadenenden werden nach dem Vernähen abgeschnitten. Vorteil: Die Gummifäden werden durch diese Nähmethode nicht so stark strapaziert und platzen nicht so leicht. Nachteil: Sehr großer Abfall.

2.8. Versäubern der Nähte

Die Nahtzugaben werden *vor* dem Bügeln der Nähte gleichmäßig verschnitten.

Alle Stoffe lassen sich mit Zick-Zack-Stich versäubern. Man näht auf der rechten Stoffseite, überstehende Fadenenden werden nachträglich abgeschnitten (Abb. 2.8–1).

An dünnen Stoffen und Futterstoffen kann man die Nahtzugabe ganz knapp nach links umschlagen und von rechts durchsteppen. Das läßt sich besonders gut machen, wenn man zum Umschlagen die Scherenspitze benutzt und das umgeschlagene Stück mit der linken Hand festhält (Abb. 2.8–2).

Wenn keine Zick-Zack-Nähmaschine zur Verfügung steht, müssen die Nähte mit der Hand umstochen werden. Man

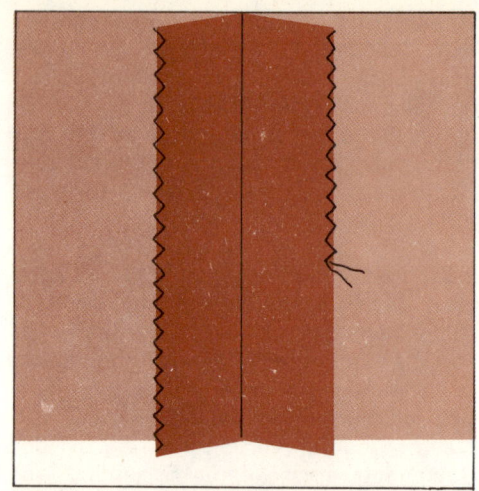

2.8–1

2.8–2

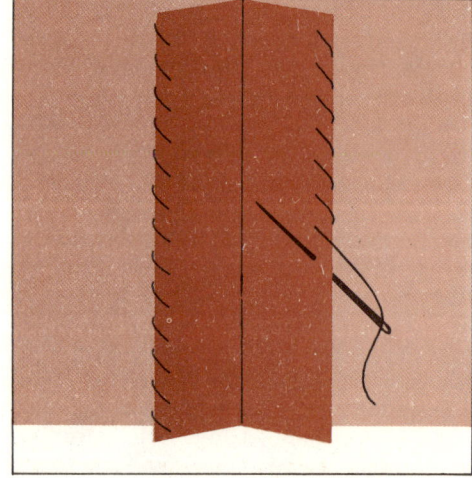

2.8–3

26

2.8—4

wählt entweder überwendliche Stiche (Abb. 2.8—3) oder Knopflochstich (↑ Abb. 2.2—12).

Nichtfransende Stoffe können durch Auszacken mit einer scharfen Schere versäubert werden (Abb. 2.8—4).

Bei Großrundgestricken kann man auf das Versäubern der Längsnähte verzichten, jedoch empfiehlt sich die Versäuberung der Säume und der Quernähte.

2.9. Säume

Säume hohl annähen. Der Saum wird nach links umgeheftet, gleichmäßig verschnitten und mit Zick-Zack-Stich versäubert. Etwa 2 cm von der versäuberten Kante entfernt wird der Saum nochmals geheftet oder mit Stecknadeln befestigt. Man näht folgendermaßen: Der Saum wird mit der linken Hand gehalten und die Kante mit dem Daumen 1 cm zurückgeschlagen. Genäht wird von rechts nach links, indem man vom Oberstoff einen Gewebefaden oder eine Maschenschlinge faßt, schräg nach oben in den Bruch des hochgeschlagenen Saums einsticht und den Faden festzieht. Nun sticht man wieder schräg nach unten, einen Faden fassend, in den Oberstoff ein, erfaßt dann einige Fäden des Saums und zieht erneut den Faden fest. Der Nähfaden darf von rechts nicht sichtbar sein, er liegt hohl zwischen Oberstoff und Saumkante (Abb. 2.9—1 und 2.9—2).

Bei sehr elastischen Stoffen muß nach etwa fünf Saumstichen das genähte Saumstück so weit gedehnt werden, daß genügend Fadenlänge im Saum verbleibt, die verhindert, daß später der Faden reißt. Damit sich der Faden dehnen läßt, kann man den Saum auch *hohl* mit Hexenstichen annähen. Man hält dafür den Saum genauso wie beschrieben, genäht wird aber von links nach rechts. Die verbreitete Methode, Saumkanten mit Hexenstichen zu befestigen, ist nicht zu empfehlen, da sich die Saumkante nach rechts sichtbar durchdrückt.

Nach dem Nähen legt man den Saum glatt auf die Bügelfläche, entfernt die Heftfäden stückweise und bügelt den Saum. Dabei sollte man möglichst großflächig arbeiten, damit sich der Saum nicht verdreht. Sollte sich die Saumkante nach rechts durchdrücken, so fährt man vorsichtig mit dem Bügeleisen zwischen

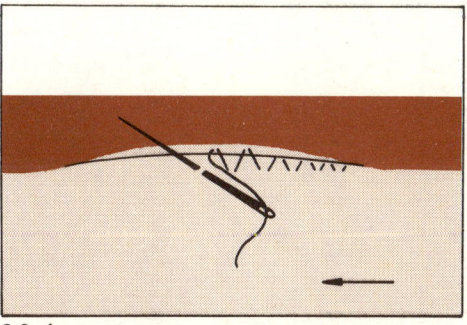
2.9—1

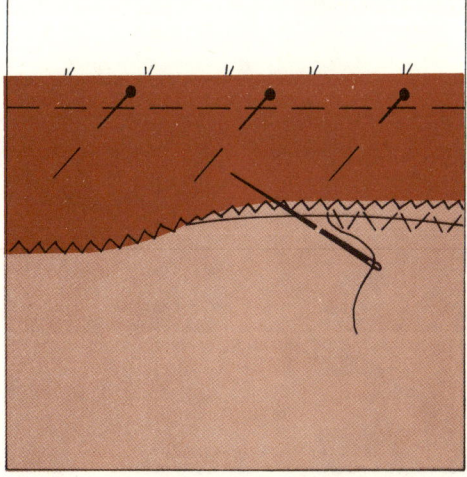
2.9—2

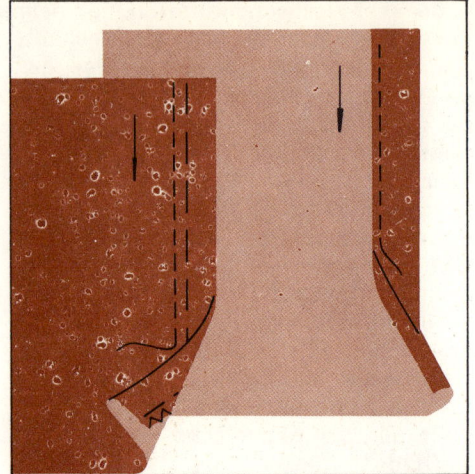

2.9–3

2.10–1

Saum und Oberstoff entlang und bügelt den Stoff glatt.

Auf die gleiche Weise lassen sich nicht nur Säume in sämtlichen Materialien, sondern auch Formstreifen an Ausschnitträndern befestigen.

Säume mit der Nähmaschine nähen. Man versäubert die Saumkante mit Zick-Zack-Stich, schlägt sie 1 cm nach links um und näht sie von rechts füßchenbreit durch.

Eine zweite Möglichkeit bei dünnen Stoffen ist, die Saumkante 2 cm breit nach links umzubügeln, die Schnittkante bis zum Bruch einzuschlagen und den Saum knappkantig von links durchzusteppen (Abb. 2.9–3).

Säume an Glocken- oder Plisseeröcken rundet man mit dem Rockabrunder ab, verbindet die Kreidestriche zu einer geschlossenen Linie und gibt beim Beschneiden ringsum 1 cm zu. Die Schnittkante wird mit Zick-Zack-Stich versäubert, 1 cm breit nach links umgeheftet und von rechts füßchenbreit abgesteppt. Nach dem Säumen müssen alle Faltenbrüche nachgebügelt werden.

2.10. Verstürzen

Genau der Form der zu versäubernden Kanten entsprechend, wird ein Belag geschnitten. Er wird rechts auf rechts auf das Teil gesteckt, geheftet und in der vorgesehenen Linie angenäht (Abb. 2.10–1).

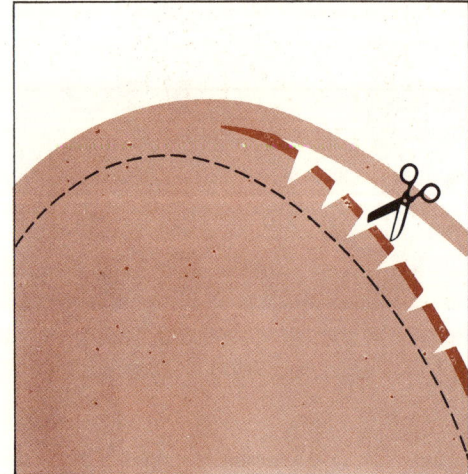

2.10–2

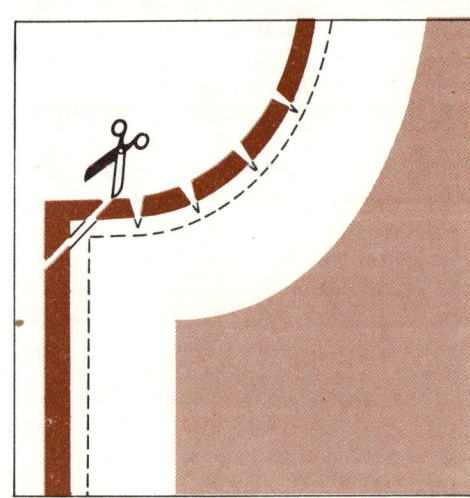

2.10–3

Die Nahtzugaben werden abgestuft verschnitten und die Ecken stumpf abgeschnitten. In Außenrundungen werden aus der Nahtzugabe kleine Dreiecke herausgeschnitten (Abb. 2.10–2), in Innenrundungen dagegen wird quer zur Naht eingeschnitten (Abb. 2.10–3). Danach wird der Belag nach rechts gewendet und von der Unterseite aus im Abstand von etwa 1 cm von der Bruchkante entfernt durchgeheftet. Dabei wird die Nahtlinie so weit nach links gedrückt, daß sie von rechts nicht sichtbar ist.

Werden Kragen, Revers oder rund liegende Aufschläge verstürzt, wird der Belagstoff, bei Kragen der Oberkragen, rundum etwas größer geschnitten und beim Anstecken so weit angeschoben, daß die Schnittkanten des Teils und des Belags bündig liegen. Dabei bildet der Belagstoff eine leichte Blase. Diese Mehrweite darf jedoch nur so gering sein, daß sie faltenfrei zu vernähen ist. Nach dem Wenden lassen sich die Nahtlinien gut nach links ziehen, und das Teil legt sich leicht gewölbt.

Werden Kanten oder Teile mit Einlage verarbeitet, so näht man entweder die Einlage mit fest und verschneidet sie anschließend ganz knapp, oder man bügelt die Einlage in Fertiggröße auf bzw. kreuzt sie an. In diesem Fall liegt die Naht dicht neben dem Rand der Einlage.

2.11. Ecken nähen

1. Möglichkeit: Man legt den Saum um, dann den Belag oder bei Seitenschlitzen die Nahtzugabe darüber und näht die sich berührenden Kanten mit kleinen Handstichen zusammen. Im Bereich des Belags wird der Saum 1 cm schmaler geschnitten und an der Belagkante abgeschrägt, damit ein möglichst flacher Übergang entsteht (Abb. 2.11–1; 2.11–2).
2. Möglichkeit: Hier müssen die rechtwinklig aneinandertreffenden Umschläge gleich breit sein. Die Schnittkanten werden zunächst versäubert. Dann legt man die beiden aneinandertreffenden Schnittkanten rechts auf rechts aufeinander und näht vom markierten Eckpunkt aus die beiden Umschläge senkrecht zusammen (Abb. 2.11–3). Das auf diese Weise abge-

2.11–1

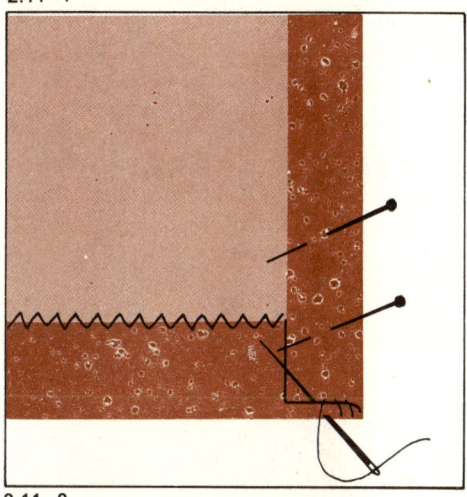

2.11–2

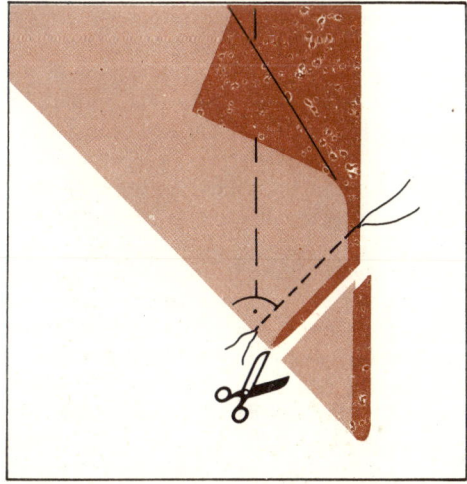

2.11–3

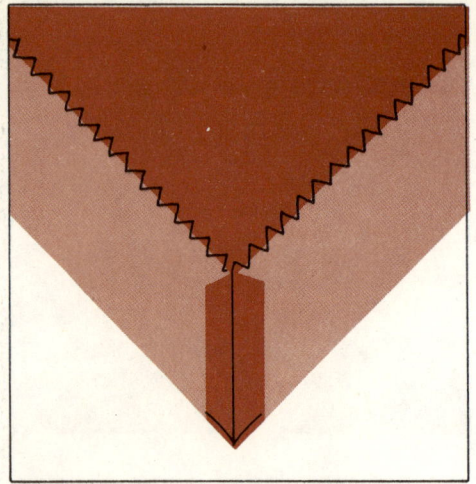

2.11—4

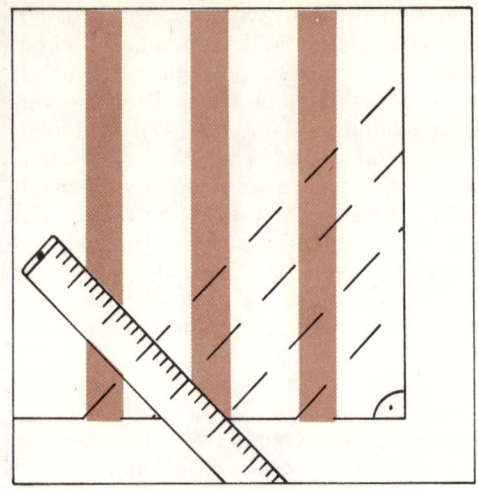

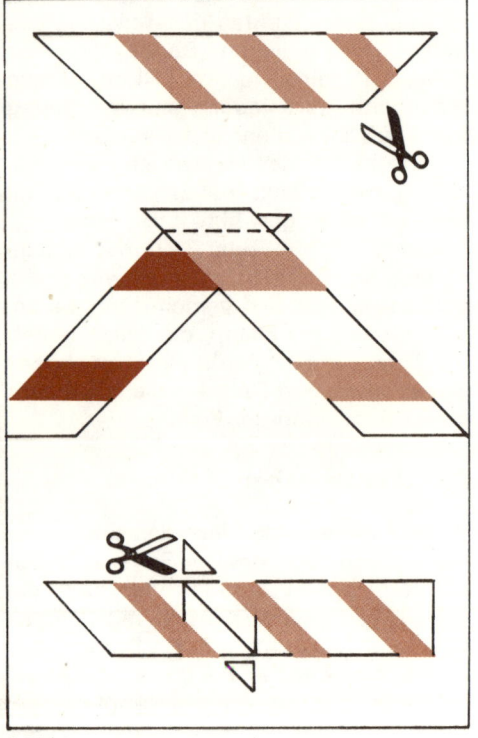

2.12—1

nähte kleine rechtwinklige Dreieck wird bis auf die Nahtzugabe abgeschnitten, die Naht wird breitgebügelt, die beiden im Eckpunkt überstehenden kleinen Stoffdreiecke der Nahtzugaben werden abgeschnitten. Jetzt wird der Saum nach links gewendet, gebügelt und mit Hohlstichen befestigt. Vorteil dieser Technik ist eine flache, gleichmäßige Ecke; ihr Nachteil besteht darin, daß der Saum nicht verlängert werden kann (Abb. 2.11—4).

2.12. Schrägstreifen

Man verwendet sie zum Einfassen von Kanten, für Paspel und für Röllchen, die man für Zierarbeiten und für Ösenverschlüsse verarbeitet.

Wichtig ist, daß die Schrägstreifen genau diagonal zum Fadenlauf geschnitten werden, damit sie ohne Faltenbildung oder Schrägzug zu verarbeiten sind.

2.12.1. Zuschnitt. Man schneidet den Stoff von einer Ecke aus in Kett- und Schußfadenrichtung fadengerade und mißt an jeder Seite den gleichen Betrag ab. Beide markierten Punkte verbindet man mit einer Linie. Parallel zu dieser Schräglinie zeichnet man die erforderliche Anzahl Streifen in gleicher Breite an. Diese Streifen werden zugeschnitten und jeweils an einer Seite so geschnitten, daß die Schnittkanten an beiden Enden parallel liegen. Alle Schrägstreifen werden

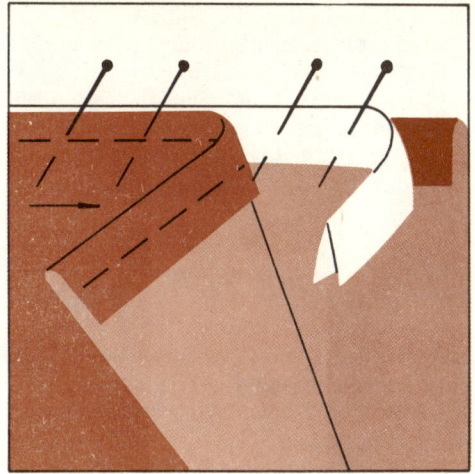

2.12–2

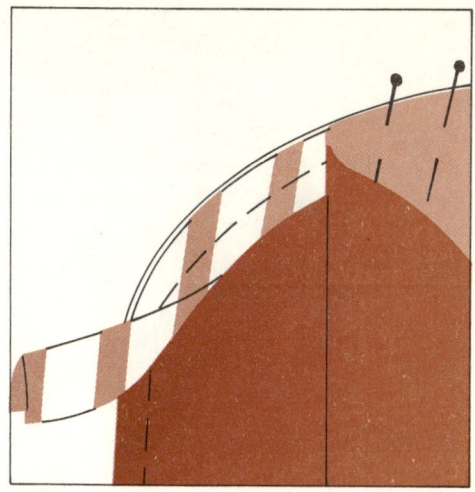

2.12–3

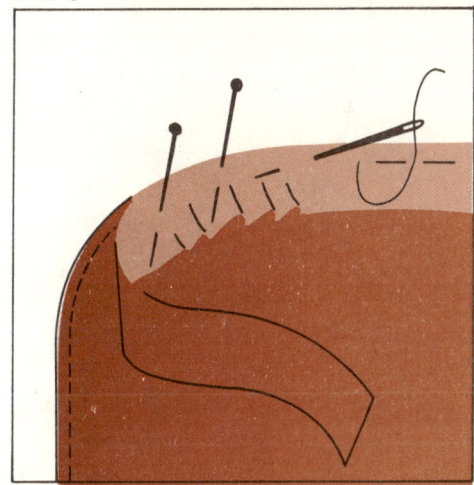

2.12–4

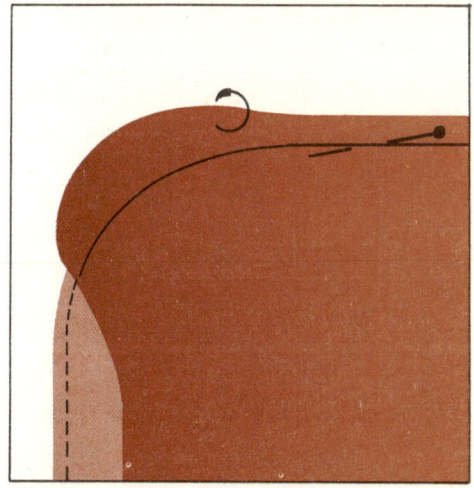

2.12–5

durch fadengerade Nähte miteinander verbunden, die überstehenden Nahtekken verschnitten und die Nähte breitgebügelt (Abb. 2.12–1).

2.12.2. Schrägstreifen zu Paspeln. Der Schrägstreifen wird zur Hälfte zusammengelegt und gebügelt. In gewünschter Breite schiebt man ihn entweder zwischen zwei umgeheftete Kanten und faßt ihn beim Zusammensteppen mit (Abb. 2.12–2), oder man heftet ihn an die Kante eines zu verstürzenden Teils und näht ihn mit fest. Nach dem Wenden richtet sich der Paspel aus der Naht auf und bildet, wenn man ihn in entsprechender Farbe arbeitet, einen kontrastierenden Kantenabschluß (Abb. 2.12–3).

2.12.3. Einfassen mit Schrägstreifen. Die Kanten werden auf fertige Größe, also ohne Nahtzugabe, verschnitten. Mit Nähfaden und kleinen Vorstichen heftet man Oberstoff, Einlage und Belag zusammen. Der Schrägstreifen wird glatt an der Kante angelegt und in der vorgesehenen Breite angeheftet. (Abb. 2.12–4). Nach dem Annähen in gleichmäßiger Breite wird der Heftfaden entfernt und der Streifen straff um die Kante nach links gelegt. Zur Befestigung kann man ihn zunächst mit Stecknadeln anstecken (Abb. 2.12–5). Von der linken Seite aus wird der Schrägstreifen bis zur Naht eingeschlagen, dabei entfernt man jeweils die Nadel auf

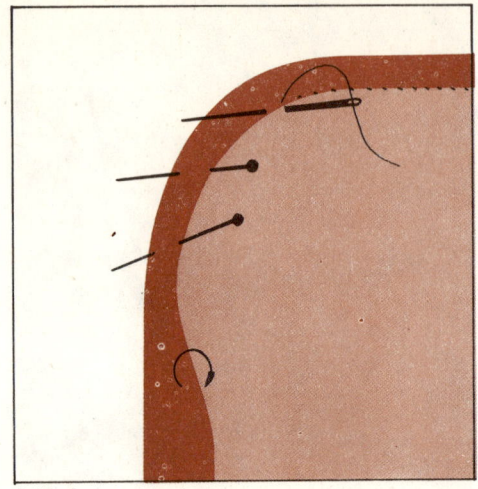

2.12—6

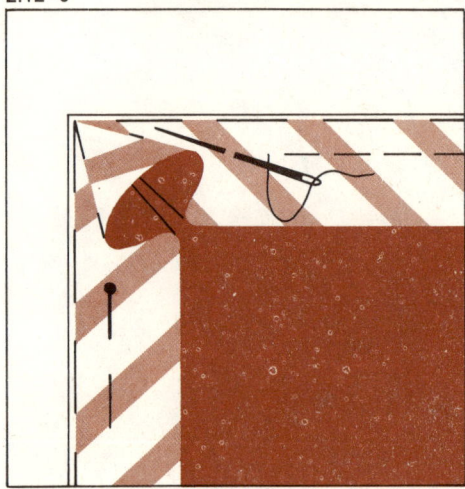

2.12—7

2.12—8

der rechten Seite. Mit kleinen Staffierstichen näht man den Schrägstreifen an der Nahtlinie an (Abb. 2.12—6).

Wichtig ist, daß der Schrägstreifen bei Innenrundungen straff, bei Außenrundungen aber locker angenäht wird, damit er sich gut um die Rundung herumlegen kann.

2.12.4. Eckenbildung beim Einfassen.

Der Schrägstreifen wird an der Längskante bis zum Eckpunkt der Außenecke angeheftet. Dann legt man eine lose Falte; der Falteninhalt ist doppelt so groß wie der Einfaßstreifen breit werden soll (Beispiel: Breite des Einfaßstreifens 0,75 cm, Falteninhalt 1,5 cm). Von dieser Falte aus legt man den Schrägstreifen glatt an der Querkante an und heftet ihn ebenfalls. Beim Nähen setzt man an der Falte ab, sie bleibt lose (Abb. 2.12—7). Nach dem Umlegen des Schrägstreifens verläuft die Falte schräg bis in die Ecke; die Falte kann entweder locker bleiben oder mit kleinen unsichtbaren Stichen festgenäht werden (Abb. 2.12—8). Innenecken sind schwieriger zu nähen. Dort wird der Schrägstreifen straff und ohne Falte bis zum Eckpunkt angeheftet, in die Ecke wird senkrecht eingeschnitten, der Einschnitt leicht gespreizt und der Streifen an der anderen Seite weiter angeheftet. Beim Nähen setzt man am Eckpunkt ab, läßt aber die Nadel im Stoff, hebt das Füßchen und dreht den Stoff. Nach dem

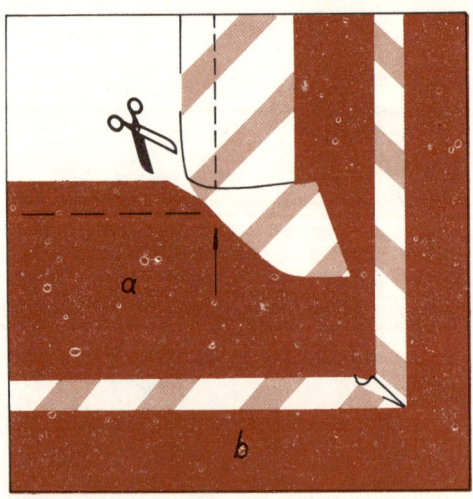

2.12—9

Aufsetzen des Füßchens näht man an der anderen Seite weiter. Beim Umlegen und Einschlagen des Schrägstreifens bildet sich verlaufend von unten nach oben in der Ecke eine Falte, die mit kleinen Stichen unsichtbar festgenäht wird (Abb. 2.12–9).

2.13. Knöpfe, Druckknöpfe, Haken und Ösen

2.13.1. Knöpfe annähen. Der Fadenanfang wird an der bezeichneten Stelle im Stoff befestigt. Dann wird der Knopf mit gleichmäßig locker gehaltenem Faden angenäht: Man hält den Knopf zwischen Daumen und Zeigefinger der linken Hand, die Stoffkante klemmt zwischen Zeigefinger und Mittelfinger, und der Knopf wird so weit vom Stoff entfernt gehalten, daß die Annähfäden so lang werden, wie der Obertritt dick ist. Diese Fäden werden dicht umwickelt und der Nähfaden wird links vom Stoff verstochen. Der so gebildete Stiel ermöglicht das leichte Knöpfen und vermeidet das Zusammendrücken der Obertrittkante (Abb. 2.13–1). Knöpfe an Bettwäsche oder Knöpfe mit Ösen können ohne Stiel direkt auf den Stoff genäht werden.

2.13.2. Druckknöpfe annähen. Druckknöpfe bestehen aus Oberteil und Unterteil. Das Oberteil hat einen kleinen Dorn, der in das Loch des Unterteils einrastet. Man näht die Druckknöpfe an den Randlöchern mit dichten überwendlichen Stichen an. Zuerst näht man alle Oberteile an, dann überträgt man den Sitz auf den Untertritt, indem man den Dorn mit Kreide bestreicht und auf den Untertritt aufsetzt. Die Unterteile werden so angenäht, daß ihre Randlöcher versetzt zu den Randlöchern der Oberteile liegen. Dadurch liegen die Nähstellen nicht übereinander, so daß sich die Druckknöpfe besser schließen lassen (Abb. 2.13–2).

2.13.3. Haken und Ösen annähen. Man näht die Öse an den beiden kleinen Annähösen mit überwendlichen Stichen an, dann befestigt man sie nochmals unterhalb der Ösenrundung. Die Öse wird so an die Kante genäht, daß ihre Run-

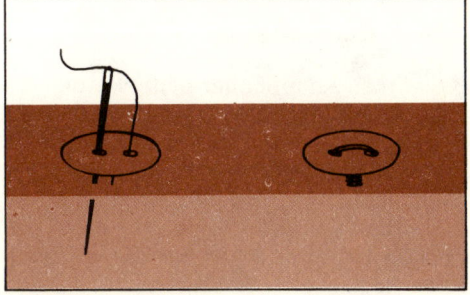

2.13–1

2.13–2

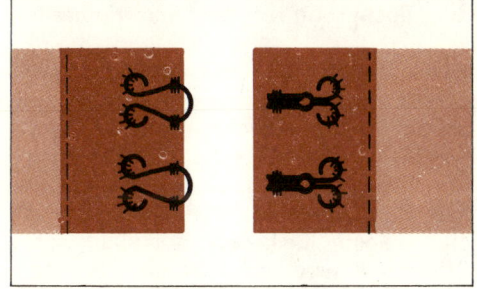

2.13–3

dung über die Kante hinausragt und durch den Haken gut erfaßt werden kann. Den Haken an der Gegenkante muß man entsprechend weit zurücksetzen, damit beide Kanten dicht aneinandertreffen. Der Haken wird ebenfalls an den beiden Annähösen angenäht, dann sticht man im Stoff nach oben bis unterhalb der Biegung und näht ihn auch hier mit mehreren Stichen fest (Abb. 2.13–3).

Ösen kann man auch mit der Hand arbeiten. Man spannt 4 bis 5 kurze Fäden, die man entweder mit Langettenstich oder mit Knopflochstich umsticht. Haken mit handgestochenen Ösen sind eine gute Lösung, wenn der Verschluß möglichst unauffällig sein soll.

2.14. Knopflöcher

Bevor man Knopflöcher näht, werden sie in gleichmäßigem Abstand an der vorderen Kante aufgezeichnet oder mit Heftfäden markiert. Werden die Knopflöcher waagerecht eingearbeitet, so ist es günstig, das Knopflochende, in dem der Knopf sitzt, etwa 2 mm vor der vorderen Mitte beginnen zu lassen.

Werden Knopflöcher in Längsstreifen oder aufgesetzte Knopfleisten eingearbeitet, so sitzen sie genau senkrecht auf der vorderen Mitte. Der Abstand zur Kante soll in der Regel dem Durchmesser des Knopfes entsprechen. Die Größe der Knopflöcher richtet sich nach der Knopfgröße, d. h. nach Durchmesser und Wölbung der Knöpfe. Bevor man die Knopflöcher auf das Kleidungsstück aufzeichnet, schneidet man auf einem Probestück ein Knopfloch ein und schiebt den Knopf hindurch. Durch diese Probe kann man die Knopflochgröße rechtzeitig korrigieren.

2.14.1. Knopflöcher mit der Maschine.
Besitzt die Nähmaschine keine automatische Knopflocheinrichtung, so näht man folgendermaßen: Die Nähmaschine wird mit dem Nähfuß für Knopflöcher versehen. Dann stellt man den Wahlknopf auf die kleinste Zick-Zack-Einstellung, die Stichlänge wird auf Null bis 0,5 eingestellt und die Stichdichte auf einem Probestück geprüft.

Zuerst näht man die linke Raupe bis zum Knopflochende, die Nadel bleibt links im Stoff stehen, der Nähfuß wird auf halbe Höhe angehoben und der große Zick-Zack-Stich eingestellt, der Nähfuß wird gesenkt und zweimal quer hin und her genäht als Riegel. Die Nadel bleibt links im Stoff stehen, der Nähfuß wird auf halbe Höhe angehoben und der kleinste Zick-Zack-Stich eingestellt. Die Nadel wird durch eine Handradumdrehung auf Mittelstellung gebracht, das Knopfloch wird gedreht, der Nähfuß abgesenkt und die zweite Raupe genäht. Nach Umstellen auf große Zick-Zack-Einstellung wird das zweite Ende ebenfalls mit einem Riegel versehen. Zuletzt stellt man die Einstellung auf Steppstich und näht zur Befestigung mehrmals auf gleicher Stelle. Die Fäden werden abgeschnitten und auf die linke Seite gezogen. Vorsichtig schneidet man das Knopfloch mit der Schere oder mit dem Trennmesser in der Mitte auf, ohne dabei die Nähfäden zu verletzen.

2.14.2. Knopflöcher mit der Hand.
Die Knopflöcher werden vor dem Nähen aufgeschnitten und die Stofflagen zuerst mit überwendlichen Stichen zusammengestochen. Die Nährichtung verläuft beim *Wäscheknopfloch* von links nach rechts, beim Mantelknopfloch dagegen von rechts nach links. Man sticht von hinten durch den Stoff nach vorn. Dicht neben dem ersten Stich sticht man wieder von hinten in den Stoff, zieht die Nadel heraus, läßt eine kleine Fadenschlinge stehen, durch die man von hinten nach vorn durchsticht. Dann zieht man die Schlinge straff. Das entstehende Knötchen muß leicht nach außen an der Kante sitzen (↑ Abb. 2.2–12 bis 2.2–15).

Die Einstichstellen liegen in gleichmäßiger Länge nebeneinander, die Knötchen ergeben eine perlartige Reihe. Am Ende der Reihe spannt man 4 Querfäden, die in der Mitte durch einen Stich gehalten werden. Dieser Riegel dient der Befestigung des Knopflochs. Nach dem Umnähen der zweiten Kante mit Knopflochstich wird am anderen Ende ebenfalls ein Riegel gestochen. Das *Kleiderknopfloch* wird in gleicher Weise gearbeitet wie das Wäscheknopfloch, allerdings erhält es am

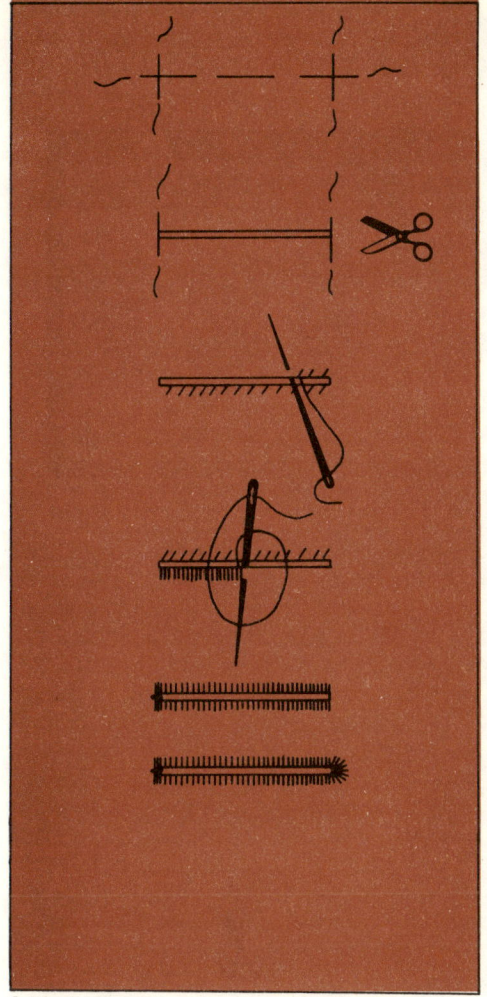

2.14—1

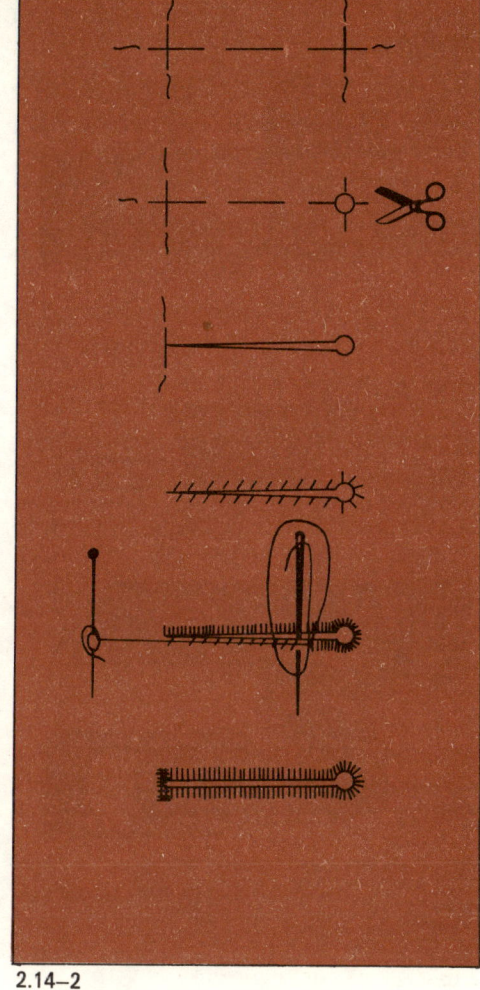

2.14—2

vorderen Ende, wo der Knopf sitzen wird, keinen Riegel, vielmehr wird dieses Ende mit Knopflochstich umstochen, so daß die Einstichstellen strahlenförmig liegen (Abb. 2.14—1).

Das *Mantel*- oder *Kostümknopfloch* erhält vorn, wo der Knopf sitzt, ein „Auge". Dazu wird mit dem Locheisen ein Loch gestanzt, das aber ebensogut mit einer spitzen Schere sorgfältig ausgeschnitten werden kann. Damit die Stichreihen plastisch werden und das Knopfloch vor dem Verdehnen geschützt wird, führt man unter der Knopflochstichreihe einen Faden Knopflochseide mit, der straff gespannt wird, indem man ihn um eine Stecknadel wickelt. Man sticht die erste

Reihe von rechts nach links bis zur Rundung, sticht sorgfältig um die Rundung herum und anschließend die zweite Reihe bis zum Ende. Quer über das Knopflochende spannt man vier Fäden, die man mit Schlingenstich umsticht oder dicht umwickelt, so daß ein haltbarer Riegel entsteht (Abb. 2.14—2).

2.15. Gürtel und Schnallen

2.15.1. Gürtel nähen. Man schneidet einen Stoffstreifen in erforderlicher Länge zu, plus 20 cm für Ober- und Untertritt und zum Annähen der Schnalle. Die Breite beträgt doppelte Fertigbreite plus 2 cm Nahtzugabe. Der Stoff wird rechts

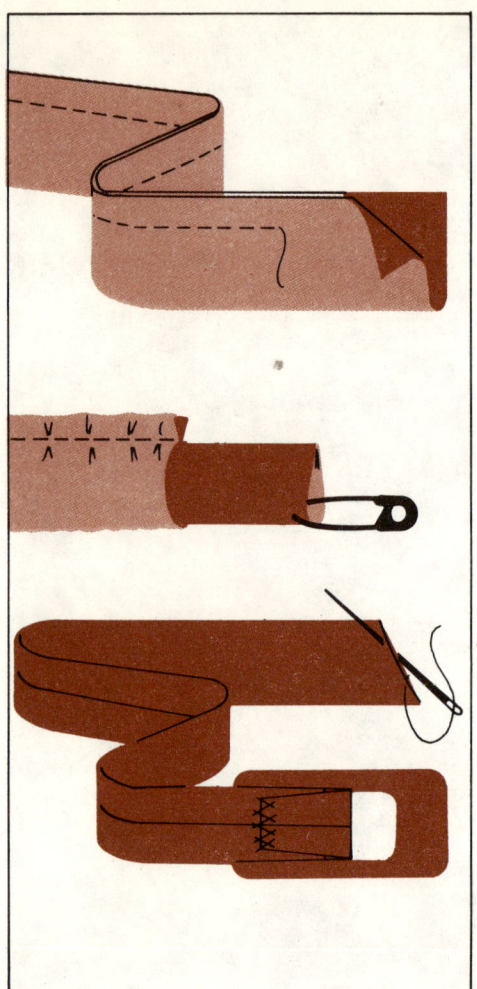

2.15—1

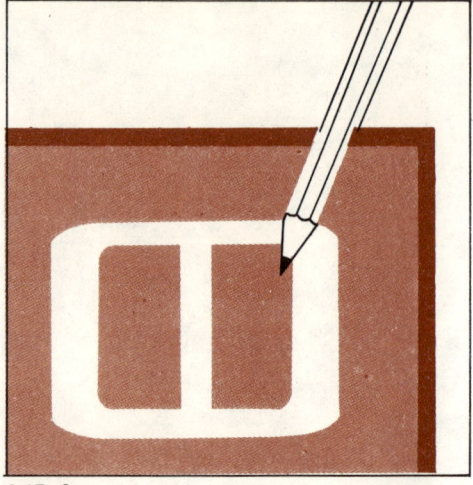

2.15—2

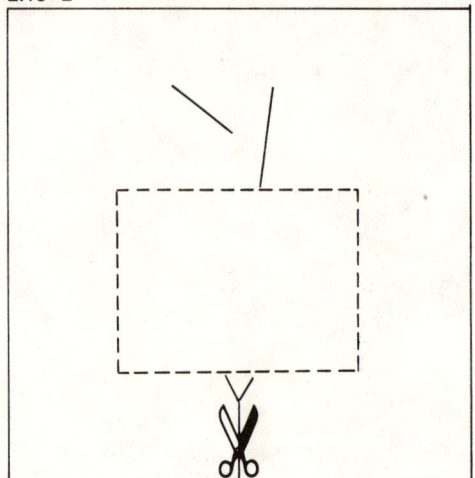

2.15—3

auf rechts zur Hälfte in den Bruch gelegt und 1 cm von der Schnittkante entfernt zusammengenäht. Die Naht wird über einer schmalen Holzleiste breitgebügelt und der Gürtel mit einer Sicherheitsnadel nach rechts durchgezogen. Die Naht liegt in der Mitte der Unterseite. Der Gürtel wird gebügelt. Anschließend wird ein Streifen aufbügelbares Retovlies mit der Sicherheitsnadel in den Gürtel eingezogen, die beschichtete Seite liegt der Naht zugewandt. Das Obertrittende wird modellgemäß gerade oder schräg beschnitten, gegenseitig eingeschlagen und mit Handstichen zusammengenäht. Dann wird der Gürtel gebügelt; dabei verbindet sich die Vlieseinlage mit dem Gürtelstoff.

Der Gürtel wird modellgemäß abgesteppt, an das Untertrittende wird die Schnalle angenäht (Abb. 2.15—1).

2.15.2. Schnallen beziehen. Man schneidet dafür doppelten Stoff zu, ringsum 2 cm größer als die zu beziehende Schnalle, und steckt die beiden Stofflagen rechts auf rechts aufeinander. Die Schnalle wird in die Mitte des Stoffs gelegt und ihre Kontur mit spitzer Kreide aufgezeichnet. Auf dieser Linie werden die Stofflagen mit ganz kleinen Steppstichen zweimal zusammengenäht. Innerhalb der Stepplinie wird der Stoff mit ganz wenig Nahtzugabe herausgeschnitten, in die Ecken bzw. die Rundungen

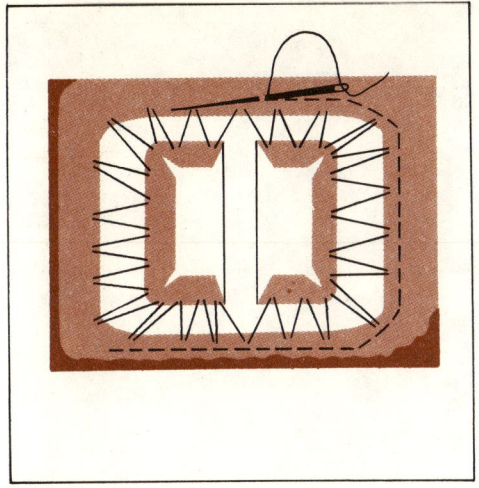

2.15—4

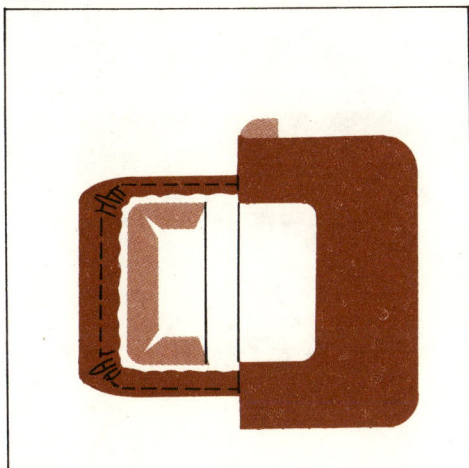

2.15—5

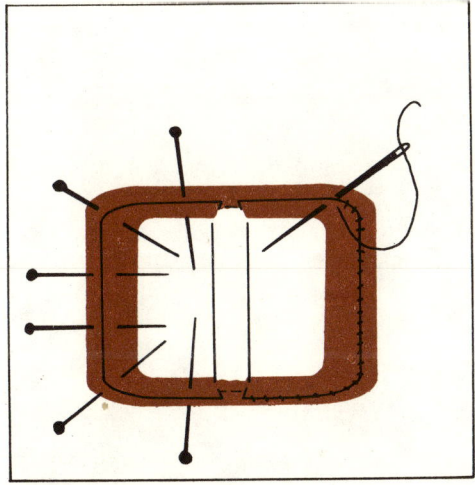

2.15—6

wird bis an die Naht heran eingeschnitten, und die untere Stofflage wird zusätzlich zu beiden Seiten des Stegs eingeschnitten. Die Schnalle wird auf der oberen Stofflage mit losen Stichen befestigt, rund um den äußeren Schnallenrand wird der Stoff eingeriehen und verschnitten. Der Reihfaden wird so straff gezogen, daß sich der Stoff um die Schnalle herum zusammenzieht. Die beiden unteren Stoffhälften werden rechts und links vom Steg durch die Schnalle nach rechts gezogen, rund um die Schnalle festgesteckt, verschnitten, ringsum schmal eingeschlagen und am Rand der Schnalle so angenäht, daß die Naht von der Oberseite aus nicht sichtbar ist. Zuletzt wird die Schnalle leicht gebügelt (Abb. 2.15—2 bis 2.15—6).

2.16. Aufhänger und Schlaufen

2.16.1. Aufhänger für Jacken und Mäntel. Man schneidet einen 4 cm breiten und 7 cm langen fadengeraden Futterstreifen, bügelt ihn zur Hälfte zusammen, schlägt beide Längsschnittkanten nochmals nach innen bis zum Bruch ein und steckt den Aufhänger zusammen. Beide Längsseiten steppt man knappkantig von rechts ab und bügelt den Aufhänger.

Man kann ihn auf zwei Arten annähen: Beide Schmalseiten werden eingeschlagen, und der Aufhänger wird mit kleinen, aber festen Stichen innen am Kragen festgenäht (Abb. 2.16—1). Die zweite Möglichkeit ist, den Aufhänger vor dem Anstaffieren des Futters am Kragen festzunähen und das Futter über die offenen Schmalseiten zu nähen (Abb. 2.16—2).

2.16.2. Gürtelschlaufen. Man schneidet einen 2 cm breiten Stoffstreifen, die Länge ergibt sich aus der Anzahl der Schlaufen. Je Schlaufe rechnet man Gürtelbreite plus 1 cm für Bewegung plus 2 cm zum Annähen. Die Längsseiten des Streifens werden mit Zick-Zack-Stich versäubert, nach links bis zur Mitte aneinanderstoßend umgeschlagen und mit Handstichen zusammengenäht. An beiden Seiten steppt man knappkantig ab und bügelt den Streifen flach. Er wird entsprechend der Schlaufenlänge zerschnit-

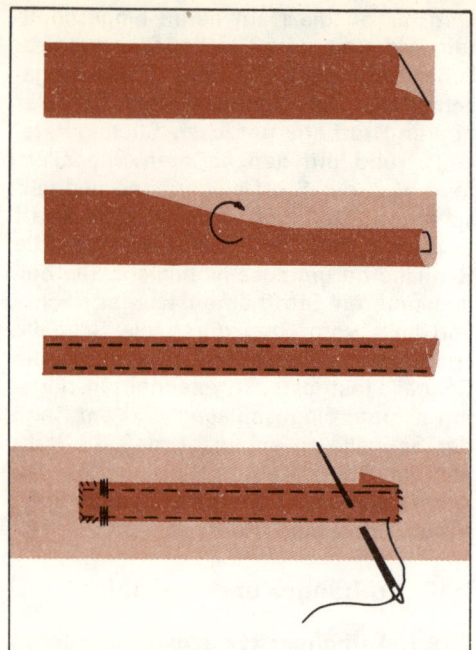

2.16—1

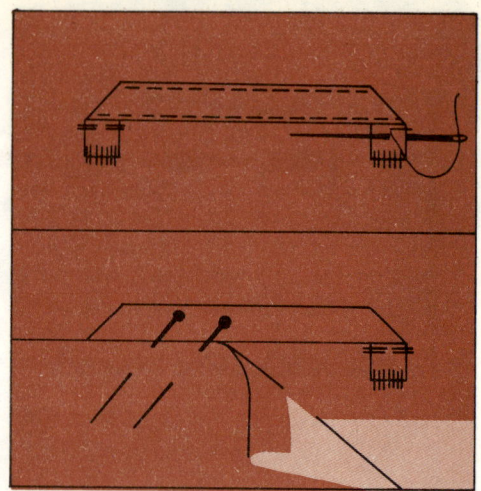

2.16—2

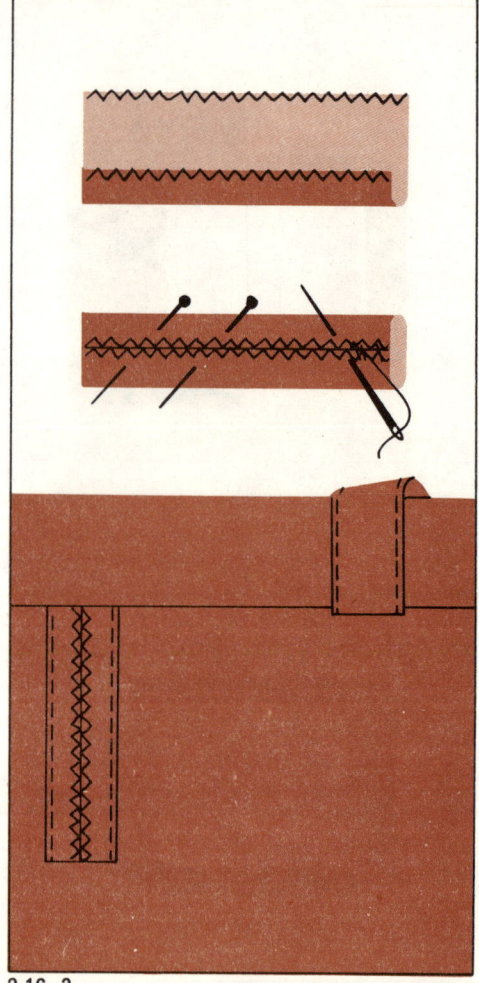

ten. Die Schlaufen werden beim Annähen des Bunds außen mitgefaßt, nach Fertigstellung des Bunds um den Bund herumgelegt und auf der linken Seite mit Handstichen angenäht (Abb. 2.16—3).

2.16.3. Gürtelstege für Kleider. Damit Gürtel auf der Taillenansatznaht oder bei durchgehend geschnittenen Kleidern in richtiger Höhe sitzen, zieht man sie durch Gürtelstege. Man kann sie aus dem *Kleiderstoff* fertigen (↑ 2.16.2.) und näht die Enden entweder mit der Hand oder mit der Nähmaschine jeweils oberhalb und unterhalb der Taillennaht an (Abb. 2.16—4).

Eine zweite Möglichkeit sind Gürtelstege aus *Hohllitze* in passender Farbe. Man schneidet die Gürtelstege in doppelter Gürtelbreite mit 2 cm Zugabe zu (0,5 cm als Bewegungsspielraum, 1,5 cm als Nahtzugabe) und faßt beide Enden vor dem Zusammennähen mit in die Taillennaht (Abb. 2.16—5).

Am wenigsten auffällig sind handgenähte Gürtelstege aus *Knopflochseide* in passender Farbe. Man spannt auf der Seitennaht 5 bis 6 Fäden, jeweils zur Hälfte oberhalb und zur Hälfte unterhalb der

2.16—3

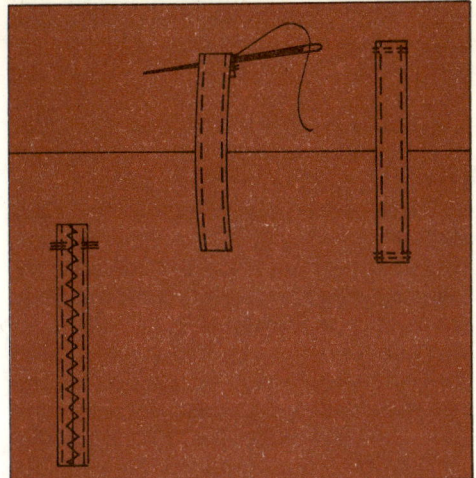

2.16–4

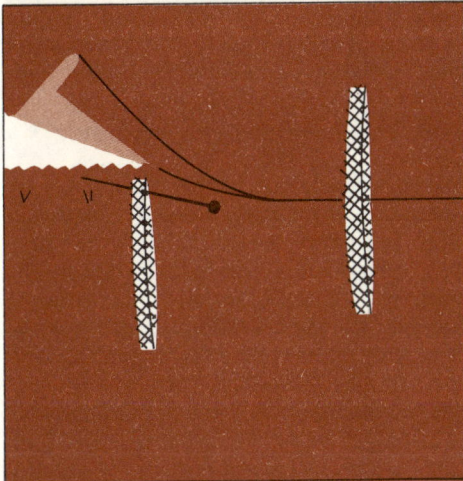

2.16–5

2.16–6

Taillennaht. Die Fäden müssen so lang sein, daß der Gürtel bequem durchzuziehen ist. Die gespannten Fäden werden mit Langetten- oder Knopflochstich dicht umstochen, so daß schmale, feste Stege entstehen (Abb. 2.16–6).

2.17. Polster

2.17.1. Polster einnähen. Man verwendet Fertigpolster aus Watte oder Schaumgummi. Bevor man sie einnäht, werden sie von rechts unter die Schulternaht gesteckt. Das längere Teil liegt im Rücken, das kürzere im Vorderteil. Die höchste Stelle liegt bündig mit der Nahtzugabe der Ärmeleinsatznaht, sie ragt in den Ärmel hinein. Die hintere Spitze liegt etwa auf der Schulternaht. Das Kleidungsstück wird übergezogen und der Sitz kontrolliert. Entspricht die vordere Rundung nicht dem Armlochverlauf, so kann man die Form der Polster durch Verschneiden regulieren. Müssen die Polster zum Beziehen nochmals herausgenommen werden, so wird ihr Sitz durch kleine Zeichen markiert. Nachdem beide Polster übereinstimmend erneut eingesteckt wurden, näht man sie folgendermaßen ein: Man wendet das Kleidungsstück nach links und näht das Polster vom Ärmel aus auf der Nahtzugabe der Ärmeleinsatznaht mit Rückstichen etwa 3 cm vor und hinter der Schulternaht fest. Das übrige Polster bleibt lose, lediglich die hintere Spitze wird mit einem umwickelten Steg an der Schulternaht befestigt (↑ Abb. 2.16–6.).

2.17.2. Polster beziehen. Zum Beziehen verwendet man entweder den Stoff des Kleidungsstücks oder Dederon-Kettgewirk bei waschbaren Stoffen. Man legt das Polster so auf den Stoff, daß der Fadenlauf an der vorderen hohen Seite schräg ist. Der Stoff wird zuerst glatt auf die gewölbte Oberseite des Polsters gesteckt, dann zieht man ihn um die hohe Seite nach unten und steckt ihn ebenfalls fest. Die sich aus der Hohlung ergebende Mehrweite wird in einem Längsabnäher weggesteckt, den man zuletzt staffiert. Das Polster und beide Stofflagen werden an der Außenkante zusammengenäht, das überstehende Futter wird verschnit-

2.17—1

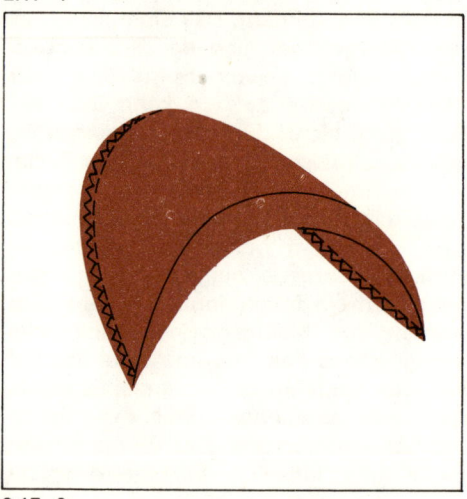

2.17—2

ten und die Kante mit Zick-Zack-Stich versäubert. Zuletzt wird das Polster auf gewölbter Unterlage von der Oberseite aus vorsichtig gebügelt (Abb. 2.17—1; 2.17—2).

2.18. Verarbeitung von Spitze

2.18.1. Stickereispitze. Baumwoll-Stickereispitze setzt man mit einfachen Nähten zusammen, die man breitbügelt. Tüllspitzen werden ebenfalls mit einfachen Nähten zusammengenäht. Man schneidet die Nahtzugaben auf eine Breite von 0,5 cm, versäubert sie zusammen mit Zick-Zack-Stich und bügelt sie nach einer Seite.

Bei allen Spitzen mit gestickten Kanten achtet man darauf, daß die Nähte zwi-

schen zwei aneinanderstoßenden Mustern oder in der Mitte eines Musters liegen.

2.18.2. Spachtelspitze. Besitzt die Spitze eine bordürenartige Kante, so sollte man sie am Rocksaum, am Jackensaum und als Ärmelabschluß verwenden. Der Halsausschnitt wird nicht verstürzt, sondern man näht auf die offene Schnittkante ein ausgeschnittenes Käntchen der Spitze. Wenn es das Muster erlaubt, schneidet man alle Nähte so aus, daß jeweils durch das Aneinandersetzen der beiden zusammengehörenden Teile das Muster komplett ergänzt wird. Die Spitzenmotive werden dann mit überwendlichen Stichen sorgfältig aneinandergenäht. Die Nähte werden von links unter einem feuchten Tuch auf einer weichen Unterlage gebügelt.

2.19. Verarbeitung von Webpelz

Alle Webpelzarten, ganz gleich, ob es sich um synthetischen Pelz, Voltex-Futter oder das Lammfell-Imitat „Pallana" handelt, werden wie Stoffe verarbeitet. Sie werden mit dem Strich mit normaler Nahtzugabe zugeschnitten und mit einfacher Naht genäht. Die Nahtzugaben werden mit Zick-Zack-Stich versäubert, wenn das Kleidungsstück nicht gefüttert wird. Man bügelt von links mit feuchtem Tuch und bürstet anschließend den Faserflor von rechts in Strichrichtung. Damit alle Nähte möglichst unsichtbar werden, zieht man mit dem stumpfen Ende einer dicken Stopfnadel die Haare aus der Nahtlinie nach rechts und bürstet die Stelle in Strichrichtung.

Will man den Webpelz als Innenfutter verarbeiten, so schneidet man alle Teile schnittgemäß zu. Der Oberstoff muß wesentlich größer zugeschnitten werden. Dazu schneidet man die Schnitteile von Vorder- und Rückenteil sowie der Ärmel senkrecht auf, sperrt sie um 1,5 bis 2 cm und schneidet nach diesen vergrößerten Teilen den Oberstoff zu. Webpelz und Oberstoff werden getrennt zusammengenäht und nur an den Außenkanten, den Ärmeln und dem Kragen miteinander verbunden.

2.20. Das Bügeln

Beim Schneidern sollte man es sich zur Regel machen, nach jedem Arbeitsgang zu bügeln; denn jede Näharbeit wird erst durch richtiges Bügeln perfekt. Man sollte möglichst von links bügeln, um Glanz- und Sengstellen zu vermeiden. Mit einem feuchten Bügeltuch oder einem Dampfbügeleisen kann man allerdings ohne Bedenken auch von rechts bügeln.

Bereits vor dem Durchschlagen und Markieren werden die zugeschnittenen Teile glattgebügelt. Aus wolligen Stoffen entfernt man die Liegebrüche durch Dämpfen mit dem Dampfbügeleisen oder durch Bügeln mit feuchtem Tuch. Das Bügeln vor der Verarbeitung beugt außerdem dem Einlaufen des Stoffs vor.

2.20.1. Nähte, Abnäher und Säume bügeln.
Während der weiteren Verarbeitung werden alle einfachen Nähte breitgebügelt. Längsabnäher bügelt man in der Regel jeweils zur Mitte des Kleidungsstücks, Brustabnäher immer nach unten.

Bei dünnen Stoffen, die zur Kräuselung neigen, bügelt man nach dem Nähen zunächst die geschlossenen Nähte glatt, und erst danach werden sie breitgebügelt.

Drücken sich Nähte oder Abnäher auf der Oberseite durch, so fährt man mit dem Bügeleisen zwischen Nahtzugabe bzw. Abnäher und Oberstoff entlang und beseitigt so die Druckstellen. Die Nahtränder am eingesetzten Ärmel werden zusammen überbügelt und dann nach dem Ärmel hin gebügelt. Die Naht an der Armkugel bügelt man über dem Bügelhandschuh unter feuchtem Tuch vorsichtig von rechts, damit sich durch die eingehaltene Weite keine Fältchen ergeben.

Heftfäden, zum Beispiel an verstürzten Rändern und Säumen, sollte man grundsätzlich nicht überbügeln, da sie sich in manchen Stoffen so fest eindrücken, daß sich die Druckstellen nicht wieder entfernen lassen.

Man zieht die Heftfäden Stück für Stück heraus und bügelt dann erst den jeweiligen Abschnitt der Kante.

2.20.2. Bügeln von Samt.
Er wird auf einer dicken, weichen Unterlage (Schaumgummi) unter feuchtem Tuch von links gebügelt, damit sich der Flor nicht festdrückt. Kurze Nähte in Samt bügelt man von links auf den Borsten einer Kleiderbürste; lange Nähte kann man „in der Luft" bügeln. Man steckt ein Nahtende am Bügelbrett fest, hält das andere Ende straff und bügelt über die Naht.

2.20.3. Formbügeln oder Dressieren.
Es wird an Hosen und Ärmeln angewendet. Dabei erhalten die Schnitteile durch Einhalten oder Dehnen bei gleichzeitigem Bügeln die gewünschte Form, die sich vorteilhaft auf die Paßform des Kleidungsstücks auswirkt. Zwar sind die Schnitte so konstruiert, daß man ohne Dressieren eine gute Paßform des Kleidungsstücks erhalten kann; durch das Dressieren jedoch wird der Sitz an bestimmten Stellen verbessert. Entsteht durch das Dressieren eine Verlängerung der Nahtlinie, so muß man nach dem Nähen die überstehende Länge abschneiden und die Linien insgesamt ausgleichen. Stets sind beide Schnitteile, z. B. rechte und linke hintere Hosenhälfte, rechter und linker Ärmel, aufeinanderliegend gemeinsam zu dressieren, damit Dehnen oder Einhalten gleichmäßig erfolgen. Zum Formbügeln feuchtet man zunächst die betreffenden Stellen an, setzt mit der rechten Hand das Bügeleisen auf

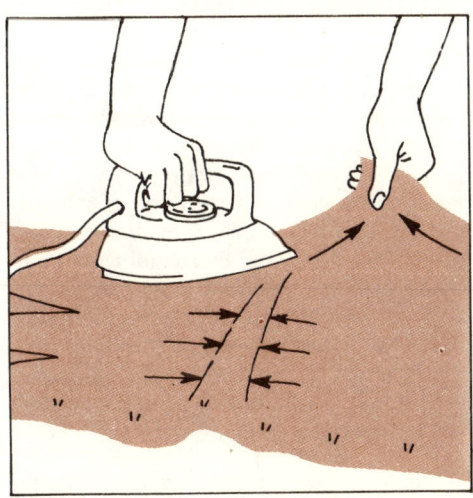

2.20–1

und dehnt mit der linken Hand den Stoff. Zum Einhalten wird am besten erst ein Reihfaden eingezogen und dann die eingehaltene Weite „verbügelt". Dabei dürfen sich aber keine Fältchen bilden (Abb. 2.20—1).

2.20.4. Gebügelte Falten.

Ganz gleich, ob es sich um einseitige Falten, zueinanderliegende Falten – Kellerfalten –, um voneinander abgewandte Falten – Tollfalten – oder auch um doppelt übereinanderliegende Falten handelt, ihre Verarbeitung ist stets die gleiche. Nach dem Markieren der Faltenbrüche werden diese einzeln unter einem feuchten Tuch oder mit dem Dampfbügeleisen gebügelt. Man bügelt zuerst die oberen Faltenbrüche von der Innenseite der Falte. Dann wird jeder einzelne Faltenbruch bis zur zugehörigen Markierung gelegt, festgesteckt, und der sich ergebende innere Faltenbruch wird festgebügelt. Die vielfach übliche Art, einen Faltenrock zu bügeln, indem man die ganze Fläche bügelt, nachdem alle Falten gesteckt und bereits geheftet worden sind, ist nicht empfehlenswert, da man aus den Mischgeweben mit meist synthetischem Faseranteil die Heftfadenmarkierungen und durchgedrückte Kanten und Brüche nicht wieder entfernen kann.

Nach dem Bügeln der einzelnen Faltenbrüche ist das spätere Überbügeln der ganzen Fläche möglich, ohne daß es zu sichtbaren Druckmarkierungen führt.

2.20.5. Abbügeln.

Damit bezeichnet man das abschließende Bügeln des fertigen Kleidungsstücks. Durch Abbügeln erhält es erst sein gutes Aussehen. Zuerst werden die kleinen Teile gebügelt, wie Kragen und Taschenpatten, dann die Ärmel und zum Schluß die Rücken- und Vorderteile sowie der Rock. Dazu zieht man das Kleidungsstück von links über das Bügel- bzw. Ärmelbrett und bügelt gleichmäßig glatt. Nach kurzer Abkühlzeit wird das Kleidungsstück nach rechts gewendet und auf einen in der Größe passenden Kleiderbügel gehängt.

2.20.6. Bügeln unterschiedlicher Materialien.

Steifleinen und Gurtbänder aus nichtsynthetischen Materialien sollten vor der Verarbeitung stets feucht gebügelt werden, um späteres Einlaufen zu verhindern.

Retovlies zum Aufbügeln verbindet sich erst bei sehr hoher Temperatur mit seinem Untergrundmaterial. Aber hier ist zu beachten, daß der Stoff nicht mit zu großer Hitze behandelt wird.

Beim Bügeln entstehender Glanz an Druckstellen durch Nähte oder Säume kann bei fast allen Stoffen aus Naturfasern durch vorsichtiges Dämpfen entfernt werden. Anders liegt der Fall bei Stoffen aus synthetischen Materialien oder bei Mischgeweben mit hohem synthetischem Faseranteil. Der beim Bügeln auftretende Glanz läßt sich kaum oder gar nicht entfernen, da er durch Quetschung der Fäden bzw. Fasern entstand, die durch die thermische Verformung hervorgerufen wurde. Bei zu großer Hitze entsteht häufig ein Schmelzen und nachfolgendes Verhärten der betroffenen Partien. Der Schaden kann durch Dämpfen nicht behoben werden; lediglich ein leichtes Dehnen bei wiederholtem Bügeln ermöglicht eine gewisse Rückverformung.

Stoffe aus Acrylfasern sollten nur trocken gebügelt werden, da die Verbindung von Feuchtigkeit, Wärme und Druck die gebügelten Partien lappig und unelastisch werden läßt. Auch nach Erkalten der Bügelstellen stellt sich der ursprüngliche Zustand des Stoffes nicht wieder ein; das Material hat seine Spannung verloren.

Meist vertragen jedoch die Stoffe eine höhere Temperatur beim Bügeln, als aus den Bügelsymbolen hervorgeht. Es empfiehlt sich in jedem Fall, an einem Stoffrest eine Bügelprobe vorzunehmen, um die Belastungsfähigkeit des Stoffes selbst zu testen.

3. Die Nähvorbereitung

3.1. Das Maßnehmen

Genaues Maßnehmen dient einmal der Größenbestimmung, die Voraussetzung ist für die Wahl der passenden Schnittgröße, und zum anderen für das Vergleichen der Körpermaße mit den Weiten und Längen des gewählten Schnitts. Zum Maßnehmen sollte man nur das Unterkleid anhaben und die Mieder, die man unter dem Kleidungsstück tragen möchte.

Man braucht zum Maßnehmen unbedingt eine Hilfsperson, wenn man genaue Werte haben möchte. Beim Messen liegt das Maßband glatt an, ohne daß die betreffende Körperpartie eingeengt wird. Alle Maße sollten sofort in eine Tabelle eingetragen werden, um die Werte gut vergleichen und die benötigte Schnittgröße bestimmen zu können. Die Tabelle im Anhang des Buches zeigt, wie und wo gemessen wird. Die persönliche Maßtabelle ist von Zeit zu Zeit zu überprüfen.

3.2. Die Größenbestimmung

Ab 1984/85 werden neue Größenbezeichnungen für die Kleidung (Männer und Frauen) eingeführt, die mit allen Details in den TGL-Maßtabellen 50155 und 50156 veröffentlicht worden sind.

Danach gibt es für Männer – auf die Körperhöhe (KpH) bezogen – 7 Größengruppen:

Bezeichnung	Erklärung	KpH
sk	sehr klein	155,0 bis 160,9 cm
k	klein	161,0 bis 166,9 cm
mk	mittelklein	167,0 bis 172,9 cm
m	mittel	173,0 bis 178,9 cm
mg	mittelgroß	179,0 bis 184,9 cm
g	groß	185,0 bis 190,9 cm
sg	sehr groß	191,0 bis 196,9 cm

Für Frauen gibt es nach der Körperhöhe (KpH) 5 Größengruppen:

Bezeichnung	Erklärung	KpH
k	klein	149,0 bis 154,9 cm
mk	mittelklein	155,0 bis 160,9 cm
m	mittel	161,0 bis 166,9 cm
mg	mittelgroß	167,0 bis 172,9 cm
g	groß	173,0 bis 178,9 cm

Innerhalb dieser Größengruppen gibt es für Frauen die Numerierung 36 bis 62 und für Männer 38 bis 62. Diese Nummern werden dann noch nach dem Hüftumfang differenziert.

Auch bei dieser neuen Größenbestimmung gilt, die in den Schnitten bzw. Konfektionstabellen angegebenen Maße mit den individuellen Körpermaßen zu vergleichen, um die richtige Schnittgröße und auch die entsprechende Konfektionsgröße ermitteln zu können.

3.3. Der Schnitt

Zwei verschiedene Arten von Schnitten werden angeboten: der Schnitt auf den Schnittmusterbögen in Modezeitungen und anderen Zeitschriften und der Einzelschnitt, der auf einem oder zwei Bögen gedruckt die Schnitteile eines Modells in mehreren Größen enthält, so daß man sich die gewünschte Größe ausschneiden kann. In dieser Form gibt es auch einen Grundschnitt, der sich, der Modelinie oder persönlichen Wünschen entsprechend, variieren läßt.

3.3.1. Der Schnitt auf dem Schnittmusterbogen. Er steht lediglich in einer Größe zur Verfügung, kann also nur dann unverändert verwendet werden, wenn er der individuellen Größe entspricht oder, aber mit entsprechender Veränderung, höchstens um eine Größennummer nach oben oder nach unten abweicht (↑ 3.4.).

Der Bogenschnitt muß vom Schnittmusterbogen kopiert werden; dafür kann man drei Varianten wählen.

Die Legenden der Schnittbögen geben als verkleinerte Abbildungen das Modell wieder und eine Übersicht über alle zugehörigen Schnitteile; sie sind jeweils mit einer Nummer gekennzeichnet. Außerdem ist die Art der Umrißlinie abgebildet. Suchfelder und Suchnummern erleichtern das Auffinden des jeweiligen Schnitteils auf dem Bogen. Sämtliche Schnitteile für das gewünschte Modell werden zunächst möglichst farbig auf dem Schnittmusterbogen gekennzeichnet, indem man die Umrißlinien nachzieht und auch alle sonstigen Linien und Hinweise markiert – wie Abnäher, Einschnittlinien, Ansatzlinien für Taschen, den Pfeil für den Fadenlauf, Angaben zum Einhalten oder Dehnen, zum Stoffbruch, Zahlen für das Verlängern, Knöpfe oder Knopflö-

cher, Markierungen für das Ärmeleinsetzen.

Eine Übersicht über die gebräuchlichen Zeichen und Abkürzungen auf dem Schnittbogen gibt die Aufstellung im Anhang des Buches.

Nach der Kennzeichnung des Schnittteils und seiner Details auf dem Schnittmusterbogen legt man einen großen Bogen Papier unter, fährt mit dem *Kopierrädchen* sämtliche zugehörigen Linien ab und überträgt auch alle Markierungen und sonstigen Hinweise. Dann vergleicht man noch einmal mit der Abbildung des Schnitteils in der Übersicht, um zu prüfen, ob man alle Linien und Kennzeichnungen berücksichtigt hat. Erst dann kann man das Schnitteil aus dem Papier herausschneiden.

Manche Details eines Modells, z. B. Taschen, sind nicht als gesondertes Schnittteil auf dem Schnittmusterbogen enthalten, sondern nur als Umrißlinie innerhalb des Schnitteils, zu dem sie gehören. Sie müssen ebenfalls kopiert werden, damit man sie beim Zuschneiden nicht vergißt.

Auch die Beschreibungen zu den einzelnen Modellen auf der Legende des Schnittmusterbogens sollte man genau beachten; sie enthalten neben Erläuterungen zur Fertigung des Modells auch Hinweise zum Zuschnitt, beispielsweise für den Rockbund, für Gürtel oder Ärmelbündchen, die ohne Schnitt nur nach den gegebenen Maßen zugeschnitten werden müssen.

Verwendet man kein Kopierrädchen, so muß man zwischen Schnittmusterbogen und den untergelegten Papierbogen *Kopierpapier* legen und alle Linien, Zeichen und sonstigen Angaben mit Bleistift nachziehen.

Eine dritte Möglichkeit des Kopierens ist das Auflegen von *Transparentpapier,* auf dem man die durchscheinenden Linien und Kennzeichnungen für das Schnitteil mit Bleistift nachziehen kann. Das Teil wird anschließend aus dem Transparentpapier ausgeschnitten.

3.3.2. Der gedruckte Einzelschnitt. Alle zu einem Modell gehörenden Schnitteile sind in mehreren Größen aufgedruckt.

Sie werden in erforderlicher Größe einfach ausgeschnitten und können nach Überprüfen von Längen und Weiten zum Zuschnitt auf den Stoff aufgelegt werden.

Der Vorteil dieses Mehrgrößenschnitts liegt in der Kombinierfähigkeit unterschiedlicher Größen, die man nutzen kann, wenn maßliche Abweichungen von den Standardmaßen bestehen. Bei stärkeren Hüften beispielsweise wählt man den Rockschnitt nach der nächsten Größe und braucht zwischen Rock und Oberteil nur einen ausgleichenden Übergang zu schaffen, ohne die Schnittteile verändern zu müssen.

3.4. Die Schnittveränderung

In jedem Schnitt sind vom Körpermaß abweichende, modellbedingte Zugaben enthalten; der jeweiligen Mode oder Schnittform entsprechend, sind diese nur gering oder auch reichlicher bemessen.

Vor dem Zuschnitt sollten die Längen der Schnitteile geprüft und mit den Körpermaßen verglichen werden. Nur bei körpernahen Kleidungsstücken ist ein Weitevergleich empfehlenswert, bei sehr lockerer Modellgestaltung sollte man sich auf die Weite des Schnitts verlassen und erst zur Anprobe eine Weitenregulierung vornehmen. Für schmale Röcke sind 2 bis 4 cm zum Gesäßumfang hinzuzurechnen, für schmale Blusen oder Oberteile 4 bis 6 cm zum großen Brustumfang. Am Oberteil werden Rückenlänge und vordere Länge gemessen und evtl. verlängert. Die Ärmellänge ist von der höchsten Stelle der Armkugel bis zum Handgelenksaum zu messen und ggf. zu verlängern, da zu kurze Ärmel nur durch späteres Ansetzen passend gemacht werden können. Die Rocklänge richtet sich nach dem persönlichen Geschmack; durch genügend Zugabe, die beim Zuschnitt berücksichtigt wird, läßt sie sich noch während der Anprobe endgültig festlegen.

Wichtig ist die Höhe des Brustabnähers. Durch das Messen der Büstentiefe und das Vergleichen mit dem Schnitt läßt sich der Brustabnäher in die richtige Höhe bringen. Meist genügt es, die Abnäherspitze zu verlegen und die Schenkel-

punkte an der Seitennaht zu belassen. Noch auf dem Schnitt wird der Abnäher neu eingezeichnet, beide Schenkel werden gemessen und auf einheitliche Länge gebracht, damit der Verlauf der Seitennaht nicht unterbrochen wird.

Auf den folgenden Seiten wird gezeigt, wie Schnittveränderungen vorzunehmen sind, und zwar maßliche Veränderungen – Vergrößern, Verkleinern, Verlängern und Verkürzen – und auch körperbedingte Veränderungen, die notwendig sind bei einer starken Nackenpartie oder einem runden Rücken, bei starken Oberarmen und hoher, starker Büste.

Man sollte bei Schnittveränderungen sorgfältig arbeiten, um am Ende ein gut passendes Kleidungsstück zu erhalten.

3.4.1. Maßliche Veränderungen.

Steht der Schnitt nicht in der passenden Größe zur Verfügung, so kann man ihn um jeweils eine Größe vergrößern oder verkleinern. Das entspricht bis zu ±8 cm in der Weite.

Auf keinen Fall darf ein zu großer oder ein zu kleiner Schnitt einfach durch Wegfall bzw. Verbreiterung der Nahtzugabe verkleinert oder vergrößert werden; er würde seine Paßform völlig verlieren.

Vergrößern. Parallel zur vorderen bzw. hinteren Mitte werden Vorderteil und Rückenteil durchgeschnitten, die Schnittkanten um 1,5 bis 2 cm auseinandergeschoben und über einem untergelegten Papierstreifen in dieser erweiterten Form wieder zusammengeklebt (Abb. 3.4–1; 3.4–2).

Verkleinern. Parallel zur vorderen bzw. zur hinteren Mitte werden auf dem Vorderteil und auf dem Rückenteil je zwei 1,5 bis 2 cm voneinander entfernte parallele Linien aufgezeichnet, und der Raum zwischen diesen Linien wird als Falte abgesteckt (Abb. 3.4–3; 3.4–4).

Durch das Vergrößern oder Verkleinern verändert sich jeweils die Schulterbreite der Schnitteile. Da sie bei unterschiedlichen Brustumfängen unverändert bleiben muß, ist nach der Veränderung die ursprüngliche Länge wiederherzustellen. Dafür kopiert man vor dem Ändern den Originalschnitt, legt ihn auf die veränderten Schnitteile auf und gleicht die Schulternahtlänge am Armloch aus (↑ Abb. 3.4–1 bis 3.4–4).

Verlängern und Verkürzen. Soll der Schnitt von einer k- in eine m-Größe oder von einer m- in eine g-Größe vergrößert bzw. in umgekehrter Weise verkleinert werden, sind nur die Längenmaße zu verändern. Von einer m- zur k-Größe wird der untere Rand des Oberteils um 2 cm verkürzt (Abb. 3.4–5), von einer m- zur g-Größe muß er um 2 cm verlängert werden (Abb. 3.4–6). Die Taillenweite des Schnitts ist anschließend zu kontrollieren und auf vorherige Weite zu bringen.

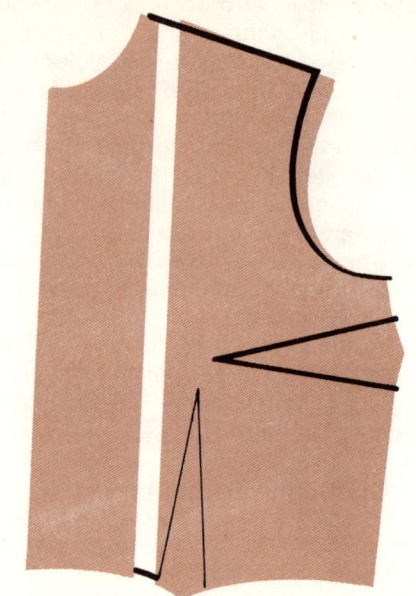

3.4–1

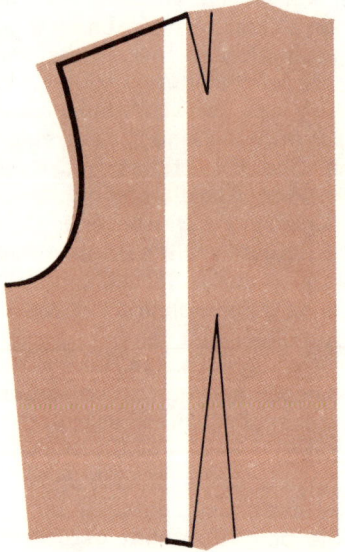

3.4–2

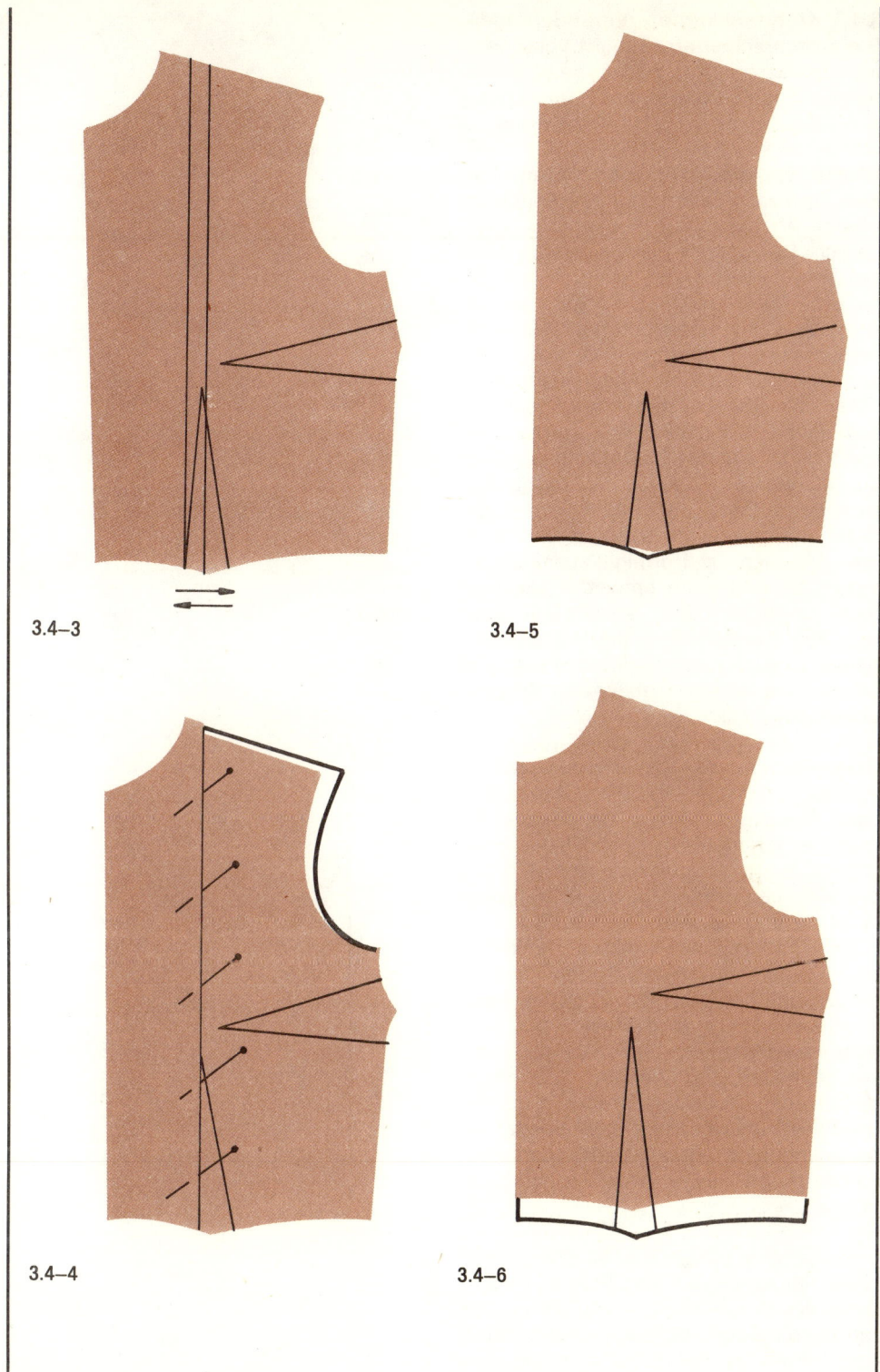

3.4–3

3.4–5

3.4–4

3.4–6

3.4.2. Körperbedingte Veränderungen.

Sie sollten schon am Schnitt vorgenommen werden, da die nachfolgend aufgeführten Veränderungen am zugeschnittenen Teil kaum noch vorzunehmen sind.

Starke Nackenpartie oder runder Rükken. In diesen Fällen ist mehr Länge im oberen Abschnitt des Rückenteils erforderlich. Der Schnitt wird in halber Höhe zwischen Schulter und Armloch von der hinteren Mitte aus bis nicht ganz an das Armloch heran eingeschnitten. Ein zweiter Einschnitt erfolgt vom Halsausschnitt aus bis fast an den ersten Einschnitt heran; die Teile müssen aber noch zusammenhängen (Abb. 3.4–7). In der hinteren Mitte wird der Querschnitt um 1 cm auseinandergeschoben, zum Armloch hin verlaufend. Die hintere Mitte wird in gerade Linie gelegt, so daß der Einschnitt am Halsloch keilförmig auseinandersperrt. Er wird dann entweder als etwa 5 cm langer Abnäher ausgenäht, oder man hält die Mehrweite am Halsloch mit einem eingezogenen Reihfaden ein und arbeitet sie beim Ansetzen des Kragens ein (Abb. 3.4–8).

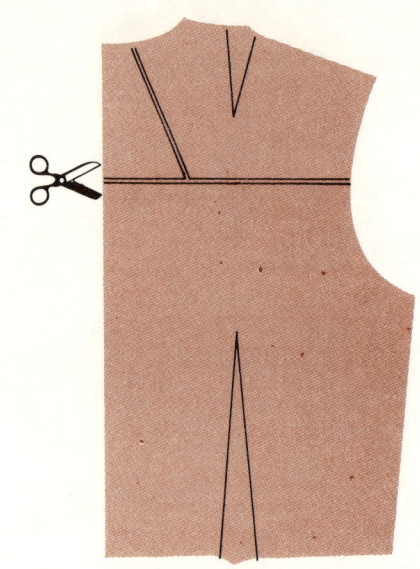

3.4–7

Starke Oberarme. Sie erfordern die Erweiterung des Ärmels im Oberarmbereich. Die Zugabe von je 1 cm an jeder Ärmelseite ist möglich; mehr Weite muß jedoch durch Veränderung des Schnitts ausgeglichen werden, da der Ärmel sonst nicht mehr in das Ärmelloch paßt.

Der Ärmelschnitt wird dazu senkrecht und waagerecht fast bis zu den Rändern eingeschnitten (Abb. 3.4–9). Der senkrechte Einschnitt wird etwa 1 bis 2 cm auseinandergezogen, so daß sich die waagerechten Schnittkanten übereinanderschieben. In dieser Form wird der Ärmelschnitt über Papierstreifen wieder zusammengeklebt (Abb. 3.4–10). Die veränderten Längskanten werden ausgeglichen.

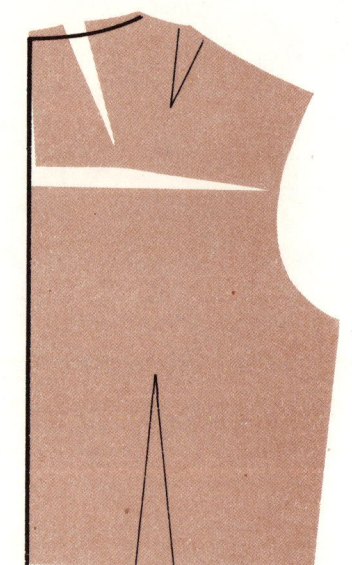

3.4–8

Hohe, starke Büste. Sie erfordert mehr Länge im Vorderteil. Der Schnitt wird in Höhe des Brustabnähers von der vorderen Mitte bis zur Seitennaht auseinandergeschnitten und um 1 bis 3 cm gesperrt (Abb. 3.4–11). Durch einen untergekleb-

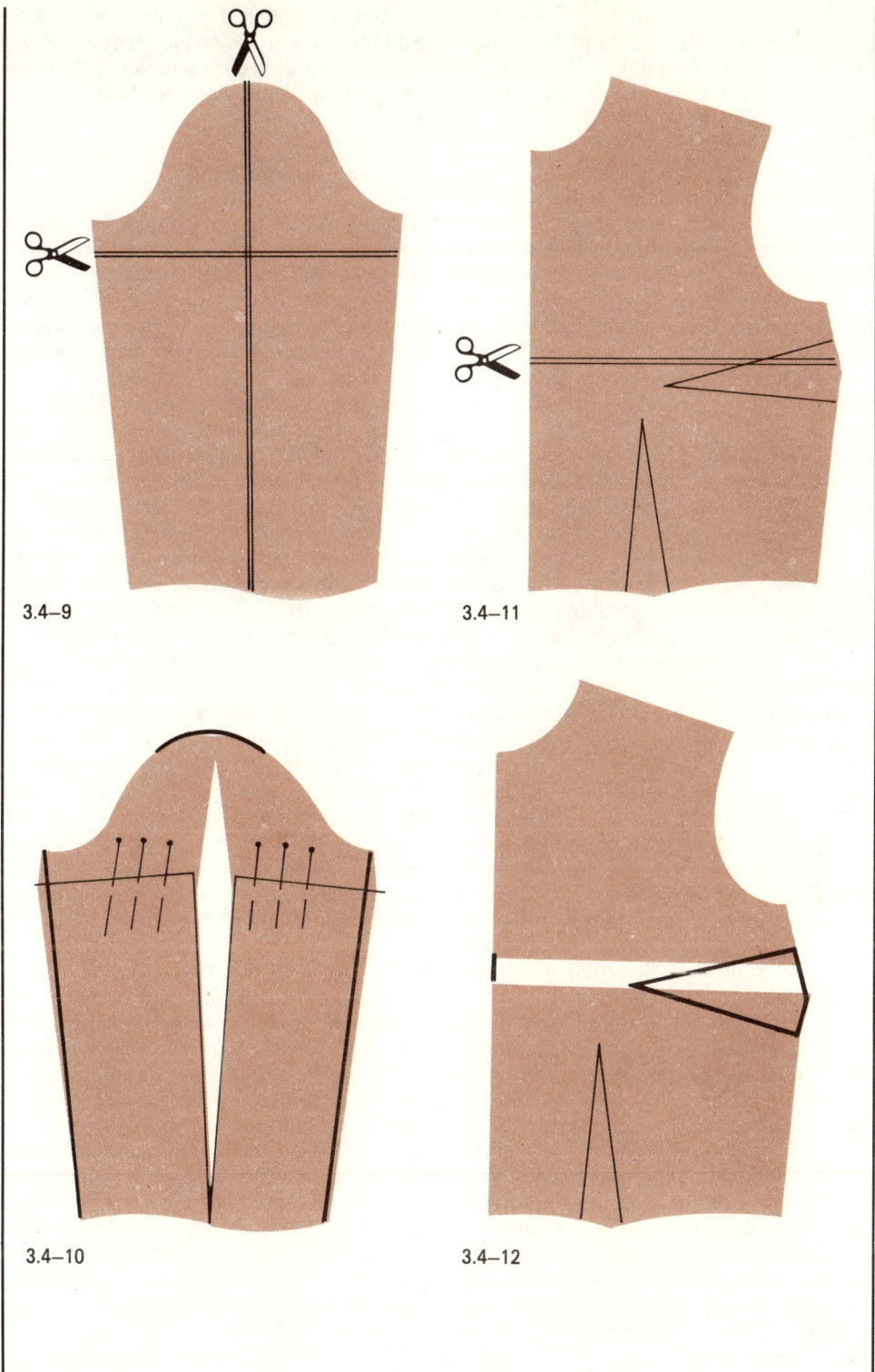

3.4—9

3.4—10

3.4—11

3.4—12

ten Papierstreifen wird der Schnitt ergänzt. Der Brustabnäher wird neu eingezeichnet, Ausgangspunkte bleiben die beiden Abnäherschenkel an der Seitennaht (Abb. 3.4–12).

3.4.3. Kombination aus zwei Schnittgrößen. Werden die Schnitteile aus dem Einzelschnitt in zwei Größen ausgeschnitten, z. B. bei stärkeren Hüften die Rockteile in der nächsthöheren Größe, so ist der Weitenunterschied zwischen Oberteilen und Rockteilen an den Seitennähten auszugleichen, und zwar an den Vorder- *und* an den Rückenteilen jeweils in gleicher Weise.

3.4.4. Veränderung des Modells. Steht kein Schnitt in der gewünschten Linienführung zur Verfügung, so kann man zwischen verschiedenen Schnitten kombinieren. In Oberteile mit kurzen Ärmeln kann man beispielsweise lange Hemdblusenärmel einsetzen; allerdings muß die Form der Ärmelkugel beibehalten werden. Wünscht man keinen Kragen, kann man eine schräggeschnittene Rolle oder auch einen Bindekragen ansetzen, der geschlungen oder zur Schleife gebunden wird. Soll statt des Vorderschlusses im Oberteil ein Rückenschluß gearbeitet werden, dann wird das Schnittvorderteil bis zur vorderen Mitte umgebrochen und beim Zuschneiden an den Stoffbruch angelegt; der Rückenschluß läßt sich besonders leicht in einer Mittelnaht einarbeiten. Soll dagegen ein durchgehendes Vorderteil zum Durchknöpfen gearbeitet werden, dann muß an der vorderen Mitte des Schnitteils ein Streifen von 2 bis 2,5 cm angeklebt und beim Zuschnitt das Schnitteil um Belagbreite von der Webkante entfernt angelegt werden. Möchte man anstelle eines hochgeschlossenen Oberteils ein Oberteil mit Ausschnitt haben, zeichnet man die gewünschte Ausschnittform auf das Schnitteil und markiert beim Zuschnitt die Ausschnittlinie zunächst nur auf dem Stoff. Ausgeschnitten wird erst, wenn man sich während der Anprobe überzeugt hat, daß die Ausschnittform auch tatsächlich den Vorstellungen entspricht.

Diese Beispiele sollen zeigen, daß es durchaus möglich ist, einen gutsitzenden Schnitt für ein weiteres Modell zu verwenden, ihn mit einem neuen Schnitt zu kombinieren oder nach eigenen Vorstellungen abzuwandeln.

3.5. Der Zuschnitt

Die gut überlegte Auflage der Schnitteile auf den Stoff ist eine Grundbedingung für bestmögliche Stoffausnutzung, exakten Musterverlauf, fachgerechte Weiterverarbeitung und somit auch die wesentlichste Voraussetzung für den richtigen Zuschnitt. Für diese Vorarbeit sollte man sich Zeit lassen, um die günstigste Variante herauszufinden. Beschriftung und Markierungszeichen auf den Schnitteilen sind genau zu beachten. Da der Schnitt nur aus einer Hälfte des Modells besteht, muß der Stoff beim Zuschnitt stets doppelt liegen, um jeweils die zweite Hälfte des Schnitteils gleich mit zuschneiden zu können. Muß ein Schnitteil vierfach angefertigt werden – z. B. Kragenhälften oder Taschenklappen –, sollte man sich einen zweiten Papierschnitt anfertigen, um beim Zuschnitt nichts zu vergessen. Bei vorderer und hinterer Mitte ist zu beachten, ob Stoffbruch oder Naht vorgesehen ist. Meist ist auf den Schnitteilen auch der Fadenlauf angegeben; dieser ist unbedingt zu berücksichtigen. Manche Schnitteile müssen in schrägem Fadenlauf zugeschnitten werden; das ist bei der Schnitteilauflage zu bedenken.

3.5.1. Die Schnittauflage. Doppelt breite Stoffe (1,20 ... 1,60 m breit) liegen meist im Bruch, der für die Stoffauflage gleich genutzt werden kann – vorausgesetzt, der Bruch ist fadengerade. Das ist zunächst zu prüfen. Ist der Stoff aber verzogen, kann man ihn durch Bügeln so richten, daß die Webkanten exakt aufeinanderliegen. Zu kontrollieren ist auch, daß die Schnittkanten fadengerade sind. Um gewebte Stoffe fadengerade schneiden zu können, zieht man einen Gewebefaden an und schneidet an der so markierten Linie entlang. Stark verzogene Stoffe aus meist synthetischem Material lassen sich oft nicht in Fadenlaufrichtung bügeln, auch das mustergerechte Hinziehen ist nicht immer von Dauer. Man erreicht dadurch mitunter schlechten Fall und verdrehte Nähte. In diesen Fällen muß der Stoff glatt und faltenfrei gelegt werden, und man kann nur Längs- *oder* Querrichtung im Fadenlauf auflegen. Aus Gründen der besseren Ausnutzung des Stoffs wird man den Bruch öfter verlegen müssen; stets aber muß der Stoff beim Zuschneiden im gleichen Fadenlauf rechts auf rechts liegen.

Den Einzelschnitten des Verlages für die Frau ist neben der Erläuterung zum Nähen des betreffenden Modells auch eine Zeichnung beigegeben, wie die zugehörigen Schnitteile günstig auf den Stoff aufzulegen sind. Nach diesem Vorschlag sollte man sich richten, wenn Stoff in der angegebenen Menge und Breite zur Verfügung steht. Bei geringerer Menge oder anderer Breite muß man selbst nach einer geeigneten Auflagevariante suchen; das gilt auch dann, wenn ein großes Muster oder sonstige Besonderheiten des Stoffs zu berücksichtigen sind.

Näheres dazu in den folgenden Abschnitten (3.5.2. bis 3.5.6.).

Zuerst legt man die Schnitteile in der Reihenfolge Oberteile, Rockteile, Ärmel, alle kleinen Teile nebeneinander und steckt sie dann in dieser Folge zunächst provisorisch auf den Stoff. Erst wenn man sich überzeugt hat, daß alle Schnitteile Platz finden, werden sie ringsum festgesteckt, und es wird nochmals überprüft, daß alle Angaben auf den einzelnen Teilen (Stoffbruch, Schräglagen, evtl. Verlängerungen) beachtet worden sind. Dann beginnt man mit dem Ankreiden der Konturen, der Abnäher, der Annähpunkte für Taschen, Patten, Verzierungen und der vorderen bzw. hinteren Mitte. Um die im Schnitteil aufgezeichneten Linien zu kreiden, wird der festgesteckte Schnitt an diesen Stellen gelöst und hochgeschlagen, man kreidet an Endpunkten oder Abnäherspitzen kleine Kreuze und verbindet diese mit dem Lineal zu geraden Linien (↑ 2.1.5.). Auf diese Weise vermeidet man schon am Anfang krumme Linien und Ungenauigkeiten. Dann sind alle *Nahtzugaben* zu berücksichtigen.

Die günstigsten Werte für Nahtzugaben sind folgende:

▶ Schulternähte: 2 cm,
▶ Seitennähte: 2,5 … 3 cm,
▶ Säume: 5 … 6 cm (bei Kinderbekleidung evtl. noch mehr Zugabe),
▶ Innenrundungen (Hals- und Armlöcher): 1,5 cm,
▶ Taillennaht Oberteil: 4 cm,
▶ Taillennaht Rock oder Hose: 1,5 … 2 cm,
▶ Länge der Schulternaht: 2 cm,
▶ Ärmelkugel: 1,5 … 2 cm.

Diese Nahtzugaben ermöglichen während der Anprobe Weite- und Balanceveränderungen. Steht allerdings nur eine knappe Menge Stoff zur Verfügung, wird man weniger Nahtzugabe berechnen; allerdings wird dann der Sicherheitsfaktor geringer.

Einige Besonderheiten sind beim Zuschnitt von gemusterten oder gerauhten Materialien, von Kordsamt, Samt, Lurexstoffen und von Gewirken und Gestricken zu beachten.

3.5.2. Zuschnitt gemusterter Materialien. Bei Karo- und Streifenstoffen werden die Muster oder die Musterkomplexe (bei asymmetrischen Karos oder Streifen) deckungsgleich aufeinandergesteckt. Die Mitte des Längsmusters oder der Zwischenraum zwischen zwei Längsmustern bildet die Mitte des Teils, ganz gleich, ob Naht, Übertritt oder Stoffbruch angegeben sind. Querstreifen oder Karos in Querrichtung sollten sich an den Verbindungsnähten fortsetzen. Um ein im Muster deckungsgleiches Zuschneiden zu garantieren, können die beiden zusammengehörigen Schnitteile oder Hälften, wie rechter und linker Ärmel, Taschen, rechte und linke Hälfte des Vorderteils oder Kragens, auch einzeln zugeschnitten werden. Man steckt das zugeschnittene Schnitteil dann entlang den Schnittkanten genau im Muster passend *rechts auf rechts* auf den darunterliegenden Stoff und schneidet anschließend das zweite Teil (die zweite Hälfte) heraus.

Bei großgemusterten Stoffen mit floralem oder auch geometrischem Dessin ist der Gesamteindruck des Musters vor dem Spiegel zu prüfen und festzulegen, an welcher Stelle des Musters die vordere Mitte des Kleidungsstücks liegen soll. Anschließend werden die Schnitteile auf den Stoff aufgelegt.

Richtungsbetonte Muster sind in einer Richtung zuzuschneiden.

3.5.3. Zuschnitt gerauhter Materialien.
Zuerst ist die Richtung des „Strichs" zu prüfen. Man fährt mit der Hand leicht über den Stoff. „Mit dem Strich" bedeutet, daß man in Richtung der Fasern streicht; dann fühlt sich die Oberfläche glatt an, und es zeigen sich keine aufgerauhten Stellen. „Gegen den Strich" bedeutet, daß man gegen die Faserrichtung streicht, so daß sich die Oberfläche rauh oder stachelig anfühlt und sich dunkle, aufgerauhte Stellen zeigen.

Alle Schnitteile werden in einer Richtung, „mit dem Strich", aufgelegt; d. h., die Fasern liegen von der Schulternaht in Richtung zum Saum hin. Die Schnitteile dürfen nicht verstürzt aufgelegt werden, da sonst eine ungleiche Farbwirkung entsteht.

3.5.4. Zuschnitt von Samt und Kordsamt.
Baumwollsamt, Seidensamt und Kordsamt werden gegen den Strich verarbeitet, weil dadurch der Farbton intensiver wirkt. Alle Schnitteile werden in einer Richtung aufgelegt, und zwar so, daß der Flor vom Saum zur Schulternaht hin seinen glatten „Griff" spüren läßt. Samt wird auch vom Saum aus nach oben hin gebürstet. Synthetischen Samt kann man dagegen mit dem Strich zuschneiden (dann aber auch alle Schnitteile!). Von manchem wird nämlich das Herabstreichen am Kleidungsstück gegen den Strich als ausgesprochen unangenehm empfunden.

3.5.5. Zuschnitt von Lurexstoffen.
Lurexstoffe gibt es als Gewebe oder als Gewirke bzw. Gestricke. Vor dem Zuschnitt sollte man vorm Spiegel feststellen, in welcher Richtung sich der stärkere metallische Schimmer ergibt. Um eine gleichmäßige Farbwirkung zu erzielen, werden auch hier alle Schnitteile in einer Richtung zugeschnitten.

3.5.6. Zuschnitt von Gewirken und Gestricken.
Durch Dehnen der beiden Schnittkanten läßt sich die Richtung des Maschenlaufs feststellen. Um zu verhindern, daß beim Tragen des Kleidungsstücks Maschen aus Schulternähten, Ausschnittkanten und Armlöchern laufen, sind alle Schnitteile in einer Richtung zuzuschneiden, und zwar so, daß die Maschen vom Saum aus nach oben verlaufen. Auf diese Weise wird zugleich auch eine einheitliche Farbwirkung erzielt.

3.5.7. Technik des Zuschnitts.
Der Stoff sollte möglichst in seiner gesamten Breite auf ebener Tischfläche glatt aufliegen; überhängende Länge kann man durch einen an den Tisch gestellten Stuhl auffangen.

Alle Schnitteile sind ordentlich aufgesteckt – die Nadeln sollten nicht über die Schnittränder hinausragen –, die Konturen mit der entsprechenden Nahtzugabe gekreidet. Auf diesen Kreidelinien wird geschnitten. Man legt dabei die linke Hand flach auf das Schnitteil, hält es auf diese Weise fest und verhindert das Verschieben. Von der Außenkante her schneidet man in den Stoff hinein und trennt zuerst die langen Schnittlinien. Die Rundungen werden sehr sorgfältig ausgeschnitten; es dürfen keine „Stufen" entstehen. Die Schere wird flach auf der Tischkante entlang geführt. Durch Nachfassen mit der linken Hand läßt sich das Verschieben von oberer und unterer Stoffbahn verhindern.

Die herausgetrennten Teile werden vor dem Weiterverarbeiten sorgfältig glattgebügelt, alle Liegebrüche sind vor dem Markieren zu entfernen.

3.6. Das Markieren

Alle Linien, die man schnittgemäß auf der linken Seite des obenauf liegenden Schnitteils mit Kreide aufgezeichnet hat, müssen auf die zweite Schnitteilhälfte bzw. das darunter liegende Teil übertragen werden. Das ist notwendig, um von vornherein eine hohe Genauigkeit in der Paßform zu erreichen. Für das Übertragen gibt es verschiedene Möglichkeiten, die je nach Material anwendbar sind.

3.6.1. Durchschlagen. Man fädelt Heftgarn in eine längere Nadel, doppelt den Faden und beginnt ohne Knoten mit dem „Durchschlagen": Auf den Kreidelinien entlang sticht man in den Stoff und fährt im Abstand von 1,5 cm nach oben; im Abstand von 1,5 cm sticht man wieder ein, zieht den Faden jedoch nicht an, sondern läßt eine etwa 2 cm lange Schlinge stehen (↑ 2.2.1.). Dieser Vorgang wird über die gesamte Linie wiederholt. Hat man alle Linien, Abnäher und Markierungszeichen auf diese Weise gekennzeichnet, werden beide Stofflagen vorsichtig auseinandergezogen, soweit die Schlingen nachgeben, und die Fäden zwischen den Stoffteilen zerschnitten. Auf beiden Stoffteilen ragen an den gleichen Stellen Fadenendchen heraus, die den Verlauf der Linien auch auf den rechten Stoffseiten beider Schnitteile markieren (↑ 2.2.1.; Abb. 2.2–2; 2.2–3).

3.6.2. Übertragen mit dem Kopierrädchen. Man legt die Stoffteile auf eine ebene feste Pappunterlage und fährt mit dem Kopierrädchen auf sämtlichen Kreidelinien entlang. Bei dünnen, glatten Stoffen, wie Popeline und Futterstoffen, werden die Linien durch die punktförmigen Einstiche des Kopierrädchens auf beiden Stoffteilen markiert.

Noch vorteilhafter ist es, die Pappunterlage mit weißem Kopierpapier, das in einschlägigen Fachgeschäften erhältlich ist, zu überziehen und dann nur ganz leicht mit dem Kopierrädchen die zu übertragenden Linien entlangzufahren. Die Übertragung der Linien erfolgt durch weiße Punkte auf der linken Stoffseite des unten liegenden Schnitteils. Auf diese Weise ist das Übertragen auch bei solchen Stoffen möglich, die sich sonst mit dem Kopierrädchen nicht markieren lassen.

3.6.3. Durchstecken und Nachkreiden. Sehr schnell und bei allen Stoffarten läßt sich auf folgende Art übertragen: Man steckt Stecknadeln auf den gekreideten Linien entlang durch die beiden Stoffteile, wendet die Teile und kreidet die Nadelmarkierungen auf der unteren Hälfte bzw. dem unten liegenden Schnitteil

nach. Die Stecknadeln werden entfernt und die Kreidepunkte mit Lineal und Schneiderkreide zu einer Linie verbunden (↑ 2.1.5.). Bei dieser Art der Übertragung ist allerdings auf den jeweiligen rechten Stoffseiten die Markierung nicht sichtbar. Für wichtige Markierungspunkte und Kennzeichnungen müssen deshalb zusätzlich Durchschlagstiche eingezogen werden.

3.7. Das Heften

Für die Anprobe bzw. vor dem Zusammennähen sollte man alle Nähte erst mit etwa 1 cm langen Vorstichen heften (↑ 2.2.2.).

3.7.1. Zusammenheften der Teile. Fadenanfang und -ende werden mit Rückstichen gesichert. Man legt die Teile, die miteinander verbunden werden sollen, glatt auf den Tisch, steckt sie an den Kreuzungspunkten, wie dem Saum oder dem Armloch, oder am Nahtpunkt der Abnäherschenkel zusammen. Die Teile müssen glatt aufeinander liegen und die Durchschlagstiche oder Markierungslinien exakt aufeinander treffen.

Zunächst werden die Teile mit Stecknadeln zusammengesteckt und erst dann geheftet.

Grundsätzlich wird beim Stecken und Heften paarig gearbeitet:

Man steckt und heftet zuerst beide zusammengehörige Abnäher, dann die rechten und linken Seitennähte, die rechte und linke Schulternaht, die rechte und linke Ärmelnaht usw. Lange, gerade Nähte heften sich besser, wenn man die Arbeit glatt auf dem Tisch liegen hat. Man kann die gesteckten Teile aber auch auf dem Schoß zusammenheften. Jedoch muß man stets darauf achten, daß der Stoff nicht gedehnt wird. Die Stiche dürfen nicht zu locker sein, damit die Teile bei der Anprobe nicht zu viel „Spiel" haben und ein falscher Eindruck von der Weite des Kleidungsstücks entsteht. Trifft ein glattes auf ein einzureihendes oder einzuhaltendes Teil, muß erst eingerieht bzw. eingehalten werden. Es wird dann auf dem geriehenen bzw. eingehaltenen Teil gesteckt und geheftet.

3.7.2. Umheften der Kanten und Säume.

Säume, Beläge und Umschläge werden mit der Markierung genau in der Bruchlinie nach links umgelegt, mit Stecknadeln quer zur Schnittkante festgesteckt und etwa 1 cm von der Bruchlinie entfernt auf der linken Seite durchgeheftet. Die in den Umschlag hineinführenden Nähte wurden vorher breitgelegt. Die Heftstiche können etwa 2 cm lang sein. Damit Umschlag oder Saum nicht herunterklappen, wird ungefähr 2 cm von der Schnittkante entfernt mit langen Heftstichen nochmals durchgeheftet.

3.7.3. Unterheften von Einlagen.

Bereits *vor* dem Schließen der Abnäher und der Verbindungsnähte wird die Einlage unter die betreffenden Teile geheftet. Die Einlage muß exakt geschnitten sein und wird auf die linke Seite des betreffenden Stoffteils, das man dazu am besten glatt auf den Tisch legt, aufgesteckt. Dabei trifft die Schnittkante der Einlage genau an die Markierung der vorderen Kante, wenn der Belag angeschnitten ist. Wird die Kante mit einem Belag verstürzt, reicht die Einlage bis zur Schnittkante, beide Schnittkanten liegen bündig. Das trifft auch zu, wenn andere Kanten, z. B. der Halsausschnitt, mit Einlage versehen werden. Das Teil mit der aufgesteckten Einlage wird nach rechts gewendet und die Einlage an der vorderen Kante genau auf der Markierung der vorderen Mitte durchgeheftet. Etwa 1,5 cm von der Bruchkante entfernt wird nochmals geheftet und mit langen Stichen auch an der äußeren Schnittkante, damit die Einlage sich nicht verschieben kann. Nach dem Unterheften der Einlage wird der angeschnittene Belag oder die Nahtzugabe der vorderen Kante umgelegt und durchgeheftet. Für die Anprobe heftet man Saum und Belag in umgekehrter Reihenfolge: erst den Belag, dann den Saum. Das ermöglicht ein schnelles Verändern des Saums während der Anprobe; man braucht nicht sämtliche Heftstiche zu lösen.

An *Ausschnitträndern* wird die Einlage genau auf der Markierung und nochmals an der äußeren Schnittkante untergeheftet. Wichtig ist, daß während des Heftens der Stoff glattgestrichen wird, daß die Einlage das Teil nicht verzieht oder der Oberstoff Blasen bildet.

Die mit Mittelnaht versehene *Einlage des Unterkragens* wird Nahtzugabe auf Nahtzugabe treffend auf den Unterkragen gesteckt. Man verhindert dadurch, daß sich die Nahtzugabe auf den Oberkragen durchdrückt. Von der Kragenseite aus wird die Einlage zuerst im Kragenbruch, dann ringsherum in der Markierungslinie untergeheftet. Die Einlage wird etwas weiter gehalten als der Unterkragen, damit sich später der Kragen gut umlegen kann.

3.8. Die Anprobe

Für die Anprobe braucht man eine zweite Person, die beim Stecken und Verändern behilflich ist. Ist man auf sich allein angewiesen, so kann man Veränderungen zunächst nur markieren, muß die Teile neu richten und das Kleidungsstück wiederholte Male überziehen, bis man die gewünschte Paßform erreicht hat. Allgemein gilt, daß man zur Anprobe die Mieder und Schuhe anhaben sollte, die man später zum Kleidungsstück tragen wird. Die zu probierenden Kleidungsstücke sollten so komplett wie möglich geheftet sein, weil nur so ein Gesamteindruck des Fertigmodells entstehen kann. Säume werden umgeheftet, ein Ärmel wird geheftet, der Kragen angesteckt, Patten und Taschen in ihrer endgültigen Form angesteckt oder angeheftet, ebenso vorgesehene Aufschläge.

Das Kleidungsstück wird übergezogen, Schlitze werden gemäß ihrer Markierung und Verschlüsse Mitte auf Mitte treffend zugesteckt. Gürtel werden umgelegt.

Dann beginnt das Prüfen von Weiten und Längen, der Höhe des Brustabnähers, der Balance des Rocks usw. Alle Veränderungen sollten auf beiden Körperseiten möglichst gleichmäßig vorgenommen werden. Das erfordert zwar mehr Zeit, ist jedoch genauer und erleichtert das Abändern. Nach dem Abstecken des Oberteils wird der Ärmel am Körper an das Ärmelloch gesteckt. Man beginnt damit an der höchsten Stelle der Schulter und steckt die Ärmelkugel von da aus nach vorn und hinten ein. Erst dann kann man die Länge des Ärmels regulieren. Für das Festlegen des Saums ist ein Rockabrunder günstig. Man kann ihn sogar selbst bedienen, wenn man ihn auf eine Fußbank stellt, den Gummiball in der Hand hält und sich dreht, ohne dabei die gerade Körperhaltung zu ändern.

Spezifische Vorbereitungsarbeiten auf die Anprobe und typische Schwerpunkte bei der Anprobe werden in den Kapiteln 4 bis 10 dargelegt, und zwar im 4. bis 8. Kapitel (Rock, Hose, Weste, Bluse, Kleid) jeweils im ersten Abschnitt. Beim Kapitel 9 (Jacke) ist zu beachten, daß zuerst das Nähen einer Kimonojacke gezeigt wird. Folglich sind im Abschnitt 9.1.1. Schwerpunkte der Anprobe der Kimonojacke dargelegt. Erst im Abschnitt 9.2.1. wird erklärt, worauf beim Anprobieren einer Raglanjacke zu achten ist. Das 10. Kapitel (Mantel) behandelt die Anprobe erst im Abschnitt 10.2.; der erste Abschnitt dieses Kapitels stellt dar, welche Vorarbeiten zu leisten sind, bevor ein Mantel anprobiert werden kann.

Nachdem die Paßformmängel festgestellt und entweder abgesteckt oder nur markiert wurden, richtet man das Kleidungsstück für eine erneute Anprobe her. Da für die zweite Anprobe aber alles schon möglichst komplett sein soll, so werden die Nähte und Abnäher genäht und gebügelt. Die Säume an Ärmeln und Rock werden umgeheftet, gleichmäßig verschnitten und versäubert, jedoch noch nicht genäht.

Die vordere Kante ist fertiggestellt bis auf Knopflöcher und Knöpfe. Der verstürzte Kragen wird angeheftet. Beide Ärmel werden eingeheftet und eventuell Polster untergesteckt. Das Kleidungsstück wird angezogen, noch erforderliche Korrekturen werden erneut abgesteckt oder markiert.

Noch ein Rat: Wenn die Näharbeit am Feierabend durchgeführt wird, tritt folgerichtig eine Ermüdungserscheinung ein. Es ist zu empfehlen, die Anprobe besser am Tage vorzunehmen, wenn man ausgeruht ist. Bei abgespanntem Gesicht sieht kein Kleidungsstück besonders gut aus, und oft verliert man dann die Lust, das Modell zu vollenden.

4. Der Rock

Nach dem Verarbeitungsaufwand lassen sich vier Rockarten unterscheiden:

Der einfache Rock. Er ist gerade oder zum Saum hin ausgestellt, hat zwei Seitennähte, Abnäher oder Bundfalten oder auch angekrauste Weite, dazu Bund, Saum und Verschluß.

Der Rock mit Falte oder Faltengruppe. Auch er kann gerade geschnitten oder zum Saum hin ausgestellt sein; zusätzliche Weite entsteht durch eine rückwärtige Falte oder eine Falte in der vorderen Mitte bzw. eine Faltengruppe mit unterschiedlicher Anzahl von Falten. Er hat ebenfalls Bund, Saum und Verschluß.

Der Faltenrock. Er ist gerade geschnitten und hat ringsherum gebügelte Falten. Die Anzahl der Nähte ist abhängig von der Breite der verwendeten Stoffbahnen; die Nähte liegen stets in der Faltentiefe. Auch am Faltenrock sind Bund, Saum und Verschluß zu arbeiten (↑ 4.3.1.).

Der Plisseerock. Als Flachplisseerock wird er aus geraden Stoffbahnen geschnitten, als Sonnenplisseerock oder als Schirmfaltenrock dagegen aus einem halben oder aus einem ganzen Kreis. Die Nähte liegen jeweils in der Faltentiefe. Beim geraden Plisseerock wird der Saum vor dem Plissieren, beim rund geschnittenen Plisseerock erst nach dem Plissieren genäht. Auch Plisseeröcke werden mit Bund und Verschluß gearbeitet.

Zu diesen Rocktypen gibt es Varianten: Bahnenrock, Glockenrock, Stufen- und

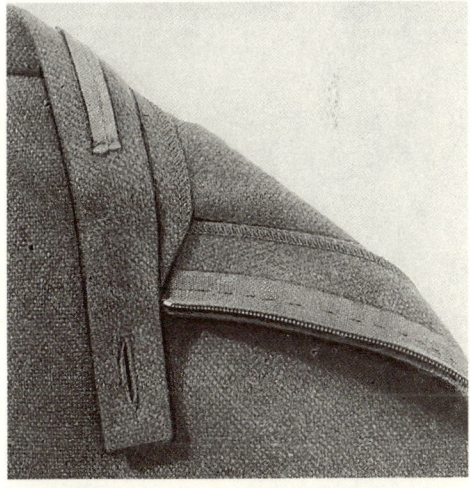

Wickelröcke, deren Verarbeitung im wesentlichen dem nachfolgend beschriebenen Arbeitsablauf gleicht. Im Schnitt vorgegebene Details sind unter dem jeweiligen Stichwort nachzulesen.

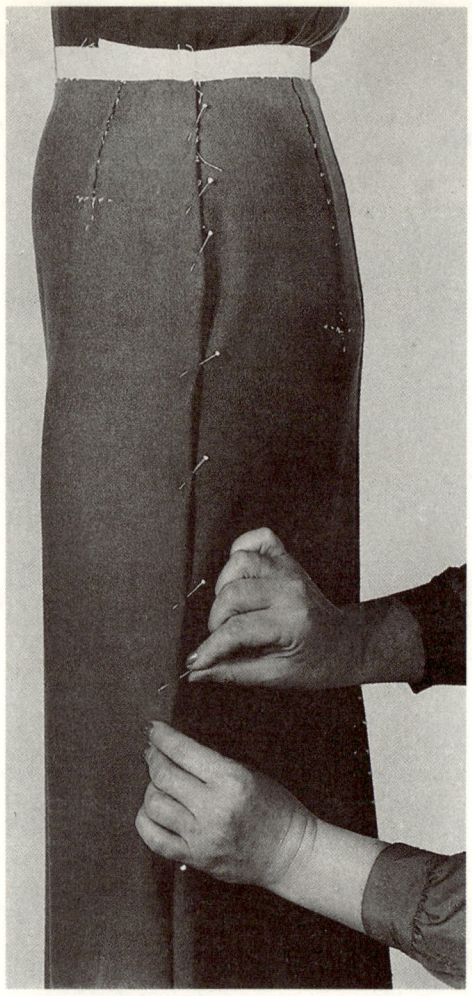

4.1–1

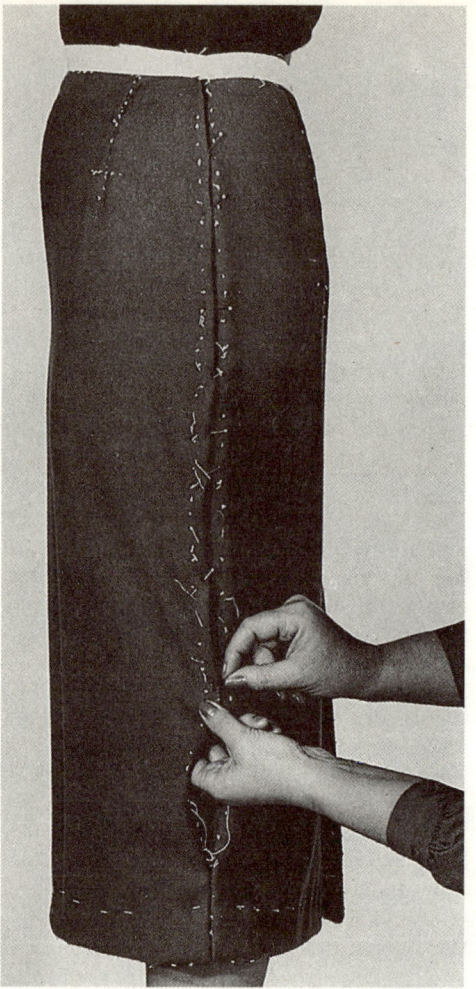

4.1–2

4.1. Rockanprobe

Der geheftete, mit einem Probebund versehene Rock wird angezogen, und die Schlitzmarkierungen für den seitlichen Verschluß werden aneinandertreffend zusammengesteckt.

4.1.1. Die Rockweite wird überprüft.
Zu viel Weite wird an beiden Seitennähten gleichmäßig weggesteckt (Abb. 4.1–1). Ist der Rock zu eng, werden beide Seitennähte aufgetrennt und am Körper in erforderlicher Weise neu zusammengesteckt (Abb. 4.1–2).

4.1.2. Die Balance des Rocks wird überprüft.
Hängt der Rock vorn durch oder klaffen die Falten auseinander, so wird oben im Rock eine verlaufende Querfalte abgesteckt, bis der Rock gerade fällt (Abb. 4.1–3). Bei ungleichen Hüften steht der Rock meist an einer Seite in die Höhe (Abb. 4.1–4). In diesem Fall ist der Probebund an der anderen Seite zu lösen. Dann wird die Seitennaht am Rockansatz angehoben, bis der Rock gerade fällt (Abb. 4.1–5). Der Probebund wird wieder festgesteckt. Bei flacher Gesäßpartie hängt der Rock hinten durch (Abb. 4.1–6). Der Probebund muß gelöst und der Rock an der hinteren Ansatznaht gehoben werden, bis er gerade fällt

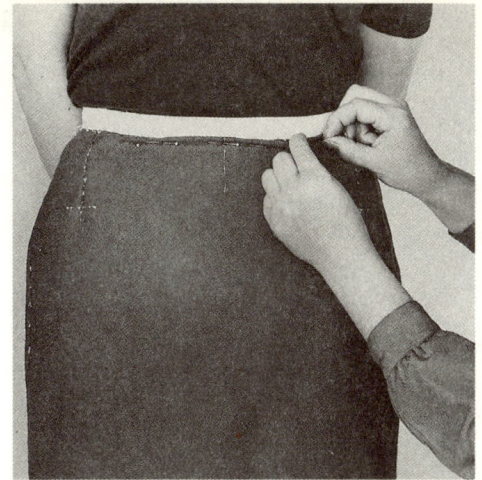

4.1–3

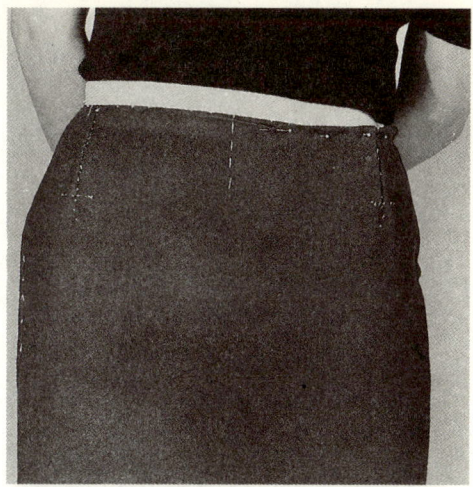

4.1–5

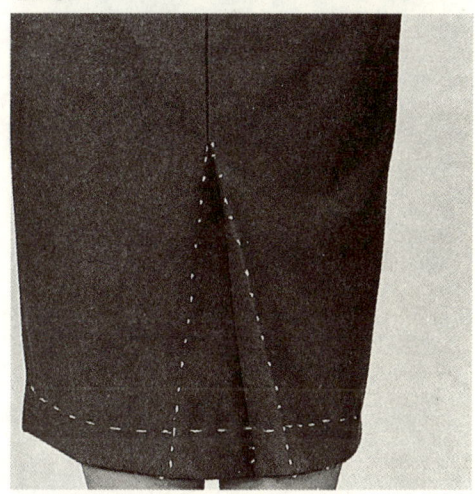

4.1–6

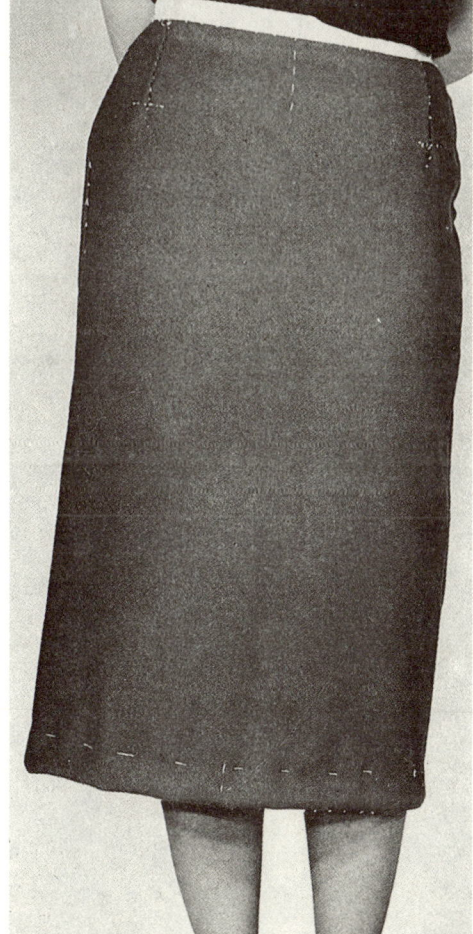

4.1–4

(Abb. 4.1–7). Genügt das nicht, so sind die hinteren Abnäher flacher auszunähen (↑ 2.5.1.), die überflüssige Weite wird an den Seitennähten weggesteckt. Schiebt sich der Rock unter der Taille zu einer Querfalte zusammen, so ist er über dem Bauch zu eng. Spannt er aber oberhalb des Gesäßes, ist der Rock kurz unterhalb der Taille zu eng. Die Abnäher werden gewölbt ausgenäht, die Seitennähte leicht erweitert, und die Mehrweite wird im gesamten Rockansatz eingehalten.

Nach Regulierung von Weite und Balance ist die Länge zu prüfen und die Gleichmäßigkeit mit dem Lineal oder dem Rockabrunder zu kontrollieren (Abb. 4.1–8; 4.1–9). Die Veränderungen

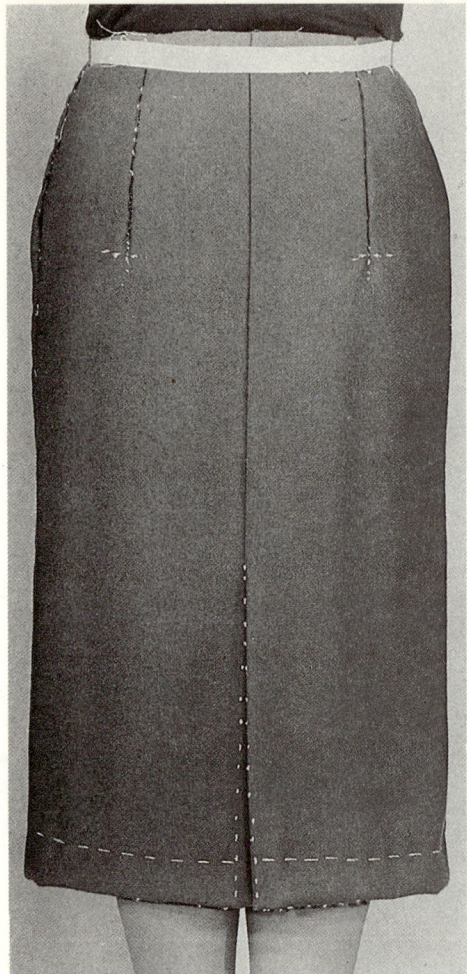

4.1–7

werden abgeheftet, neue Linien eingezeichnet und markiert, der Rock wird erneut geheftet und nochmals übergezogen. Die Näharbeiten können beginnen.

4.2. Näharbeiten am Rock

Gurtband und Saum werden gelöst und
die Durchschlagstiche entfernt. Es wird
neben der Heftlinie genäht (↑ 2.2.2.).

4.2.1. Die Abnäher. Man näht vom Rockansatz spitz verlaufend, die Nählinie liegt
innen neben der Heftlinie, so daß kein
Weiteverlust entsteht. Die Spitze wird
sehr sorgfältig ausgenäht, sonst entsteht
eine Blase unterhalb des Abnähers
(↑ 2.5.1.). Die Naht ist durch Rückwärtsstiche zu sichern, oder die beiden Fadenenden werden miteinander verknotet
(Abb. 4.2–1).
Die Heftfäden werden entfernt und die
Abnäher zur Mitte liegend gebügelt.

4.2.2. Die Seitennähte. Nach Entfernen
der Durchschlagstiche werden die Seitennähte vom Rockansatz zum Saum genäht.
Nahtanfang und Nahtende werden
gesichert und die Heftfäden entfernt.
Die Nähte auf etwa 2,5 cm gleichmäßig
verschneiden (Abb. 4.2–2), versäubern
und anschließend breitbügeln (↑ 2.8.).

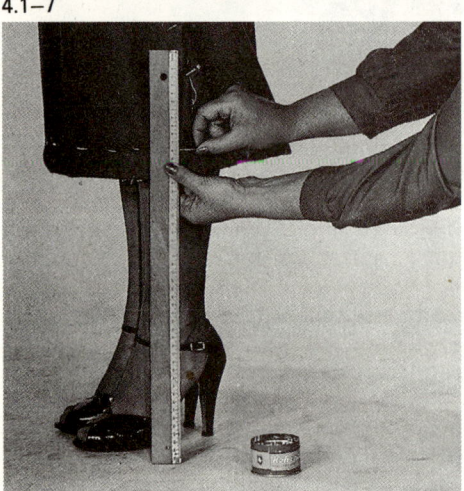

4.1–8

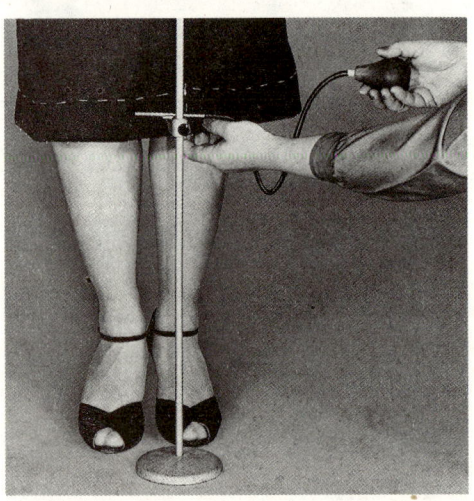

4.1–9

4.2–1

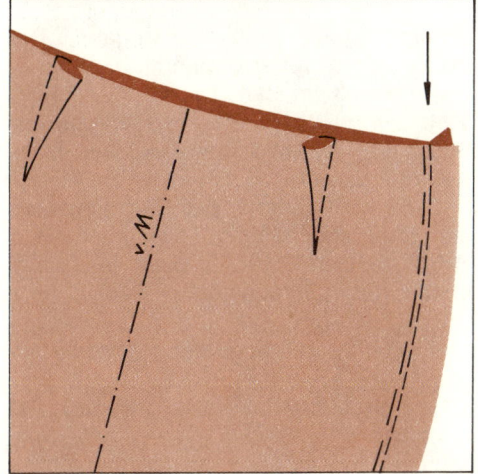

4.2–2

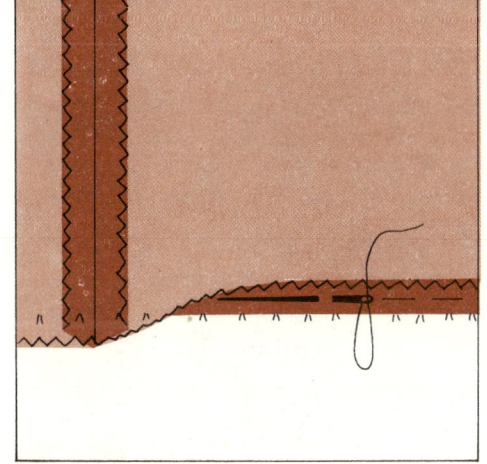

4.2–3

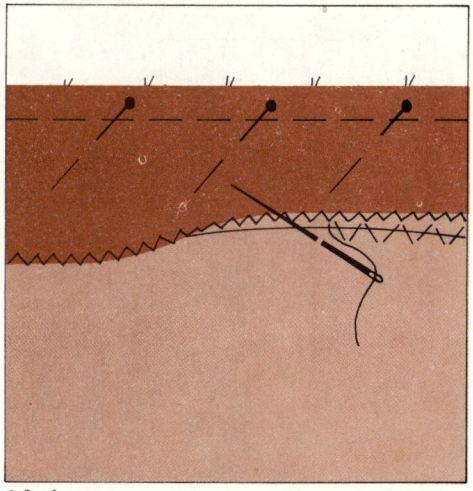

4.2–4

4.2.3. Der Saum.
Er wird in der Markierung umgelegt, von links durchgeheftet und auf 4 bis 5 cm verschnitten. Die Saumkante wird entweder mit Zick-Zack-Stich versäubert oder eingeschlagen, der Saum wird hohl angenäht (Abb. 4.2–3; 4.2–4) und gebügelt (↑ 2.9.; 2.20.).

4.2.4. Die Bundverarbeitung

Der Bund mit Einlage
Zuschneiden: Ein Gurtband in Länge der fertigen Bundweite plus 4 cm für Über- und Untertritt. Einen Bundstreifen aus dem Stoff des Rocks in Länge der fertigen Bundweite plus 4 cm für Über- und

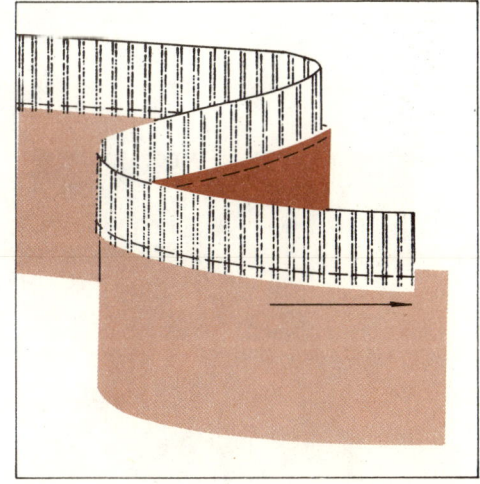

4.2–5

4.2—6

4.2—9

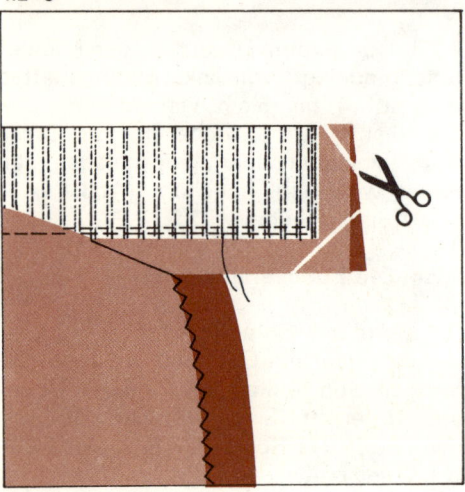

4.2—7

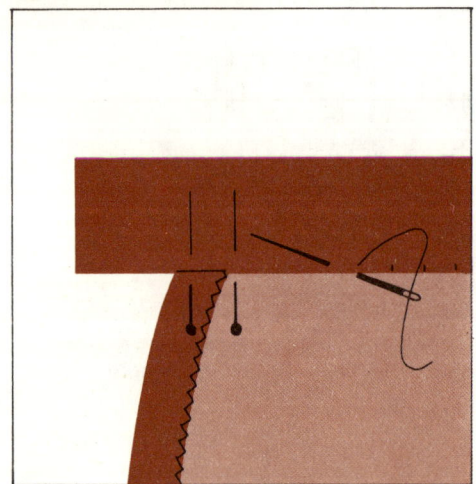

4.2—8

Untertritt plus 2 cm Nahtzugabe. Die Breite ist gleich der doppelten Gurtbandbreite plus 3 cm Nahtzugabe.

Verarbeiten: Das Gurtband 1 cm von der Stoffkante entfernt auf die linke Seite des Bundstreifens nähen (Abb. 4.2—5). Den Bund unterhalb des Gurtbands an den Rockrand nähen, dabei trifft Mitte auf Mitte. Den Rockrand dabei leicht einhalten, nicht dehnen (Abb. 4.2—6).

Beide Enden des Bunds verstürzen (↑ 2.10.) oder mit der Hand gegensäumen (Abb. 4.2—7).

Den Bundstreifen nach links um das Gurtband legen, die Nahtzugabe einschlagen und an der Ansatznaht von links ansäumen (Abb. 4.2—8) oder die Nahtzugabe mit Zick-Zack-Stich versäubern und von rechts in der Ansatznaht durchsteppen (Abb. 4.2—9).

Der Bund mit vorgefertigtem Rock- bzw. Hosenbund

Zuschneiden: Fertig gekauften Rock- bzw. Hosenbund in Länge der fertigen Bundweite plus 4 cm für Über- und Untertritt plus 2 cm Nahtzugabe.

Einen Bundstreifen aus dem Stoff des Rocks in Länge der fertigen Bundweite plus 4 cm für Über- und Untertritt plus 2 cm Nahtzugabe. Die Breite ist gleich der Breite des verwendeten Fertigbunds plus 3 cm Nahtzugabe.

Verarbeiten: Den Fertigbundstreifen 1 cm von der Kante entfernt auf die rechte

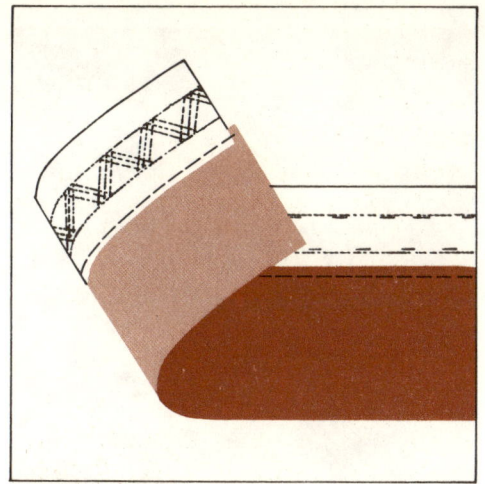

4.2–10

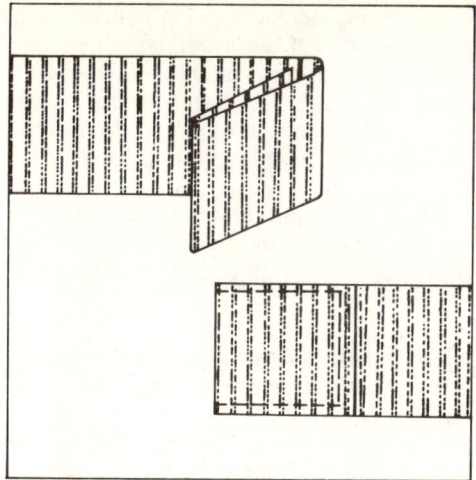

4.2–12

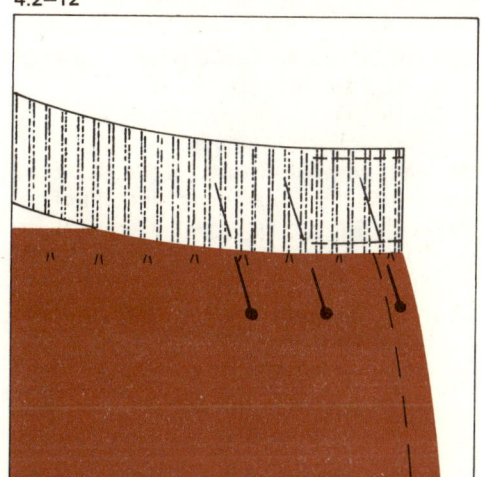

4.2–11

4.2–13

Seite des Bundstreifens steppen, in diesem Nahtverlauf umlegen und bügeln (Abb. 4.2–10). Den Bundstreifen an den Rockbund nähen und nach oben bügeln. Die Enden des Bunds verstürzen oder mit der Hand zusammennähen. Den fertigen Rockbund zuletzt an der Ansatzlinie von rechts durchsteppen (Abb. 4.2–11).

Der Bund aus Gurtband
Zuschneiden: Einfaches Gurtband oder Gummigurtband in Länge der fertigen Bundweite plus 6 cm zum Einschlagen an beiden Enden.
Verarbeiten: Beide Enden doppelt je 3 cm einschlagen, den Einschlag feststeppen (Abb. 4.2–12). Den oberen Rand des

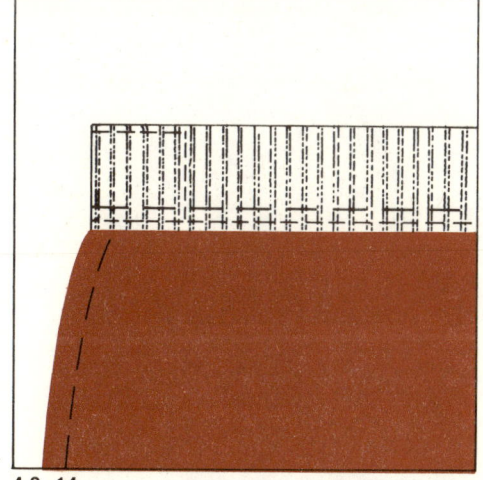

4.2–14

Rocks von der Taillenmarkierung aus gleichmäßig auf 1 cm verschneiden und mit Zick-Zack-Stich versäubern. Das Gurtband rechts an den oberen Rockrand nähen, nach innen umlegen und von rechts knappkantig durchsteppen (Abb. 4.2–13; 4.2–14).

Beide Gurtbandenden stoßen aneinander, es gibt keinen Über- und Untertritt. Der Einschlag liegt der Rockseite zugewandt.

4.2.5. Der Reißverschluß.

Man wählt ihn in Farbe und Länge auf den Rock abgestimmt. Ein zu langer Reißverschluß kann am unteren Ende gekürzt werden. Dafür sichert man ihn vor dem Öffnen, indem man die Schiene mit Querstichen übernäht oder die kleine Metallklammer löst und an der neuen Stelle wieder einsetzt und fest zubiegt (Abb. 4.2–15).

Der Reißverschluß wird beim Rock unsichtbar, verdeckt, eingenäht.

Der Reißverschluß mit der Hand eingenäht. Beide Schlitzränder sind durchgeheftet und leicht gebügelt. Der Reißverschluß wird geöffnet, die oberen Bandenden werden eingeschlagen. Mit dem Einsetzen beginnt man an der hinteren Schlitzhälfte vom Bund aus nach unten. Die Reißverschlußhälfte wird dabei so un-

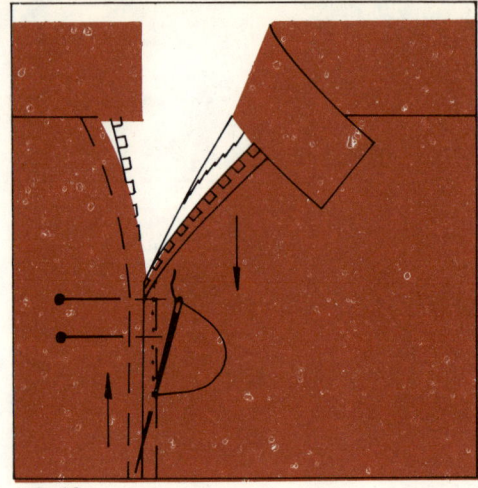

4.2–16

ter den Schlitzrand gelegt, daß die Schiene etwa 2 mm von der Bruchkante zurückgesetzt ist. Die Reißverschlußhälfte wird festgesteckt und untergeheftet. Bei der zweiten Reißverschlußhälfte beginnt man mit dem Feststecken und Unterheften am vorderen Schlitzende unten und arbeitet in Richtung Bund nach oben. Der Schlitz darf dabei nicht gedehnt werden (Abb. 4.2–16). Nach dem Einheften wird der Reißverschluß geschlossen und der Sitz überprüft. Der Reißverschluß wird mit Rückstichen (↑ 2.2.1.) von rechts eingenäht und die Kanten der Reißverschlußränder zusätzlich mit Staffierstichen (↑ 2.2.1.) an der Nahtzugabe befestigt.

Zur Erleichterung der Näharbeit kann der Schlitz vorher ringsherum abgesteppt und der Reißverschluß im Verlauf der Stepplinie eingenäht werden.

Der Reißverschluß mit der Maschine eingenäht. Bis zum Einheften ist die Verarbeitung genauso wie bei dem mit der Hand eingenähten Reißverschluß. In die Nähmaschine wird der halbe Nähfuß eingesetzt, der speziell zum Einnähen von Reißverschlüssen dient. Der eingeheftete Reißverschluß ist geöffnet; man näht auf der rechten Stoffseite vom Bund aus nach unten. Kurz vor Schlitzende wird der Nähfuß angehoben – die Nadel bleibt im Stoff! – und der Reißverschluß geschlossen. Am Ende des Schlitzes näht man vorsichtig quer über den Reißverschluß

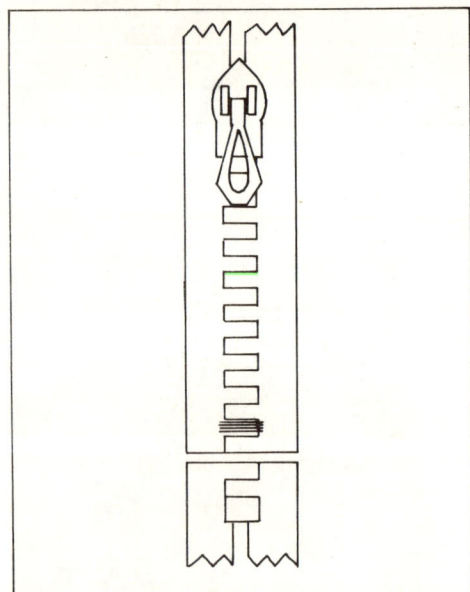

4.2–15

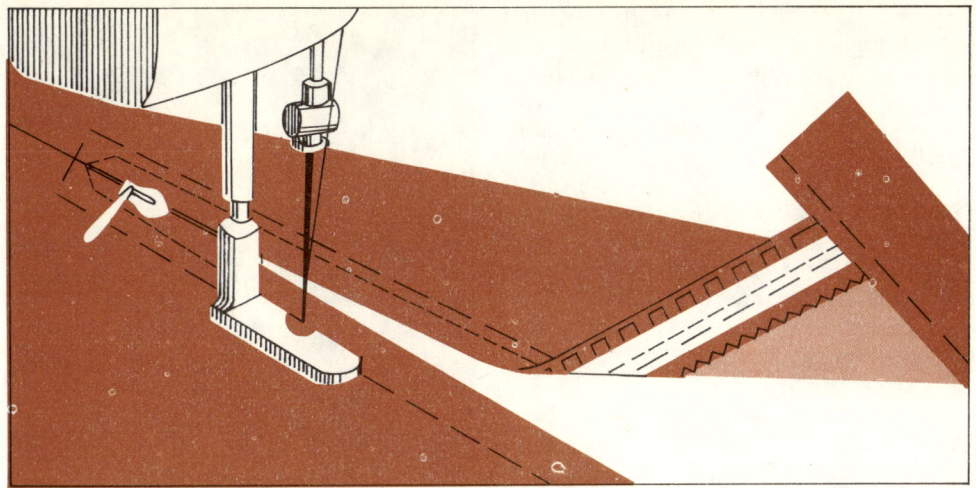

4.2—17

hinweg auf die andere Schlitzseite, dreht den Rock und näht die zweite Reißverschlußhälfte an. Dabei bleibt der Reißverschluß während des ersten Drittels der Naht geschlossen. Erst dann wird er wieder geöffnet und bis zum Bund fertig eingenäht (Abb. 4.2—17). Das Reißverschlußband wird zusätzlich mit Handstichen an der Seitennaht befestigt.

Nach Entfernen der Heftstiche wird der fertige Reißverschlußschlitz unter einem feuchten Tuch von links gebügelt.

In der Reihenfolge der Verarbeitungsschritte wird der Reißverschluß nach Anbringen des Bunds eingenäht. Das hat den Vorteil, daß man beim Auswechseln eines defekten Reißverschlusses nicht jedesmal den Bund lösen muß und daß die Arbeit auch ohne Nähmaschine schnell und leicht ausgeführt werden kann. Selbstverständlich können die Banden den des Reißverschlusses mit in den Bund gefaßt werden.

4.2.6. Der Verschluß am Bund

Knopfverschluß. In den Übertritt des Rockbunds wird ein Knopfloch eingearbeitet, die Länge richtet sich nach dem Durchmesser des Knopfs (Abb. 4.2—18). Man kann das Knopfloch entweder mit der Zick-Zack-Maschine einarbeiten oder mit der Hand stechen (↑ 2.14.). Auf den Untertritt wird der Knopf genäht. Bei dicken Stoffen empfiehlt es sich, den Knopf mit Stiel anzunähen (↑ 2.13.1.).

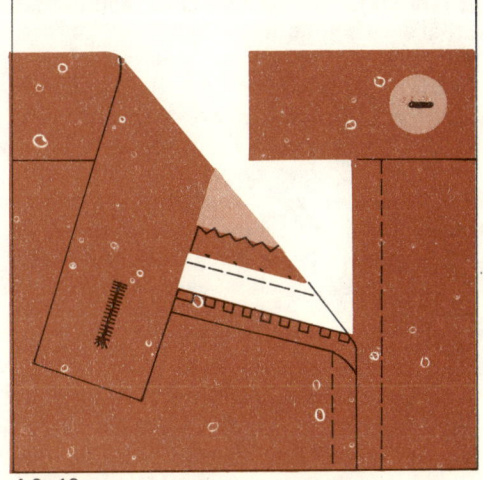

4.2—18

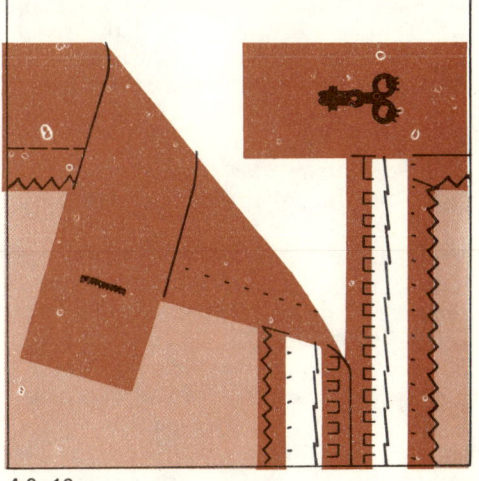

4.2—19

Haken- und Ösenverschluß. Auf der linken Seite des Übertritts wird der Haken befestigt, auf die rechte Seite des Untertritts näht man die Öse. Vorteilhaft ist es, die Öse mit der Hand zu stechen (↑ 2.13.3.); der Verschluß wird dadurch fast unsichtbar (Abb. 4.2–19). Beim oberen Rockrand mit Gurtband besteht der Verschluß nur aus zwei Haken und zwei Ösen, die aneinanderstoßend jeweils an der vorderen und an der hinteren Kante des Gurtbands angenäht werden (↑ Abb. 2.13–3).

4.2.7. Aufhänger. Man verwendet Aufhängerband in passender Farbe oder näht Nahtband zur Hälfte zusammen. Aus einem 36 cm langen Band werden zwei 12 cm lange Stücke und zwei 6 cm lange Stücke geschnitten. Die kurzen Stücke näht man am vorderen Rockbund, 12 bis 15 cm von der Mitte entfernt, innen als Stege an. Die langen Stücke werden zu Schlaufen gelegt und am hinteren Rockbund, den Stegen gegenüber, angenäht. Die Schlaufen zieht man erst durch die Stege, bevor man den Rock auf den Kleiderbügel hängt. Der Rock hängt auf diese Weise tadellos glatt (Abb. 4.2–20 bis 4.2–22).

4.2.8. Das Rockfutter. Nicht alle Röcke müssen gefüttert werden; ein Rockfutter verbessert aber den Sitz und die Trageeigenschaften des Rocks. Wichtig ist, daß der Futterstoff beim Waschen nicht einlaufen darf; evtl. muß er entsprechend vorbehandelt werden, wie z. B. Regan (↑ 1.2.3.). Die Farbe des Futterstoffs soll möglichst dem Oberstoff entsprechen, besonders wenn es sich um einen dünnen Rockstoff handelt.

Man schneidet das Rockfutter in gleicher Form und Weite zu wie den Rock, aber 1,5 cm kürzer als den Oberstoff. Die Abnäher und die Seitennähte werden geschlossen. Im Gegensatz zum Rock werden die Abnäher im Rockfutter aber nach der Seite gebügelt, um dicke Stellen zu vermeiden. Anstelle der Falte im Rock genügt beim Rockfutter ein Schlitz, der etwas länger offen ist als die Falte. Zur Befestigung wird oben am Schlitzende auf die Nahtzugabe ein Stoffdreieck aufge-

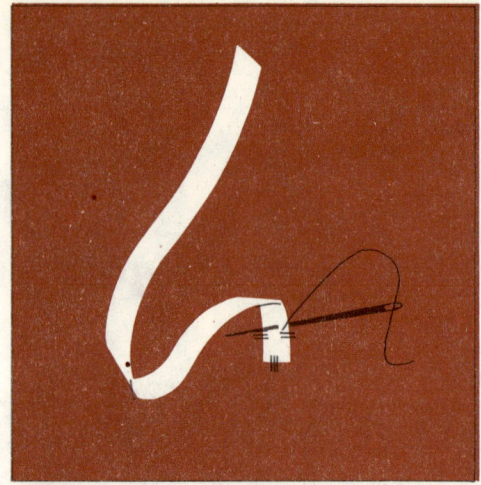

4.2–20

4.2–21

4.2–22

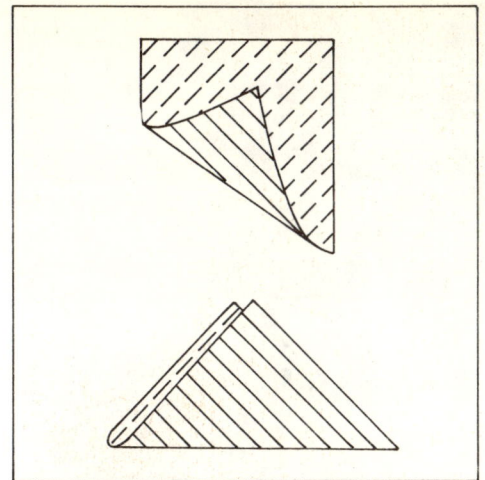

4.2–23

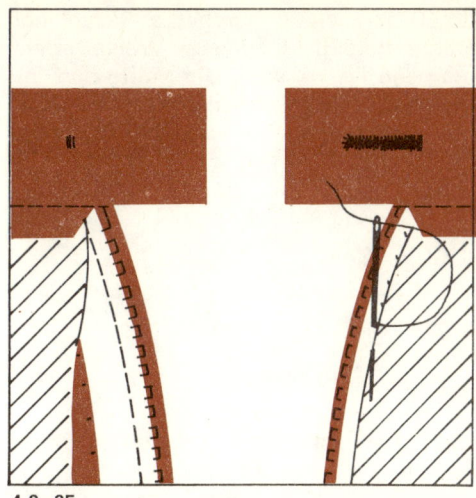

4.2–25

setzt. Der Schlitz und der Saum werden mit der Nähmaschine durchgesteppt (Abb. 4.2–23; 4.2–24). Der seitliche Schlitz für den Verschluß ist im Rockfutter auf der rechten Seite. Vor dem Ansetzen des Bunds werden Rock und Futterrock genau aufeinanderpassend am oberen Rockrand zusammengeheftet.

Danach wird der Bund, wie im Abschnitt 4.2.4. beschrieben, angearbeitet.

Der seitliche Schlitz im Rockfutter wird am Reißverschlußband mit Saumstichen befestigt (Abb. 4.2–25), oder er wird nur abgesteppt und bleibt lose.

Soll ein bereits fertig genähter Rock noch nachträglich gefüttert werden, wird die Nahtzugabe am oberen Rand des Futterrocks nach links eingeschlagen und mit feinen festen Handstichen am Bund angenäht.

4.3. Rockformen ohne Schnitt

4.3.1. Der Faltenrock

Stoffmenge: 2 Bahnen in der Stoffbreite 140 bis 150 cm; die Länge der Bahn entspricht der gewünschten Rocklänge plus 4 cm Saum, plus 2 cm Nahtzugabe. (Man braucht also beispielsweise bei 75 cm gewünschter Rocklänge insgesamt 1,50 m + 8 cm + 4 cm = 1,62 cm Stoff.) Dazu werden noch ca. 10 cm für den Rockbund benötigt.

Berechnung der Falten: Um die Anzahl der Falten zu errechnen, addiert man zum Gesäßumfang (GU) 4 cm und teilt die Summe durch die gewünschte *Faltenbreite*. Ergibt sich bei dieser Berechnung ein gebrochener Wert, so ist der GU plus 4 cm (unter Vernachlässigung der Dezimalstellen) durch die errechnete ganze Zahl zu teilen, da halbe oder viertel Falten nicht möglich sind.

Dann wird von der vorhandenen Stoffbreite der GU plus 4 cm abgezogen und

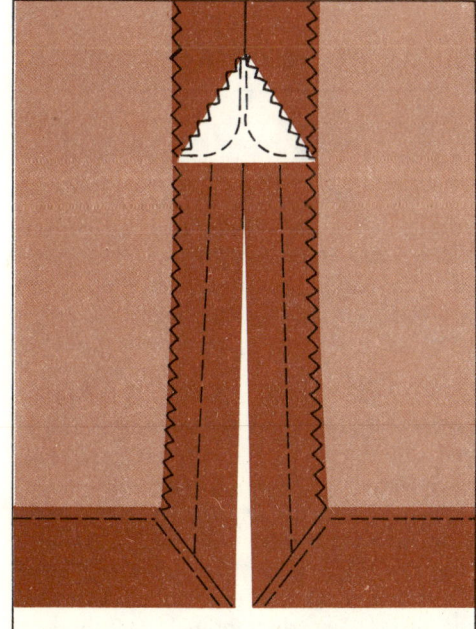

4.2–24

der Differenzwert durch die Anzahl der Falten geteilt. Auf diese Weise erhält man den *Falteninhalt*. Die Hälfte des Falteninhalts, die Weite zwischen dem oberen und dem unteren Faltenbruch, ist die *Faltentiefe*.

Das folgende Zahlenbeispiel soll die Berechnung verdeutlichen:

GU = 92 cm

GU + 4 cm = 96 cm

gewünschte Faltenbreite = 5 cm

$$\frac{GU + 4}{5} = 19,2 \text{ Falten.}$$

19,2 Falten lassen sich nicht bügeln, deshalb muß die Faltenbreite verändert werden: Teilt man GU + 4 = 96 cm durch 18, so ergibt sich eine Faltenbreite von 5,35 cm; wählt man dagegen nur 16 Falten, teilt also GU + 4 durch 16, so wird jede Falte 6 cm breit.

Berechnung des Falteninhalts: Zwei Bahnen zu je 1,40 m Stoffbreite ergeben 2,80 m. Zieht man davon 96 cm (GU + 4 cm) ab, erhält man 1,84 m. Davon zieht man 4mal 1,5 cm für die Webekanten ab und erhält 1,78 m. Man teilt durch die Anzahl der Falten: Bei 16 Falten ergibt sich ein Falteninhalt von 11,0 cm; bei 19 Falten ein Falteninhalt von nur 9,3 cm.

Zum Übertragen der Falteneinteilung auf den Stoff legt man die beiden Stoffbahnen rechts auf rechts genau übereinander. Auf der linken Stoffseite kreidet man zunächst in Längsrichtung (fadengerade!) 2 cm Nahtzugabe an. Im Abstand von 20 cm rechts davon zeichnet man die Gesäßumfangslinie auf. Im Abstand der gewünschten Rocklänge markiert man die Saumlinie. Von der Webkante ausgehend, beginnt man mit dem Kennzeichnen der Falten. Zuerst wird eine Faltentiefe (= ½ Falteninhalt) angekreidet, dann folgt eine Faltenbreite, danach ein Falteninhalt; darauf folgen wieder eine Faltenbreite und ein Falteninhalt im Wechsel bis zum Ende der Stoffbahnbreite (Abb. 4.3–1). Diese Einteilung wird in gleicher Weise auf beiden Stoffbahnen vorgenommen, oder man überträgt sie durch Durchschlagen von der oberen auf die untere Stoffbahn.

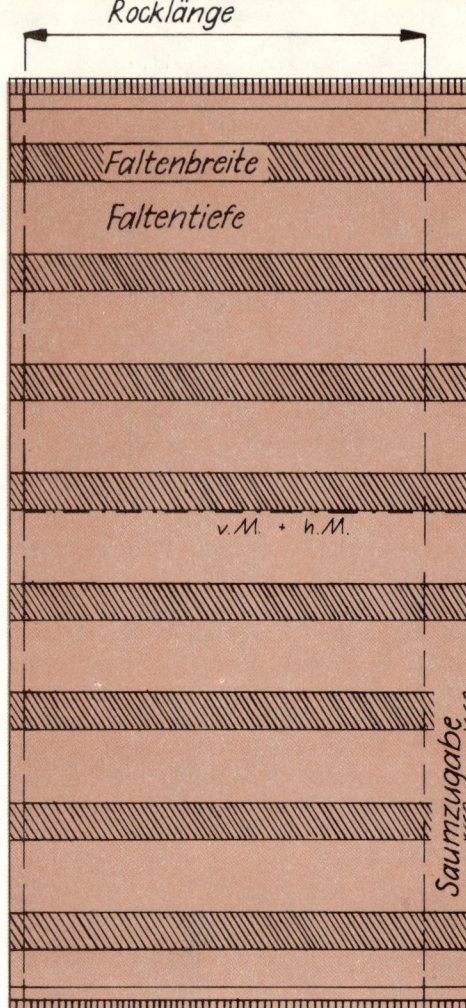

4.3–1

Verarbeiten: Als erstes wird an beiden Bahnen der Saum gearbeitet. Dann werden die Falten gebügelt, aber nur vom Saum bis zur markierten Gesäßumfangslinie. Das restliche Stück zwischen dieser Linie und der Taille bügelt man nicht; hier werden die Falten lediglich auf Taillenweite eingelegt und festgeheftet. Dabei ist zu beachten, daß in vorderer und hinterer Mitte die Falten nur minimal eingelegt werden; die meiste verbleibende Weite wird auf die seitlichen Falten verteilt. Wichtig ist, daß man beim Einlegen die Weite vom oberen Faltenbruch und von der angrenzenden Faltenbreite gleichmäßig wegnehmen muß, der in-

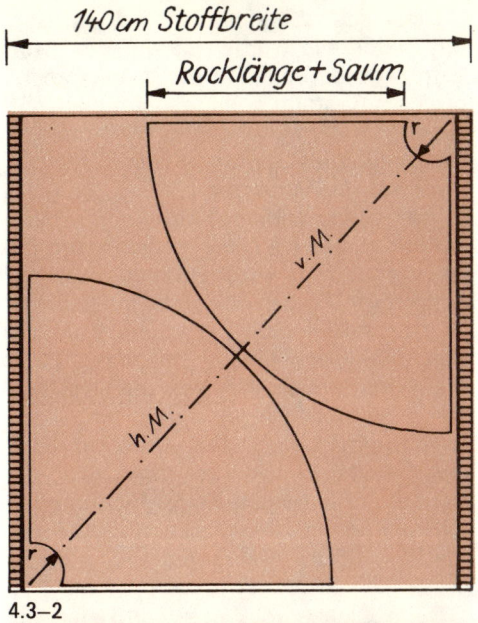

140 cm Stoffbreite

Rocklänge + Saum

v.M.

h.M.

r

4.3–2

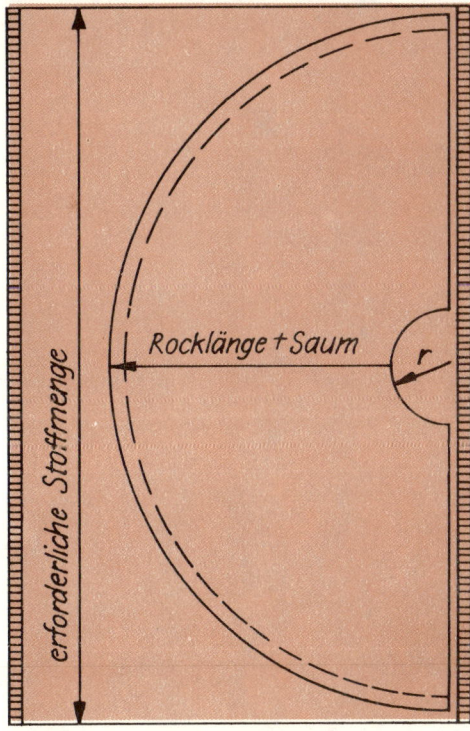

erforderliche Stoffmenge

Rocklänge + Saum

r

4.3–3

nere Faltenbruch bleibt im Fadenlauf! Zöge man dagegen den oberen Faltenbruch um den erforderlichen Betrag nur nach der Seite, fielen am Schluß sämtli-

che Falten schräg, es entsteht schlechter Fall und ein unschönes Aussehen.

Danach heftet man einen Probebund an. Am Körper werden die Falten zwischen Taille und Gesäßumfangslinie so festgesteckt, wie sie den Körperformen gemäß fallen. Sie können entweder nur gebügelt oder festgesteppt werden.

Die beiden Verbindungsnähte liegen jeweils in einer Faltentiefe; sie werden durch den bereits genähten Saum geführt, damit die Falten nicht aufspringen. Rockbund und Schluß werden wie unter 4.2.4. bis 4.2.6. gearbeitet.

Wird für den Faltenrock karierter Stoff verarbeitet, so probiert man nach dem Muster die günstigste Faltenvariante aus, legt die Falten in dieser Form oberflächlich zusammen, steckt sie fest und mißt das Stoffteil nach, um die erforderliche Weite zu erhalten. Dabei ist es reizvoll, immer das gleiche Muster als Faltenbreite (Draufsicht) zu wählen. Bei der Einteilung beginnt man, wie vorstehend beschrieben, mit einer Faltentiefe (= ½ Falteninhalt), dann folgt eine Faltenbreite, darauf im Wechsel ein Falteninhalt, eine Faltenbreite (↑ Abb. 4.3–1).

4.3.2. Der Glockenrock

Er kann aus einem Halbkreis oder auch aus einem ganzen Kreis gebildet werden, je nachdem, wie weit der Rock sein soll. Die benötigte Stoffmenge wird aus dem Schnitt und der möglichen Auflage auf den Stoff gemäß den Abbildungen errechnet.

Der Schnitt läßt sich auf folgende Arten anfertigen:

Man teilt die Taillenweite durch 3,14 (π) und erhält den Durchmesser für den Taillenring. Halbiert man diesen Durchmesser, so ist er der Radius für den Taillenring des Glockenrocks aus dem ganzen Kreis. Für den Rock aus dem Halbkreis entspricht der errechnete Durchmesser dem Radius des Taillenrings. Dieses Maß wird jeweils vom Mittelpunkt aus rundum – wie aus Abbildung 4.3–2 ersichtlich – eingetragen. Von dieser Taillenlinie aus markiert man ringsum die gewünschte Rocklänge plus 2 cm Saumzugabe.

Die Auflage der Schnitteile, die man sich aus Papier schneiden kann, ist genau nach der jeweiligen Skizze vorzunehmen. So läßt sich die Stoffmenge berechnen.

Die Abbildung 4.3–2 zeigt einen Glokkenrock aus dem Halbkreis. Bei dieser Auflage des Schnitts ergeben sich zwei Seitennähte. Die Rockteile sind in der vorderen und in der hinteren Mitte schräg im Fadenlauf.

Die zweite Möglichkeit (Abb. 4.3–3) ist die Auflage des gesamten Halbkreises, so daß man nur eine Seitennaht erhält, aber eine größere Stoffmenge benötigt. Das Reststück sollte man für ein Oberteil oder für eine Weste verwenden.

Die Abbildung 4.3–4 zeigt die Auflage eines Rocks aus einem ganzen Kreis aus einem Stück. Diese Auflage ist nur möglich bei sehr breitem Stoff bzw. kurzer Rocklänge. An einer Seite wird fadengerade ein Schlitz eingearbeitet.

Bei 1,40 bis 1,50 m breiten Stoffen werden die beiden Halbkreise wie auf Abbildung 4.3–5 aufgelegt.

Diese selbstberechneten und -gefertigten Schnitteile werden so auf den Stoff aufgelegt, daß entlang der Webkante 1,5 bis 2 cm Abstand gehalten wird als Nahtzugabe für die Seitennähte. Wird karierter Stoff verwendet, legt man den Schnitt jeweils auf die Mitte des parallel zur Webkante verlaufenden Karos auf, beim Schließen der Naht ergibt sich dann ein komplettes Muster. Die Saumkanten der Schnitteile werden ebenfalls im gleichen Muster aufgelegt, damit auch quer zur Seitennaht das Muster zusammenpaßt. Bei asymmetrischen Karos kann das Muster nicht fortlaufend zusammengesetzt werden, man muß darauf achten, daß eine Mustergruppe zusammentrifft, deren Verlauf in gegenseitiger Richtung unterbrochen ist. Am Taillenring werden rundum 1,5 cm Nahtzugabe angezeichnet, in diesem Verlauf zuschneiden.

Beim Glockenrock aus vier Teilen hat man zwei Seitennähte und je eine Naht in

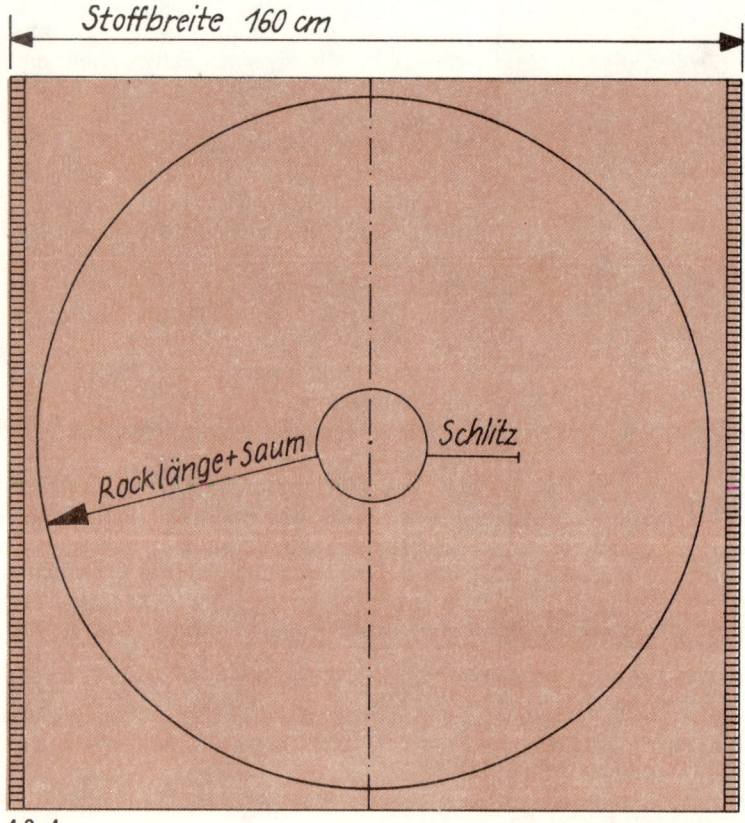

4.3–4

der vorderen und hinteren Mitte (Abb. 4.3–6).

Nach dem Schließen der Nähte werden Rockbund und Verschluß wie unter 4.2–4 bis 4.2–6 gearbeitet. Vor dem Säumen läßt man den Glocken- oder Plisseerock längere Zeit auf dem Kleiderbügel aushängen und rundet dann den Saum ab.

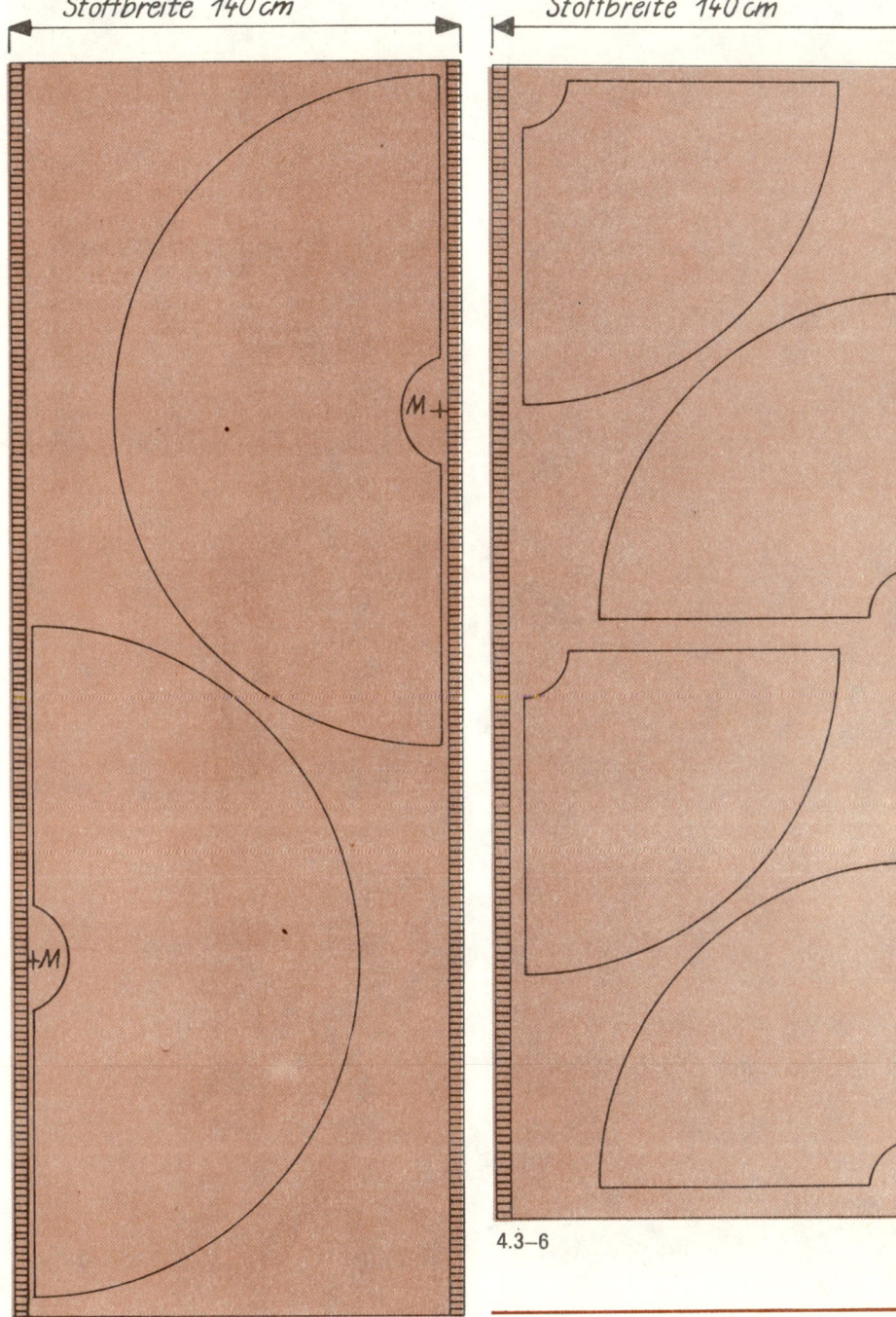

Stoffbreite 140 cm

Stoffbreite 140 cm

4.3–5

4.3–6

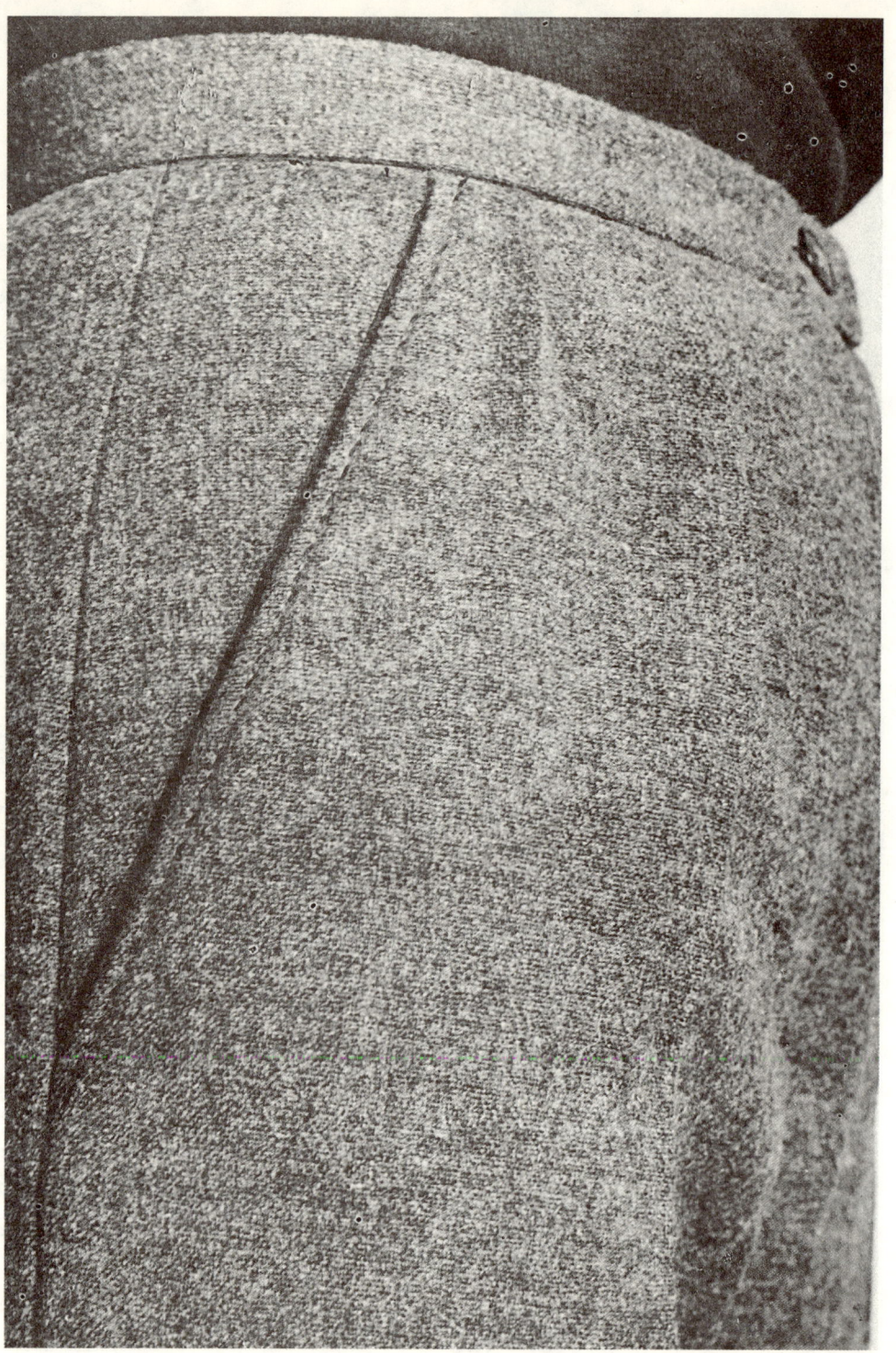

5. Die Hose

Hosen werden heute häufig selbst genäht, weil sie zu einem sehr beliebten Kleidungsstück bei den Frauen geworden sind. Vom Arbeitsaufwand her unterscheidet man die folgenden Hosenformen, die durch modische Details variiert werden.

Die einfache Hose. Durch die meist gerade Form ohne besondere Details, auch ohne Taschen, ist der Arbeitsaufwand nur gering. Die einfache Hose hat lediglich zwei Seitennähte, zwei innere Beinnähte, eine Gesäßnaht und Abnäher oder Bundfalten. Sie wird auf Bund gearbeitet; als Verschluß setzt man meist einen „verdeckten" Reißverschluß ein.

Die einfachste Hosenform wird ohne Abnäher und Verschluß gearbeitet; sie erhält in der Taille einen Tunnelzug.

Die Hose mit Bügelfalte. Die sogenannte klassische Hosenform bekommt in der vorderen und in der hinteren Mitte der Hosenbeine einen exakt gebügelten Bruch, die Bügelfalte. Sie läuft vorn in einem Abnäher oder in der Bundfalte aus und endet hinten meist kurz unterhalb der Gesäßpartie.

Die Hose mit Taschen. Je nach Schnittform können sich die Hosentaschen im vorderen oder im hinteren Hosenteil befinden; sie werden aufgesetzt oder auf unterschiedliche Weise eingearbeitet, und zwar vor dem Zusammenfügen der Hosenteile. Die Lage wird zur Anprobe festgelegt bzw. überprüft.

Die Hose mit Aufschlag. Ob eine Hose einen Saumaufschlag erhalten soll, richtet sich nach der Mode, der Art der Hose und dem Geschmack. Für den Aufschlag ist an die Hosenbeinlänge die doppelte Aufschlagbreite zuzüglich der Saumzugabe anzuschneiden.

5.1. Anprobe der Hose

5.1.1. Das Dressieren der Hose.

Obwohl alle Hosenschnitte so konstruiert sind, daß sie ohne Dressur zusammengenäht werden können und eine gute Paßform gewährleistet ist, empfiehlt es sich trotzdem, die Hose vor dem Verarbeiten zu dressieren, da man eine bessere Paßform erzielen kann (↑ 2.20.3.).

Man dressiert die hinteren Hosenteile. Beide Teile liegen übereinander und werden auf jeder Seite an der betreffenden Stelle mit einem Schwamm befeuchtet. Mit der linken Hand faßt man beide Teile, setzt mit der rechten Hand das Bügeleisen auf, dehnt den Stoff und bügelt so lange, bis er trocken ist. Dieser Vorgang wird auf beiden Hosenteilen vollzogen, damit beide gleichmäßig gedehnt werden. Die Pfeile auf der Abbildung 2.20—1 zeigen die Stellen, an denen man Form bügeln muß. Nach dem Dressieren ist durch das Dehnen die Schnittkante an der hinteren Hosenspitze länger geworden als die Nahtlänge der Vorderhose. Die überstehende Länge wird weggeschnitten und die Gesäßnaht ausgeglichen.

5.1.2. Vorbereitung der Anprobe.

Die Obertrittseite des Vorderschlitzes wird umgeheftet. Der angeheftete Probebund besteht aus zwei Hälften und wird mit der Gesäßnaht in einer Linie geschlossen.

Beim Anprobieren muß die Hose in der hinteren Mitte richtig hochgezogen werden, damit die vorderen Schlitzmarkierungen genau aufeinanderpassend zugesteckt werden können (Abb. 5.1—1).

Soll die Hose eine Bügelfalte erhalten, empfiehlt es sich, diese bereits vor der Anprobe zu bügeln. Dafür legt man jede Hosenhälfte mit der Mittellinie in den Bruch, legt ein feuchtes Tuch auf und bügelt von der Saumumschlaglinie bis etwa in Schritthöhe. Der übrige Verlauf der Bügelfalte wird erst nach Fertigstellung der Hose vor dem Abbügeln gebügelt.

5.1.3. Überprüfen der Hosenweite.

Spannt die Hose kurz unterhalb des Bunds oder weist sie an der Gesäßlinie und den Seitennähten zu viel Weite auf,

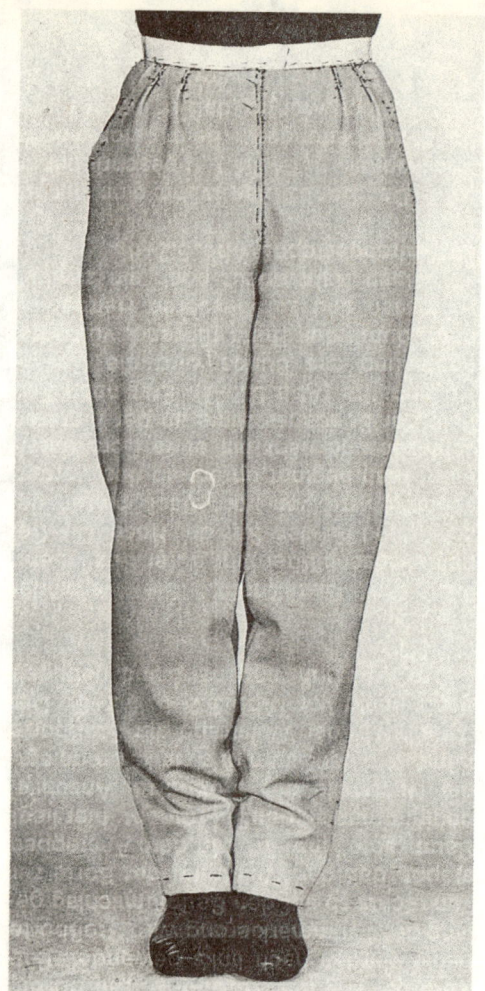

5.1—1

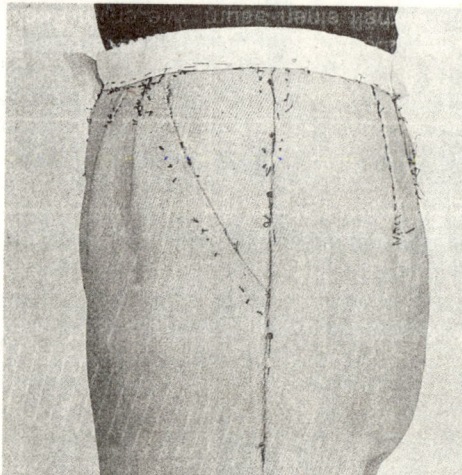

5.1—2

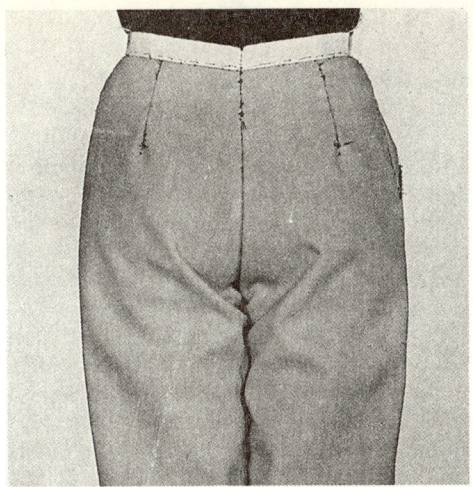

5.1—3

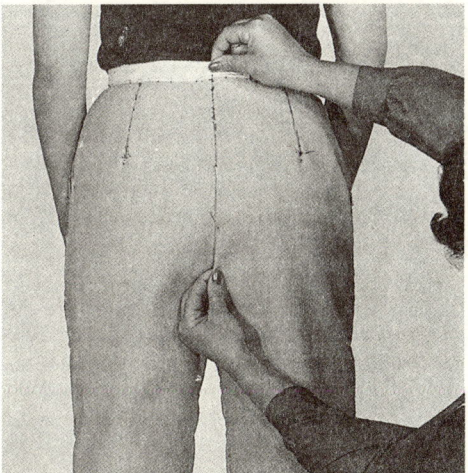

5.1—4

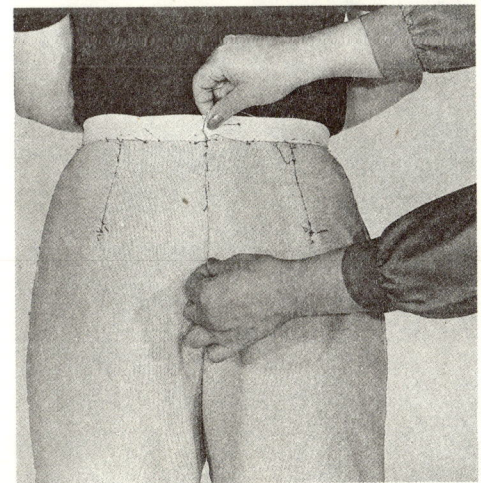

5.1—5

wird der Bund gelöst. Die Seitennähte werden gleichmäßig von vorn und hinten erweitert (Abb. 5.1—2).

Die Mehrweite wird verlaufend ebenfalls von vorn und hinten weggesteckt. Meist kann diese Mehrweite sogar eingearbeitet werden, ohne daß der Bund erweitert werden muß.

5.1.4. Überprüfen der Gesäßnaht. Der gute Sitz dieser Naht ist ein Verarbeitungsschwerpunkt. Unkorrekter Sitz hat verschiedene Ursachen: Entweder ist die Naht zu kurz und spannt, oder sie steht zwischen Taille und Gesäß ab, oder der Bund hängt nach unten durch.

Wenn die Gesäßnaht spannt, ergeben sich meist gleichzeitig schräge Falten an den Hosenbeinen unterhalb des Gesäßes (Abb. 5.1—3). Dieser Schrägzug verschwindet, sobald die Hose straff nach oben gezogen wird (Abb. 5.1—4). Unmittelbar während der Anprobe läßt sich dieser Mangel nicht beheben. Man muß die Hose ausziehen und die Rundung der Gesäßnaht bis etwa 1,5 cm tiefer ausnähen, die dadurch breiter gewordene Nahtzugabe schmaler schneiden und außerdem die Naht durch Bügeln dehnen.

Zuviel Weite zwischen Taille und Gesäß ergibt sich meist bei einem Hohlkreuz. In diesem Fall muß die Naht entsprechend ausgeformt werden. Man steckt links und rechts an der hinteren Naht den doppelten Stoff nach oben und unten verlaufend ab; dabei kann die Bundweite oft unverändert bleiben (Abb. 5.1—5).

Hängt der Bund nach unten durch, wird er in der hinteren Mitte gelöst, nach oben versetzt und wieder angesteckt (Abb. 5.1—6). Auch eine zu breite Nahtzugabe im Rundungsbereich der Gesäßnaht kann die Ursache für das Durchhängen des Bundansatzes sein, weil in diesem Falle die Hose nicht genügend weit hochgezogen werden kann. Hier braucht die Naht nur schmal verschnitten und nach dem Nähen durch Bügeln gedehnt zu werden.

5.1.5. Überprüfen der Beinweite. Jede Veränderung der Hosenbeinweite muß gleichmäßig an der Schnittnaht *und* an

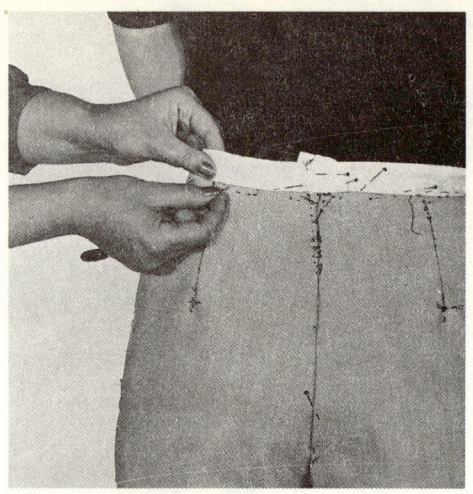

5.1—6

der Seitennaht vorgenommen werden, sonst drehen sich die Hosenbeine, oder die Bügelfalte fällt schief oder sitzt nicht in der Mitte (Abb. 5.1—7; 5.1—8).

5.1.6. Überprüfen der Hosenlänge. Wichtig ist, zur Anprobe die Schuhe anzuziehen, die später zur Hose getragen werden sollen. Allgemein gilt, daß weite Hosenbeine länger gehalten werden müssen als enge. Sehr weite Hosenbeine reichen vorn bis auf den Schuh und hinten bis zum Ansatz des Absatzes; enge Hosenbeine reichen vorn nur bis zum Spann und enden hinten in der Mitte zwischen Ferse und dem Ansatz des Absatzes (Abb. 5.1—9).

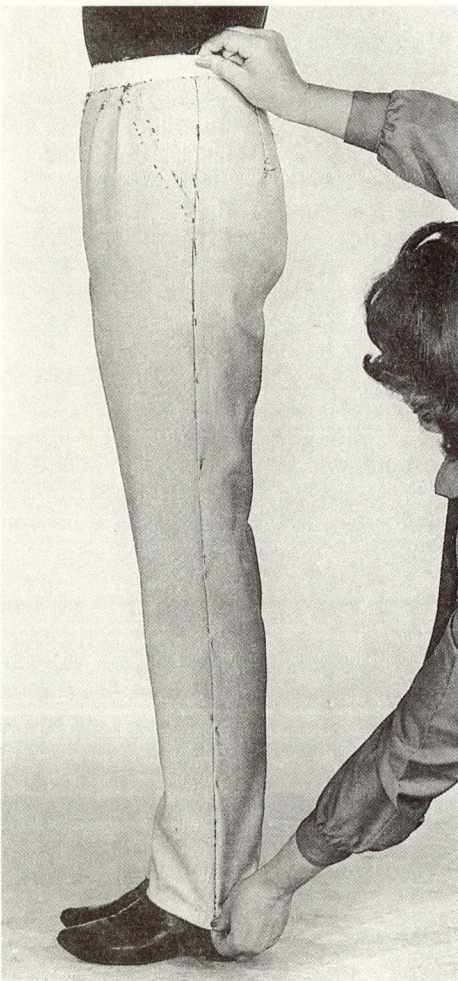

5.1—7

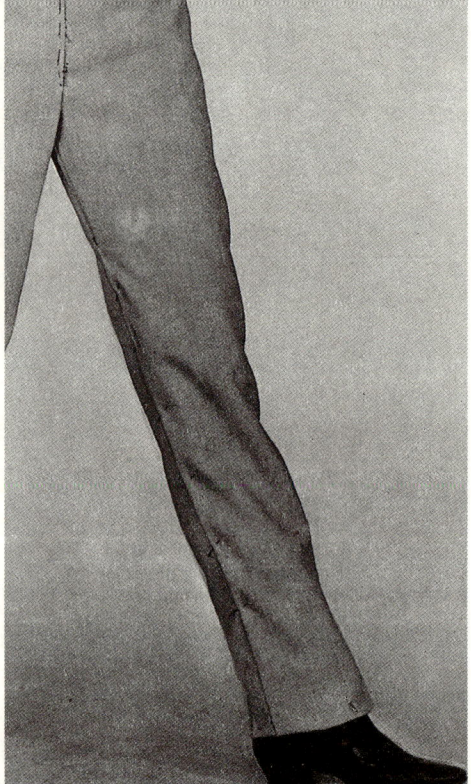

5.1—8

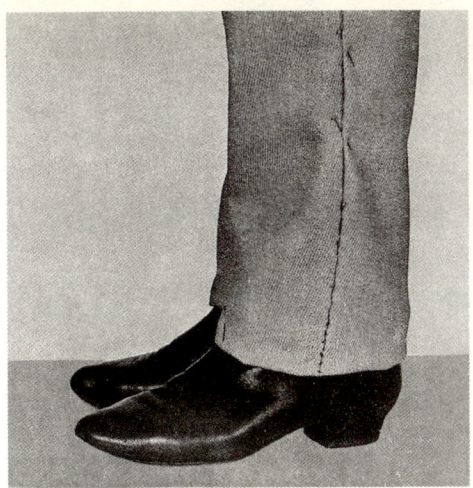

5.1–9

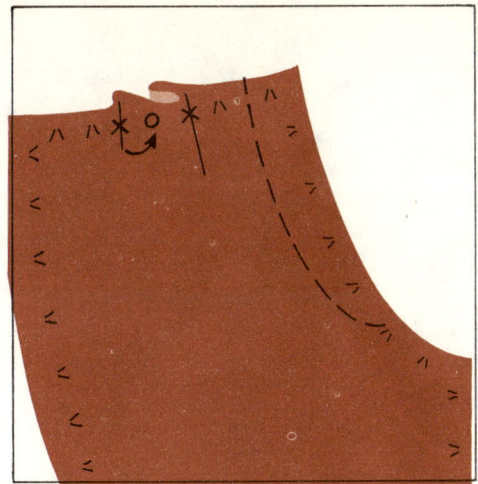

5.2–1

Bei anderen Hosenvarianten richtet sich die Länge nach der jeweiligen Mode.

5.2. Näharbeiten an der Hose

Nach der Anprobe werden Bund und Säume wieder gelöst (wobei die Markierung aber belassen werden muß), auch die Gesäßnaht muß aufgetrennt werden.

5.2.1. Abnäher oder Bundfalten. Abnäher werden spitz auslaufend genäht (↑ 2.5.); Bundfalten legt man nach der Mitte zu ein. Ob sie nur festgeheftet oder aufgesteppt werden, richtet sich nach der im Schnitt angegebenen Markierung (Abb. 5.2–1).

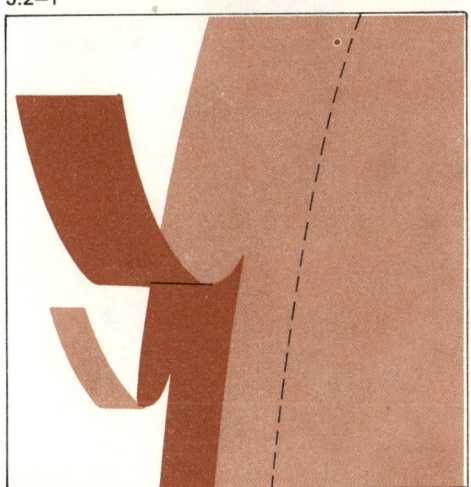

5.2–2

5.2.2. Seitennähte. Man näht sie zuerst. Abgesteppte Seitennähte werden abgestuft verschnitten (Abb. 5.2–2), getrennt versäubert, nach hinten gebügelt und dann auf dem hinteren Hosenteil abgesteppt (Abb. 5.2–3).

5.2.3. Schrittnähte. Sind die Schrittnähte im Vorder- und Hinterteil gleichlang, so empfiehlt es sich, die hintere Schrittnaht an der Gesäßnaht etwa 1 cm überstehen zu lassen und die vordere Schrittnaht am oberen Ende leicht einzuarbeiten (ohne daß dabei Fältchen entstehen!); die Naht ist beim Nähen zu dehnen. Die überste-

5.2–3

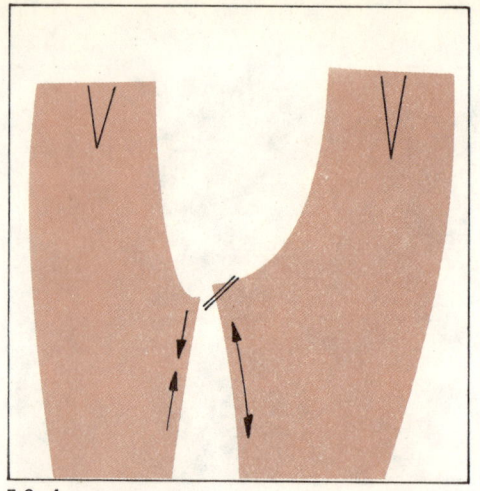

5.2—4

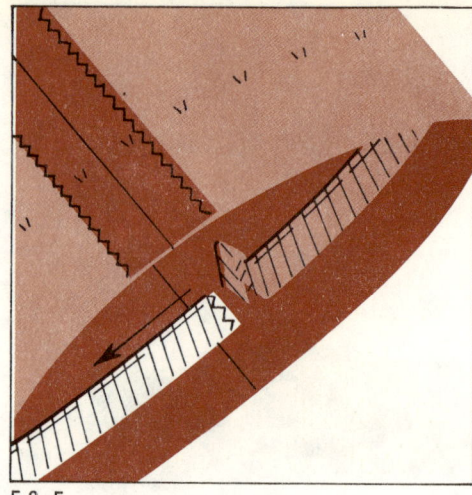

5.2—5

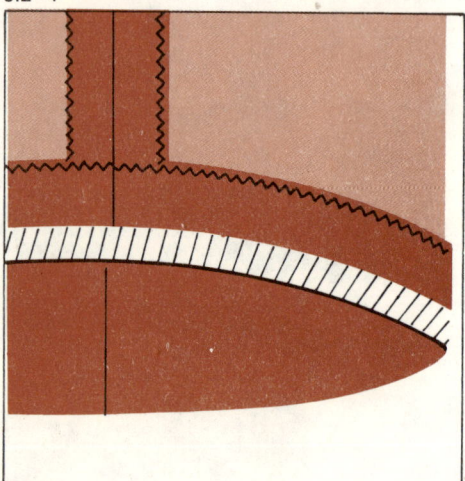

5.2—6

hende Nahtzugabe am hinteren Teil der Hose wird gleichmäßig verlaufend weggeschnitten, so daß eine durchgehende Linie entsteht. Abschließend werden die Schrittnähte breitgebügelt.

Um spätere Falten unterhalb des Gesäßes zu vermeiden, ist es noch besser, die Hosenteile vor dem Zusammenheften zu dressieren (↑ 2.20.3. und Abb. 5.2—4).

5.2.4. Nahtversäuberung. Siehe dazu den Abschnitt 2.8.!

5.2.5. Hosensäume. Die Breite der Hosensäume soll 3 bis 4 cm nicht überschreiten.

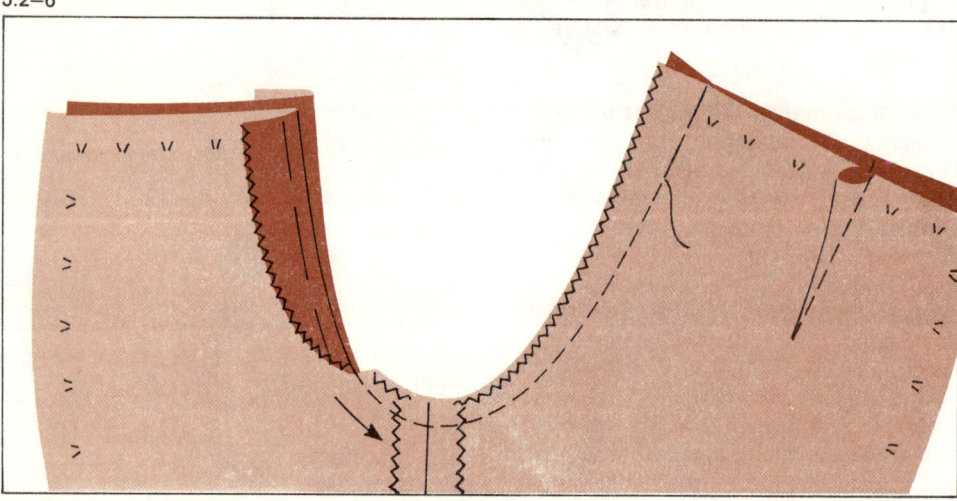

5.2—7

5.2—8

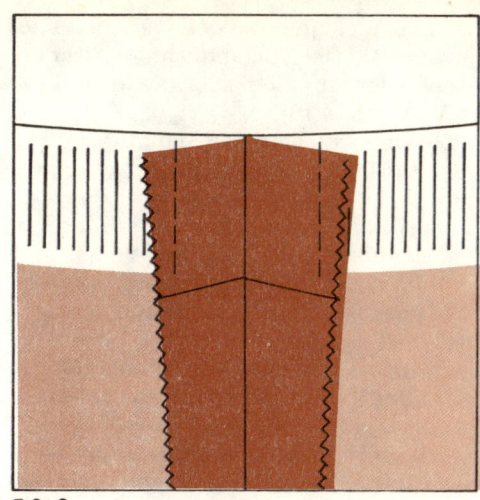
5.2—9

Versäubern und Säumen. Jedes Hosenbein erhält einen Saum, wie er im Rockkapitel unter 4.2.3. beschrieben wurde.

Verarbeitung mit Stoßborte. Die Hosenbeine werden nach links gewendet. Entlang der Saummarkierung wird Stoßborte von rechts so auf den Saumumschlag gesteppt, daß der Wulstrand der Borte zur Saumkante hin zeigt. Mit dem Ansteppen beginnt man an der Schrittnaht; hier liegt die Nahtstelle der Stoßborte. Anschließend wird der Saum nach links umgelegt, dabei steht der Wulstrand der Stoßborte ganz wenig vor (Abb. 5.2—5; 5.2—6). Der Saum wird hohl angenäht und gebügelt (↑ 2.2.1.).

5.2.6. Die Gesäßnaht. Sie verbindet beide Hosenhälften; ihr guter Sitz ist entscheidend für den Sitz der Hose. Die Gesäßnaht wird von vorn nach hinten genäht; man beginnt unterhalb des Vorderschlitzes und näht bis etwa 5 cm unterhalb der Bundansatzlinie an der hinteren Hosenhälfte (Abb. 5.2—7). Erst nach Fertigstellung des Bunds wird die Gesäßnaht, durch den Bund führend, völlig geschlossen und zur besseren Haltbarkeit im selben Nahtverlauf noch ein zweites Mal durchgesteppt (Abb. 5.2—8).

5.2.7. Der Bund. Man wählt eine der im Rockkapitel (↑ 4.2.4.) beschriebenen Bundverarbeitungen. Beim Hosenbund ist allerdings wichtig, daß er in der hinteren Mitte geteilt ist. Beide Bundhälften werden gesondert fertiggestellt; sie reichen über die gesamte Nahtzugabe der Gesäßnaht. Die beiden Bundhälften werden in Fortführung des letzten Stücks der Gesäßnaht (↑ 5.2.6.) geschlossen; danach bügelt man die Naht breit und steppt sie über die Breite des Bunds fest (Abb. 5.2—9).

5.2.8. Der Verschluß mit Untertritt. Dafür wird zunächst ein 8 cm breiter Untertrittstreifen zugeschnitten; die Länge entspricht der Länge des Schlitzes, zuzüglich 1 cm Nahtzugabe und 2 cm Längenzugabe. Dieser Stoffstreifen wird zur

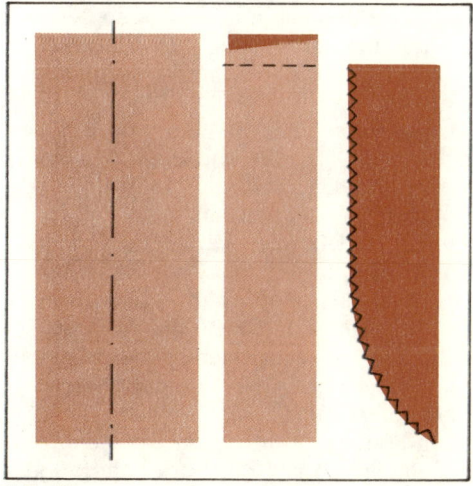
5.2—10

Hälfte umgelegt, oben quer verstürzt und gewendet. Die Schnittkanten werden nach unten zu rund auslaufend versäubert (Abb. 5.2–10).

Die Obertrittkante des Schlitzes wird in der Markierung umgelegt und durchgeheftet. Die Untertrittkante wird von der Markierung aus ½ bis ¾ cm vorgeschoben und ebenfalls durchgeheftet. Beide Kanten werden leicht angebügelt. Da ein Reißverschluß öfter ausgewechselt werden muß, wird er auch in die Hose erst nach dem Ansetzen des Bunds eingenäht. Der Untertrittstreifen wird nicht mit in den Bund gefaßt, er kann mit einigen Handstichen zuletzt daran befestigt werden (Abb. 5.2–11). Der geöffnete Reißverschluß wird so unter die Untertrittkante geheftet, daß die Zähne von rechts sichtbar bleiben, und knappkantig festgesteppt. Beim Steppen wird der vorbereitete Untertrittstreifen mitgefaßt; er verhindert das Einklemmen der Unterwäsche im Reißverschluß (Abb. 5.2–12).

Nun wird der Reißverschluß geschlossen, der Schlitz von rechts zugesteckt und die zweite Reißverschlußhälfte an den Obertritt geheftet. Sie wird in gleichmäßigem Abstand von der Obertrittkante von rechts untergesteppt, unten schräg auslaufend bis zum Schlitzende. Beim Einnähen muß der Untertrittstreifen zurückgeschlagen werden, damit er nicht mitgefaßt wird.

5.2.9. Taschen. Alle eingesetzten Taschen werden vor dem Schließen der Seitennähte eingearbeitet, nur aufgesetzte Taschen können danach aufgesteppt werden.

Aufgesetzte Taschen. Sie sind am einfachsten zu arbeiten und können in unterschiedlichen Formen auf jede beliebige Stelle aufgenäht werden.

Zuschnitt. Oberstoff in der gewünschten Form, ringsherum mit 1 cm Nahtzugabe zuschneiden, Futterstoff in gleicher Größe, Einlage in Größe der fertigen Taschen (ohne Nahtzugabe!). Aufbügelbares Retovlies benötigt den geringsten Arbeitsaufwand.

Verarbeitung. Retovlies in Taschengröße auf die linke Seite des Futters aufbügeln (Abb. 5.2–13). Taschenstoff rechts auf

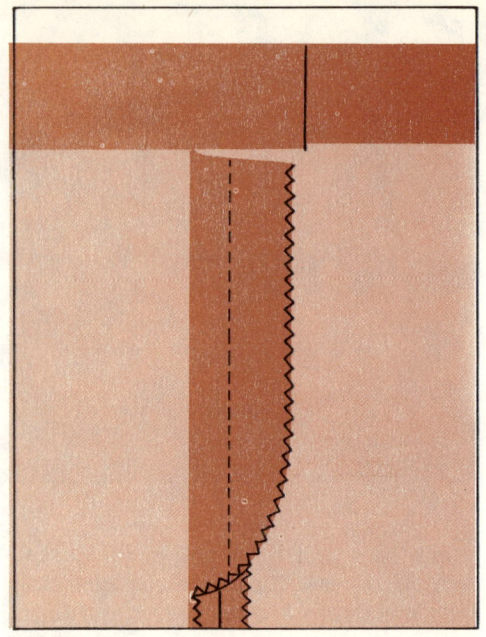

5.2–11

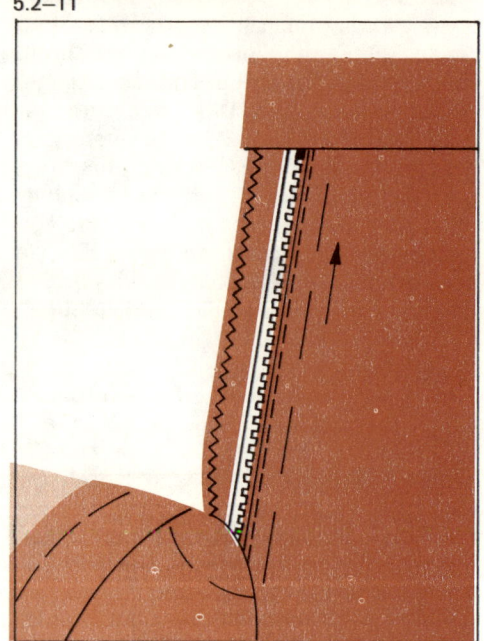

5.2–12

5.2–13

rechts auf das Futter aufstecken, dabei den Stoff ganz leicht anschieben (Abb. 5.2–14), so daß er etwas weiter ist als das Futter, heften und von der Futterseite aus an der Retovlieskante entlang feststeppen; seitlich einen kleinen Schlitz zum Wenden offenlassen (Abb. 5.2–15). Nach dem Nähen die Ecken schräg abschneiden, bei Rundungen kleine Dreiecke aus der Nahtzugabe ausschneiden (Verstürzen ↑ 2.10), die Tasche wenden. Die Kanten von der Futterseite her durchheften, dabei den Oberstoff leicht über die Nähte ziehen, damit das Futter von rechts nicht sichtbar wird. Den „Wendeschlitz" mit einer Hohlnaht (↑ 2.2.1.) schließen (Abb. 5.2–16; ↑ Abb. 2.9–1), die Tasche bügeln, auf die gewünschte Stelle aufheften und aufsteppen. Die Eingriffecken gut verstechen, evtl. von links kleine Bandstücke mitfassen, damit beim späteren Strapazieren hier der Stoff nicht einreißt.

Benutzt man kein aufbügelbares Vlies, muß der Einlagestoff auf die linke Seite des Oberstoffs aufgeheftet und mit Hexenstichen ringsherum befestigt werden (die Stiche dürfen auf der rechten Stoffseite nicht sichtbar sein); die Nahtzugaben umlegen, heften und mit Handstichen annähen.

Das Futter wird ebenfalls ringsherum eingeschlagen, auf die linke Seite der Tasche aufgeheftet und mit kleinen Stichen anstaffiert (↑ 2.2.1.). Man kann aber auch nach dem Befestigen der Einlage das Futter rechts auf rechts auf den Taschenstoff heften und die Tasche mit der Maschine verstürzen. Dabei näht man auf dem Oberstoff, entlang der angestochenen Einlage.

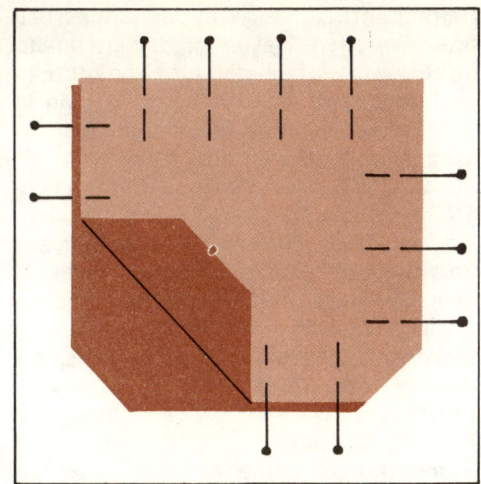

5.2–14

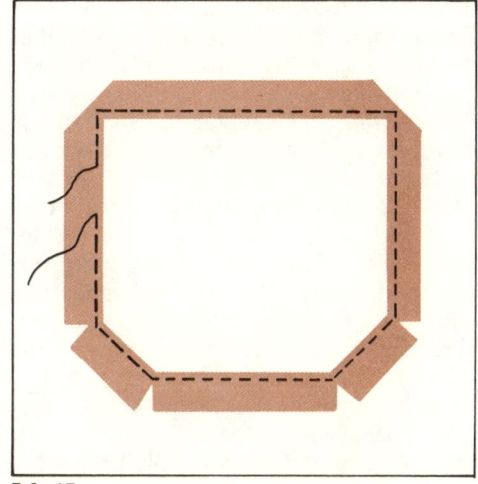

5.2–15

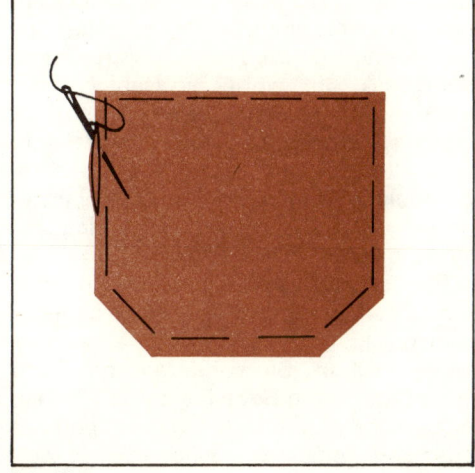

5.2–16

Seitennahttaschen. Von den eingearbeiteten Taschen lassen sich Seitennahttaschen am einfachsten arbeiten. Ihr Eingriff liegt etwa 4 cm unter dem Bund in der Seitennaht; sie bleibt für den Tascheneingriff 15 bis 17 cm offen.

Zuschnitt: Für jede Tasche zwei gleichgroße Taschenbeutelteile zuschneiden, ein Teil aus Futterstoff oder festem Baumwollstoff (Popeline), das andere aus dem Oberstoff. Die Breite beträgt etwa 12 cm plus 1 cm Nahtzugabe, die Länge entspricht der des Tascheneingriffs, zuzüglich 10 cm (davon 4 cm Abstand vom Bund, 4 cm Verlängerung nach unten und 2 cm Nahtzugabe).

Verarbeitung: Beutelteil aus Futter im vorderen Hosenteil zwischen Stoff und umgebügelte Nahtzugabe schieben; die Schnittkante des Beutelteils muß dabei genau bis zum Nahtbruch reichen, weil dadurch das Ausdehnen des Eingriffs verhindert wird. Die Nahtzugabe wird so auf das Beutelteil genäht, daß die Naht unmittelbar an der Zick-Zack-Naht verläuft (Abb. 5.2—17). Beutelteil aus dem Oberstoff deckungsgleich auf das Futterteil legen – die Schnittkante liegt bündig mit der Nahtzugabe des hinteren Hosenteils (Abb. 5.2—18). Das Oberstoffbeutelteil wird an diese Nahtzugabe genäht. Zur besseren Haltbarkeit wird jetzt der vordere Schlitzeingriff füßchenbreit abgesteppt. Das überstehende Taschenbeutelteil aus Futterstoff wird auf die Breite des zweiten Teils verschnitten. Anschließend wird der Taschenbeutel geschlossen: Man beginnt oben, näht in Höhe des Schlitzeingriffs zunächst waagerecht, dann senkrecht, wobei die Naht in einer Rundung zur unteren waagerechten Naht verläuft, und diese endet ebenfalls in einer Rundung am unteren Ende des Tascheneingriffs (Abb. 5.2—19). Die Nahtzugaben des Beutels werden miteinander versäubert.

Der fertige Taschenbeutel reicht oben bis in den Bund und bekommt dadurch seinen Halt.

Flügeltaschen. Sie verlaufen vom Bund aus schräg in die Seitennaht und können, entsprechend dem Schnitt, in gerader oder gebogener Form eingearbeitet werden.

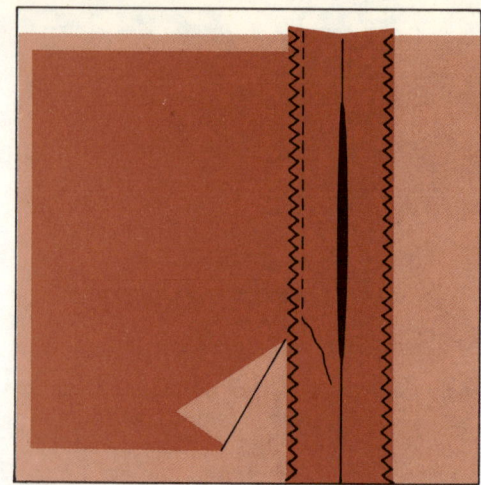

5.2—17

5.2—18

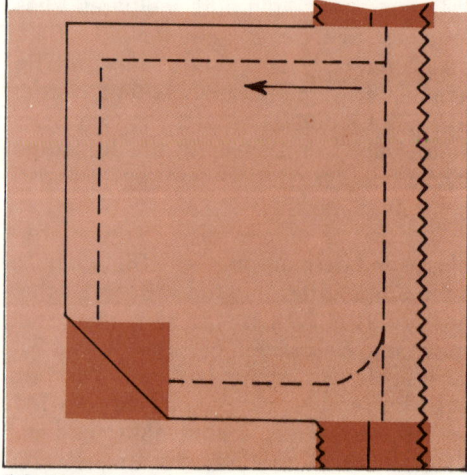

5.2—19

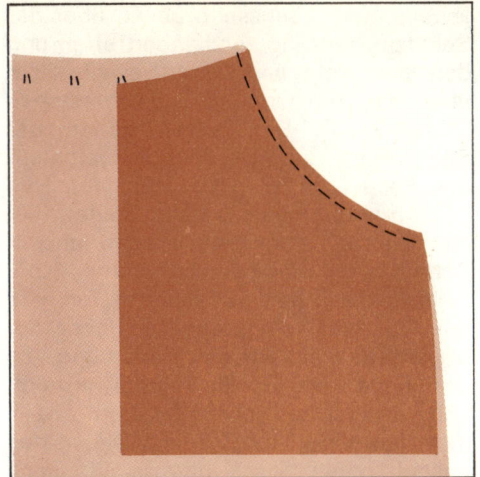

5.2—20

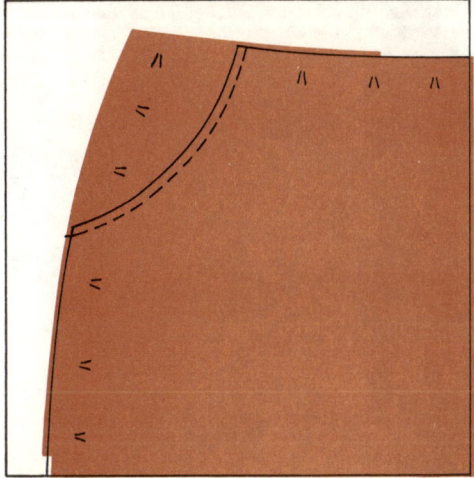

5.2—21

Gemäß dem Linienverlauf, dem späteren Tascheneingriff, wird die Tasche mit Oberstoff oder mit Futterstoff verstürzt; die Form dieses Teils entspricht dem halben Taschenbeutel. Nach dem Wenden wird der Tascheneingriff abgesteppt (Abb. 5.2—20). Das ergänzende Seitenteil wird gemäß der Markierung untergeheftet (Abb. 5.2—21) und der Taschenbeutel zusammengenäht (Abb. 5.2—22). Die Schnittkanten sind zu versäubern.

Erst jetzt werden die Seitennähte der Hose geschlossen; dabei ist die unterhalb des Eingriffs liegende Taschenbeutelseite beim Nähen mitzufassen.

Paspeltaschen. Sie verlaufen meist geradlinig; ihre Eingriffe sind mit Stoffstreifen eingefaßt.

Zuschnitt: Zwei fadengerade 6 cm breite Streifen aus dem Material des Kleidungsstücks zuschneiden; ihre Länge entspricht der des Tascheneingriffs, zuzüglich 4 cm Nahtzugabe. Dazu zwei Taschenbeutelteile aus Futterstoff zuschneiden; ihre Breite entspricht der Länge des Tascheneingriffs plus 4 cm Nahtzugabe; die Länge (die Tiefe der Taschen) sollte etwa 15 cm betragen.

Verarbeitung: Auf der linken Seite ein Beutelteil aus Futterstoff auf die Schlitzmarkierung heften (Abb. 5.2—23), wobei die obere Schnittkante etwa 4 cm über die Schlitzmarkierung hinausreicht. Auf der rechten Seite die beiden Paspelstreifen aufheften, und zwar so, daß sie mit

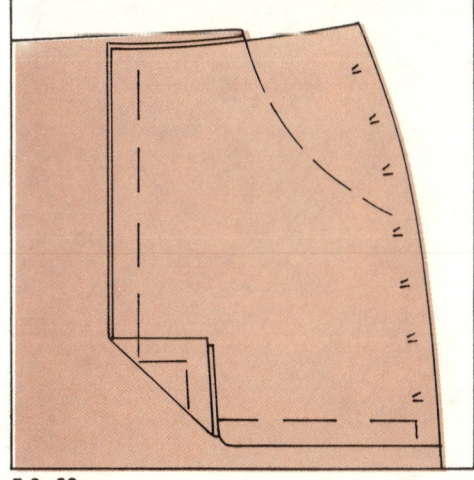

5.2—22

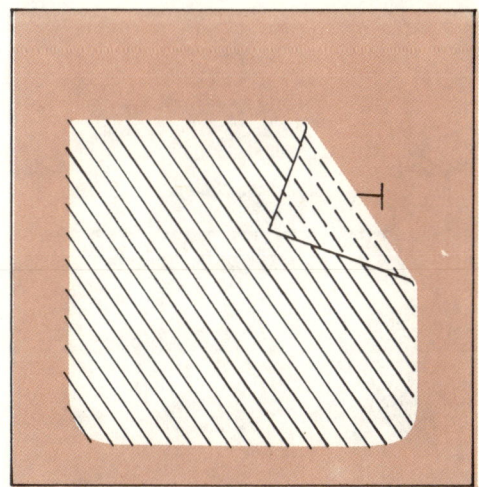

5.2—23

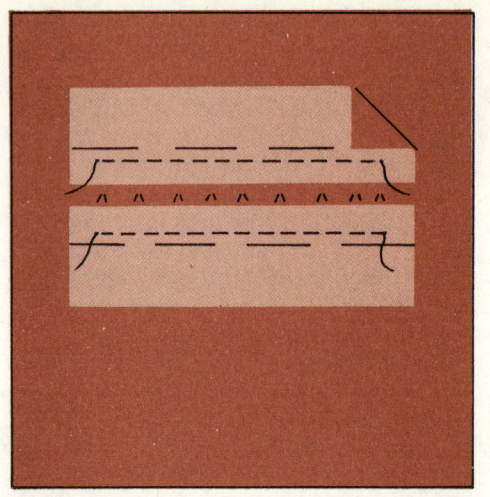

5.2—24

jeweils einer Längsseite genau über der Schlitzmarkierung aneinandertreffen und daß aber vorn und hinten jeweils 2 cm über die Schlitzmarkierung überstehen (Abb. 5.2—24). Die beiden Enden der Schlitzmarkierung werden mit Kreide auf den Paspelstreifen gekennzeichnet. Nun näht man in gewünschter Breite, füßchenbreit bis 1 cm breit, an den inneren Schnittkanten der Paspelstreifen entlang. Zwischen den beiden Paspelstreifen wird der Oberstoff eingeschnitten, aber nur bis jeweils 1 cm vor der Markierung, die das Ende des Schlitzeingriffs anzeigt, und von hier aus schräg bis zum jeweiligen Nahtende (Abb. 5.2—25). Die beiden Paspelstreifen durch den Schlitz nach

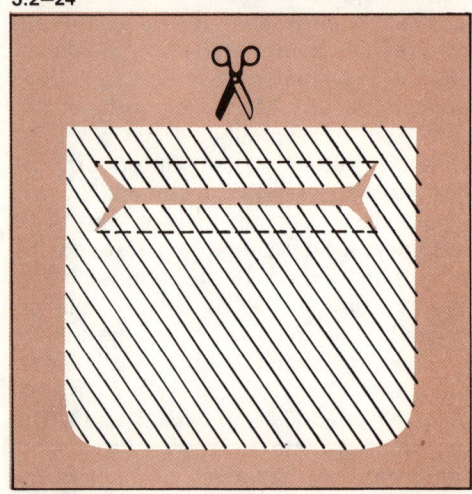

5.2—25

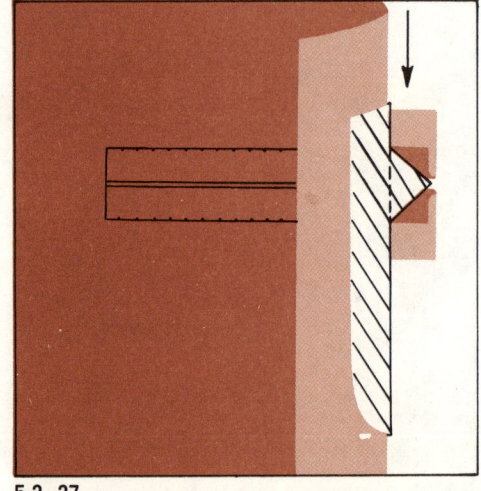

5.2—27

5.2—26

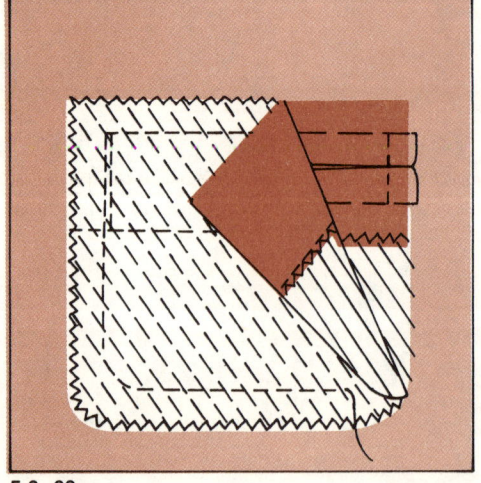

5.2—28

links ziehen, die Nähte breitbügeln und die Streifen um die Nahtzugabe legen (Abb. 5.2–26), dann durchheften und von rechts im Nahtverlauf sorgfältig durchnähen. Die durch die Einschnitte zu beiden Enden des Schlitzes entstandenen kleinen Dreiecke ebenfalls nach links schlagen und an den Paspelstreifen feststechen (Abb. 5.2–27) oder mit der Maschine annähen.

Den unteren Paspelstreifen mit dem Futterbeutel verbinden: Entweder mit Zick-Zack-Stich auf den Futterbeutel nähen oder den Paspelstreifen zwischen eine in das Futter gelegte Falte fassen und festnähen. Auf das zweite Teil des Taschenbeutels wird oben aus dem Stoff des Kleidungsstückes der sogenannte Spiegel (ein Streifen von etwa 6 cm Breite) aufgenäht. Dann wird dieses Teil des Taschenbeutels bündig auf die linke Seite der bereits am Tascheneingriff befestigten Hälfte geheftet und von rechts in der Stepplinie des oberen Paspels festgesteppt. Von links werden die Beutelteile an den drei offenen Kanten geschlossen. Zum Schluß wird die doppelt liegende Nahtzugabe versäubert (Abb. 5.2–28).

5.2.10. Futter in der Hose. Um bei besonders weichen Hosenstoffen das Verdehnen weitestgehend zu vermeiden, kann in die Vorderhose ein Futter eingearbeitet werden. Dafür schneidet man schon vor der Anprobe Futter in gleicher Größe wie die zugeschnittenen Teile zu, die Länge ist ausreichend, wenn das Futter etwa 10 cm unterhalb des Knies endet. Oft genügt schon ein Futterstreifen, der je 10 cm oberhalb und unterhalb des Knies endet. Das Futter wird unter die Vorderhosenteile gesteckt, in den Durchschlaglinien festgeheftet und an allen Nähten und Abnähern mit in die Naht gefaßt.

Bei Hosen aus besonders feinen oder seidigen Stoffen ist es erforderlich, eine Futterhose einzuarbeiten, um die elektrostatische Aufladung oder auch das Durchscheinen zu verhindern.

Damit der Fall der Hose oder auch die Elastizität des Oberstoffs nicht beeinträchtigt wird, näht man eine zweite Hose genau in der gleichen Schnittform aus

Futtertaft zu. Man befestigt die Futterhose an der Gesäßnaht der Hose aus Oberstoff und faßt beide Hosen im gemeinsamen Bund zusammen. Die Hosenbeine der Futterhose sollten etwa 1,5 cm kürzer sein, damit sie beim Tragen nicht sichtbar sind.

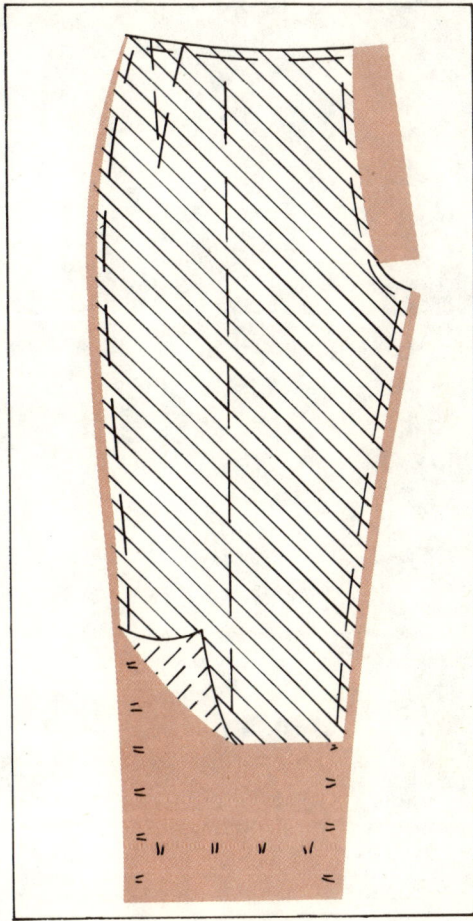

5.2–29

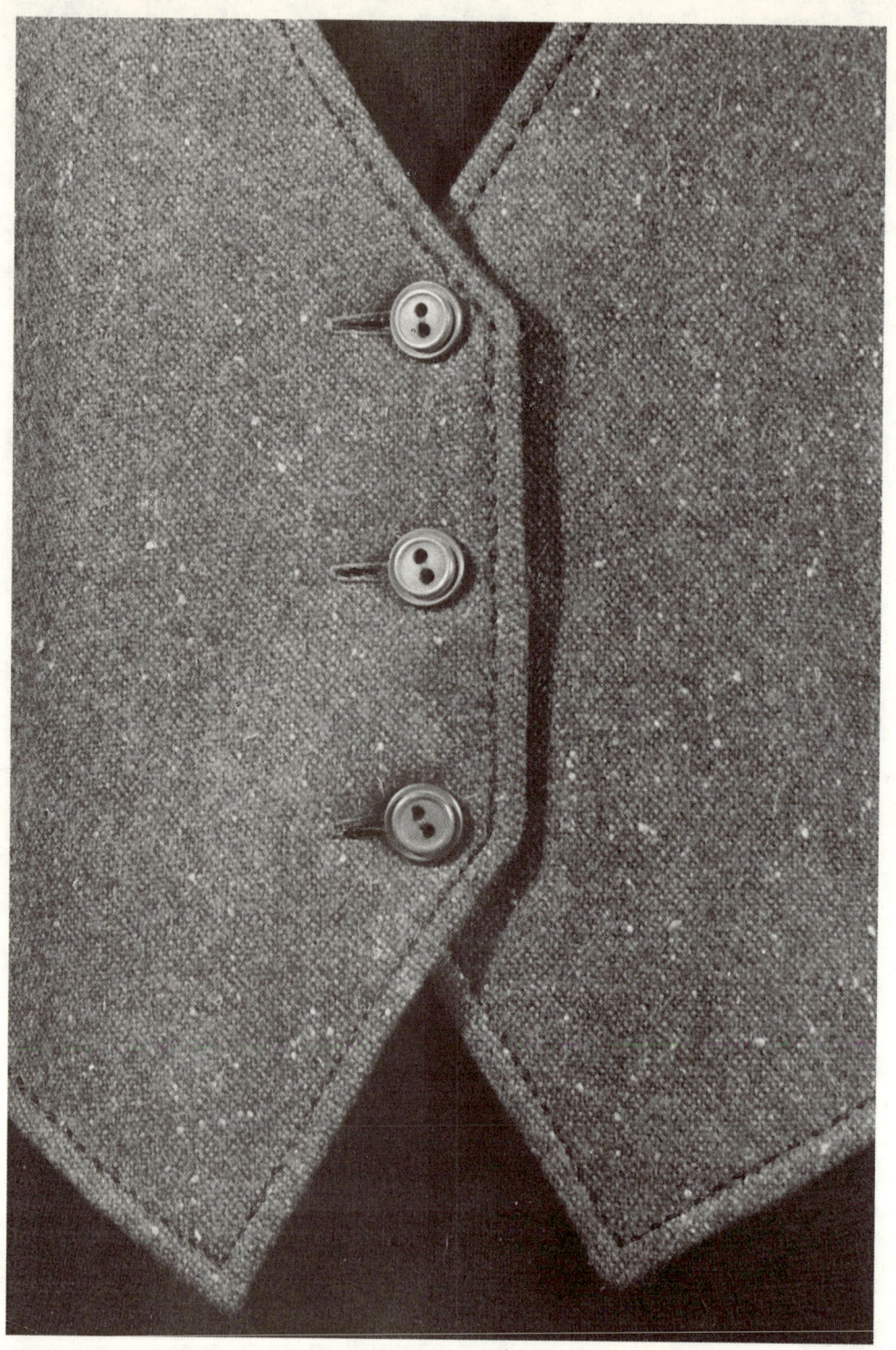

6. Die Weste

Westenformen sind mannigfaltig. Sie reichen von gerade geschnittenen verschlußlosen Schlupfwesten über winzige Boleros bis zu kleidlangen Formen. Neben voluminösen losen Westen gibt es streng taillierte und mit Längsteilungsnähten versehene. Westen können mit Bindebändern, Haken und Ösen, Knöpfen oder auch mit teilbarem Reißverschluß geschlossen werden und die unterschiedlichsten Ausschnittlösungen haben. Dennoch sind eine Reihe von Näharbeiten beinahe allen Westenformen gemein.

Nachdem an Rock und Hose das Nähen von geraden Nähten, von Abnähern und Säumen geübt werden konnte, kommt beim Anfertigen einer Weste die Verarbeitung der vorderen Verschlußkante, das Verstürzen von Ausschnitten und Armlöchern sowie das Füttern von Oberteilen hinzu. Außer den üblichen Heftarbeiten soll das Belegen mit einer Einlage gelernt werden.

Die Verarbeitung von Längsteilungsnähten, wie sie für einige Westenformen typisch ist, wird im Kapitel 8, Das Kleid, in den Abschnitten 8.1.2. und 8.2.1., beschrieben.

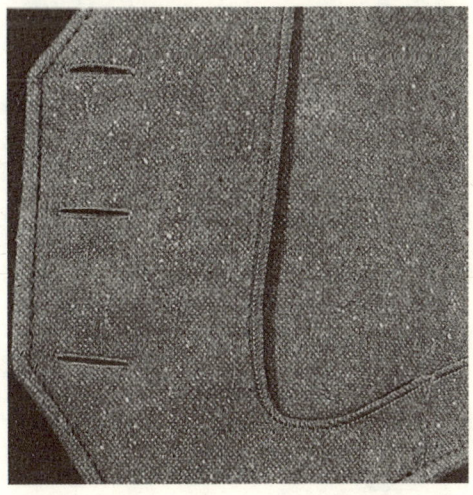

6.1. Anprobe der Weste

Die Weste wird dem Schnitt entsprechend geheftet, und zwar die Abnäher, die Schulter- und die Seitennähte. Die vordere Kante erhält eine Einlage, die der Form genau entspricht. Sie wird untergeheftet und der angeschnittene Belag nach links umgelegt und festgeheftet. Die Brustabnäher werden beim Heften der Seitennähte nicht mitgefaßt.

Dann zieht man die Weste über und steckt sie, Mitte auf Mitte treffend, zusammen (Abb. 6.1–1). Wird die Weste ohne Untertritt gearbeitet, wird sie in der vorderen Mitte aneinanderstoßend zusammengesteckt, um die Gesamtweite prüfen zu können.

6.1.1. Überprüfen der Brustabnäher. Die Spitze des Abnähers soll auf die Brustspitze zulaufen, der Abnäher aber etwa 1,5 cm dahinter enden (Abb. 6.1–2). Bildet sich von der Abnäherspitze zur Seitennaht ein Schrägzug, so ist der Abnäher zu flach und muß tiefer gesteckt werden. Seitennaht und Abnäher werden wieder gelöst, und der Abnäher wird so zusammengesteckt, daß das Vorderteil glatt fällt (Abb. 6.1–3). Die Seitennaht muß neu zusammengesteckt und die Saumkante ausgeglichen werden.

Bildet sich in der Mitte eine Querfalte und klaffen die vorderen Kanten auseinander, dann ist der Abnäher zu tief. Man

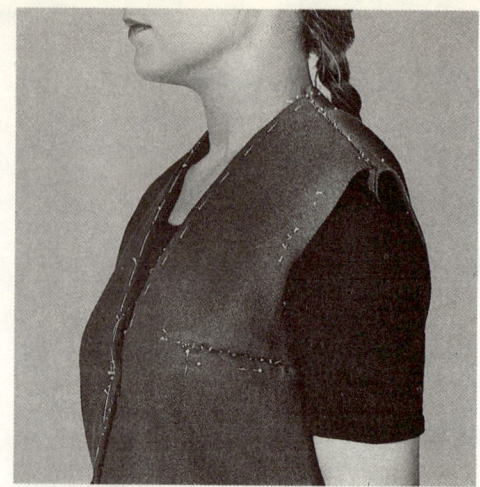

6.1–2

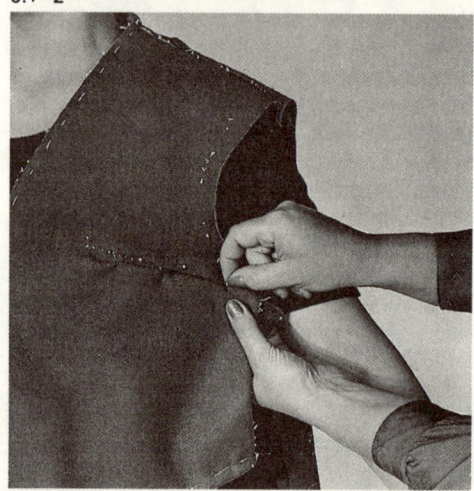

6.1–3

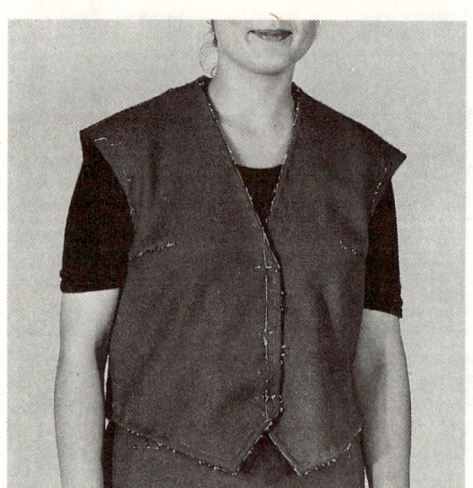

6.1–1

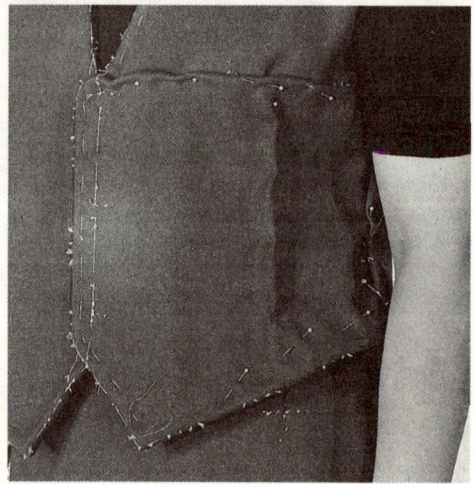

6.1–4

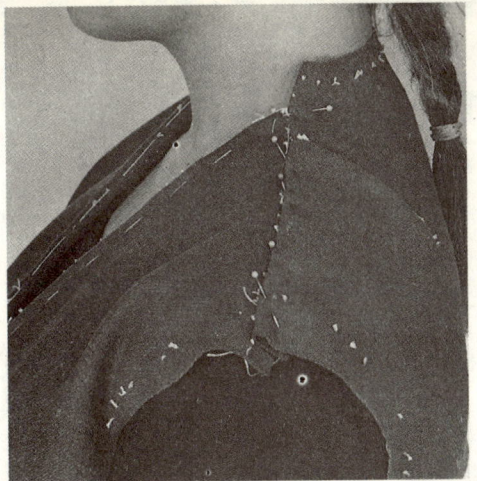

6.1–5

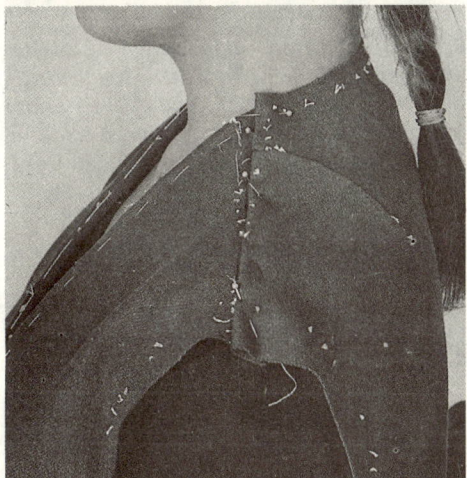

6.1–6

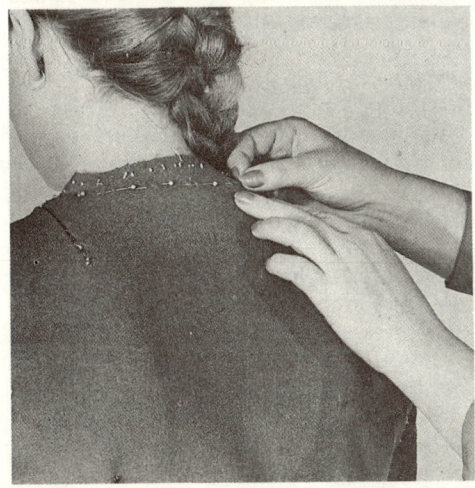

6.1–7

steckt in Höhe der Büste eine Querfalte weg, die verlaufend von Abnäher zu Abnäher reicht (Abb. 6.1–4). Diese Falte wird danach im Schnitt gleichmäßig quer durch das Vorderteil abgesteckt; dadurch wird der Abnäher flacher.

Den so veränderten Schnitt überträgt man neu auf das aufgetrennte Vorderteil, heftet die Weste erneut zusammen und probiert nochmals.

6.1.2. Überprüfen der Schulternähte.
Liegt die Schulternaht zu weit im Rücken, muß sie nach vorn verlegt werden, d. h., man läßt an der hinteren Schulternaht 1 cm heraus und nimmt 1 cm an der Schulternaht des Vorderteils weg.

Bilden sich im Vorderteil Schrägfalten vom Halsloch in Richtung Armloch, so ist die Schulternaht zu lösen. Das Vorderteil wird um 0,5 bis 1 cm nach außen geschoben, dadurch schiebt sich das Rückenteil zur Mitte (Abb. 6.1–5). Die Schulternaht wird neu zusammengesteckt, und Armlochlinie sowie Ausschnittlinie werden ausgeglichen.

6.1.3. Überprüfen der Balance.
Zieht das Vorderteil in der Mitte in die Höhe, liegt die Schulternaht am Halsansatz zu weit hinten, und es fehlt an vorderer Länge. In diesem Fall wird die Schulternaht gelöst, das Vorderteil in der Mitte nach unten gezogen und vorn, am inneren Ende der Schulternaht, 1 cm herausgelassen (Abb. 6.1–6). Meist muß von der hinteren Nahtzugabe, vom Halsausschnitt aus verlaufend, ebenfalls 1 cm herausgelassen werden. In diesem Verlauf wird dann die Schulternaht neu zusammengesteckt und nochmals geprüft.

6.1.4. Überprüfen der Armlöcher und des Ausschnitts.
Arm- und Halsausschnitte müssen weit genug sein, damit Ärmel und Kragen der unter der Weste getragenen Kleidungsstücke nicht gedrückt werden. Der hintere Halsausschnitt muß also größer sein als z. B. der Kragenansatz der darunter getragenen Bluse, und die Armlöcher der Weste sollten 3 cm tiefer sein als der Ärmeleinsatz der Bluse; sie können nach unten spitz verlaufen (Abb. 6.1–7; 6.1–8).

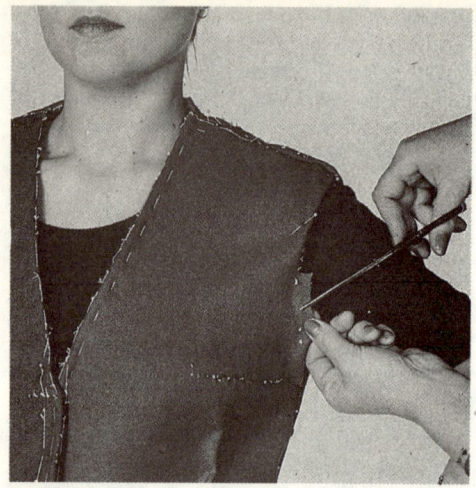

6.1–8

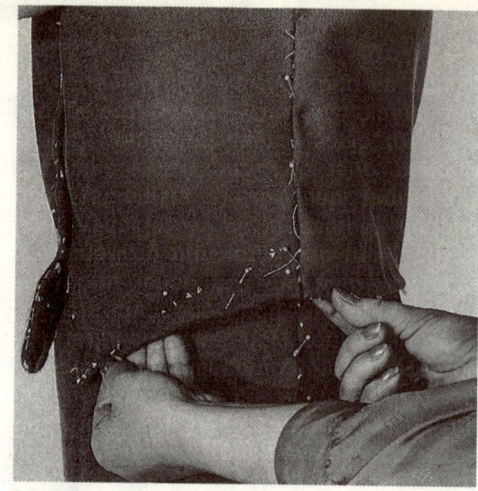

6.1–10

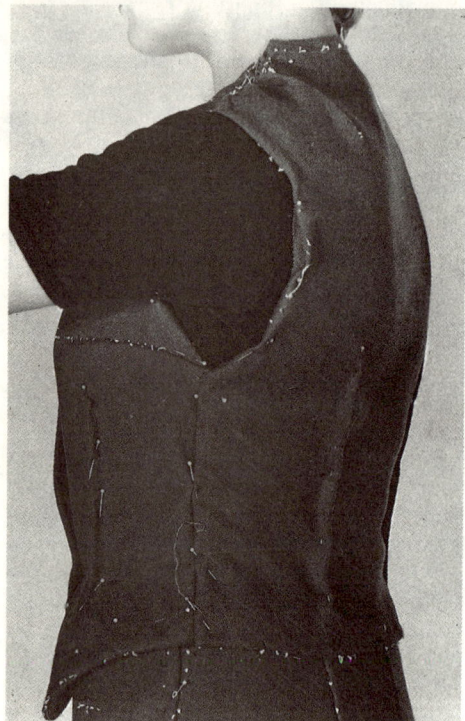

6.1–9

6.1.5. Überprüfen von Länge und Weite.

Die Taillenabnäher werden ausgeformt, die Seitennähte evtl. enger oder weiter gemacht, und die Saumlinie wird nach erfolgter Veränderung der Weste überprüft und ausgeglichen (Abb. 6.1–9; 6.1–10).

6.2. Näharbeiten an der Weste

Nach einer zweiten Anprobe, bei der alle Korrekturen überprüft werden, können die Näharbeiten beginnen.

Die beim Heften nicht mitgefaßten Abnäher werden zuerst genäht und gebügelt (die Brustabnäher nach unten, Taillen- und Schulterabnäher zur Mitte). Die Schulternähte werden vom Vorderteil aus genäht; dadurch wird die leicht eingehaltene Weite an den hinteren Schulternähten gut verteilt. Nach dem Nähen und Breitbügeln aller Nähte verschneidet man die Abnäher im Bereich der Nahtzugabe schräg und versäubert die Nähte (Abb. 6.2–1). Soll allerdings die Weste ein Futter erhalten, erübrigt sich das Versäubern der Nähte. Die Nahtzugaben im Saumbereich werden schmaler verschnitten, so entstehen beim Saumumlegen keine dicken Stellen (Abb. 6.2–2).

Um Ausschnitt und Armlöcher gleichmäßig auf Nahtzugabe zu verschneiden, wird die Weste zur Hälfte zusammengesteckt: Seitennaht auf Seitennaht, Schulternaht auf Schulternaht; die hintere Mitte liegt im Bruch.

6.2.1. Armlochversäuberung. Die vielfach übliche Art, Arm- oder auch Halsausschnitte mit Schrägstreifen zu versäubern, ist nicht zu empfehlen, da diese Streifen meist spannen, so daß sich unschöne Fältchen ergeben. Schneidertechnisch exakt ist es, Ausschnitte und Schlitze mit einem der Form des Ausschnitts entsprechenden Belagstreifen – auch Formstreifen genannt – zu versäubern.

Auch die Verschlußränder an Vorderteilen werden mit Belägen versäubert, die sehr oft den Vorderteilen gleich angeschnitten sind. Meist wird an Ausschnitträndern zusätzlich eine Einlage eingearbeitet, um eine gute Paßform zu erreichen. Retovlies, das lediglich aufgebügelt wird, ist am einfachsten zu verarbeiten. Einlagen aus anderem Material müssen vor der Verarbeitung durch Abbügeln formbeständig gemacht werden. Die Form des Belags oder des Formstreifens muß dem zu belegenden Schnitteil genau entsprechen.

Man schneidet die Formstreifen in doppeltem Stoff zu, jeweils getrennt für die vordere und die hintere Armlochhälfte; beide Hälften werden durch Schulter- und Seitennaht geschlossen. Damit die Formstreifen genau passen, legt man die nach der Anprobe passend verschnittenen Armlochteile glatt auf den Stoff, kreidet die Konturen sorgfältig ab und markiert auch die Nahtlagen. Man trägt an

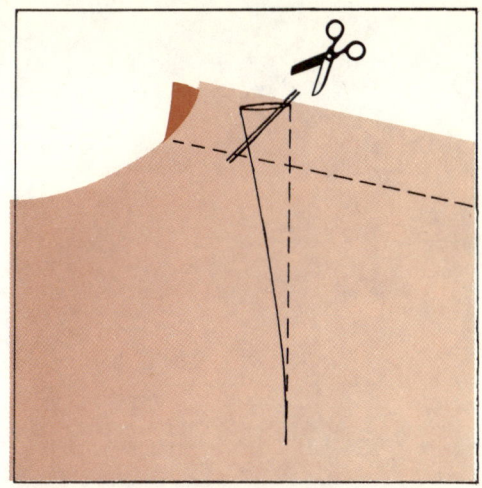

6.2–1

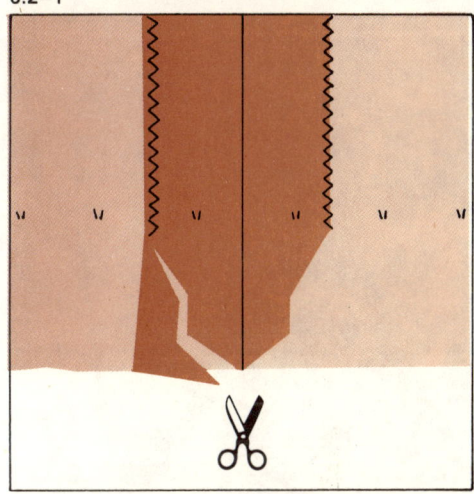

6.2–2

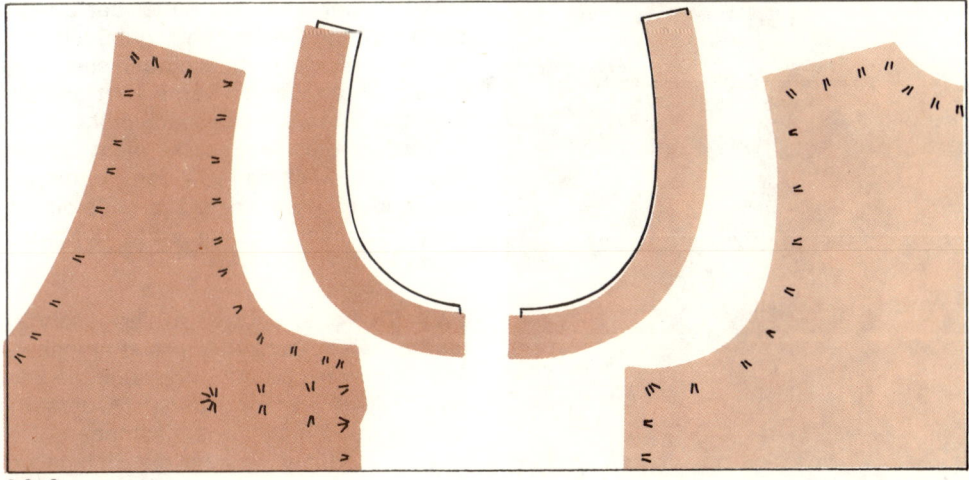

6.2–3

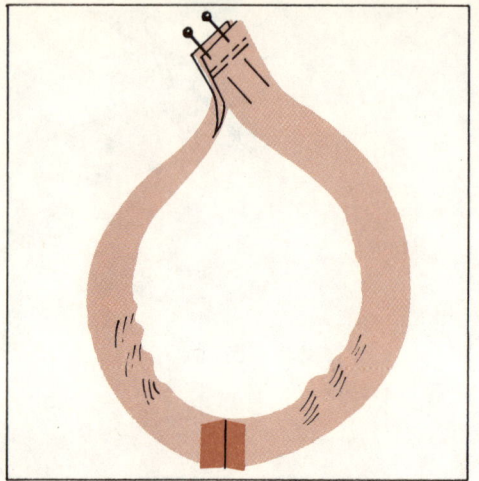

6.2—4

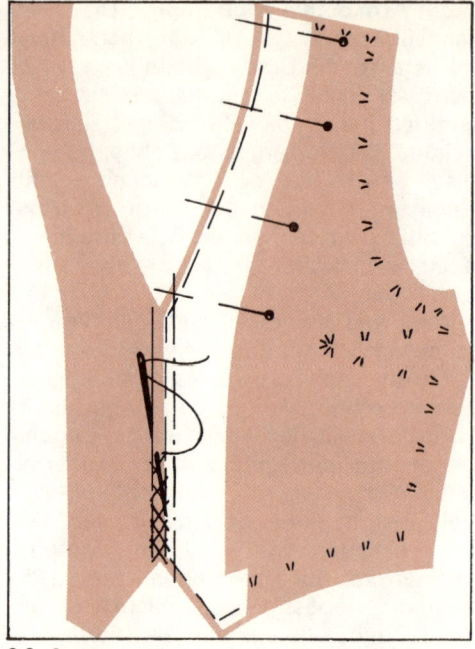

6.2—6

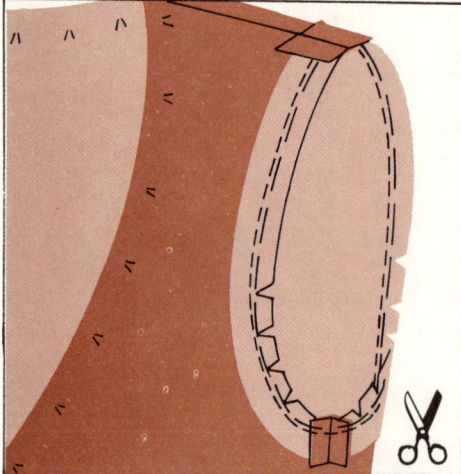

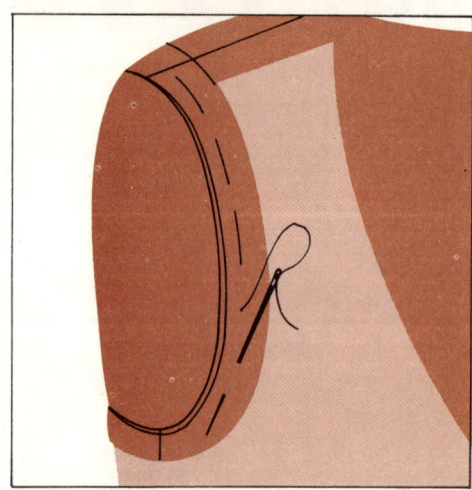

6.2—5

die Konturlinie 4 cm an und schneidet danach die halbmondförmigen Teile heraus (Abb. 6.2—3; 6.2—4).

Rechts auf rechts liegend, Seitennaht trifft auf Seitennaht, Schulternaht auf Schulternaht, werden die Formstreifen angesteckt, angeheftet und angenäht. Die Nahtzugabe wird quer zur Naht ringsherum eingeschnitten, so daß sie nach dem Wenden nicht spannen kann (Abb. 6.2—5). Der Formstreifen wird nach links gezogen und 1 cm hinter der Bruchkante durchgeheftet und gebügelt. Er darf von rechts nicht sichtbar sein. Die Schnittkanten werden versäubert und an Schulter- und Seitennaht angenäht.

Werden die Armlöcher nicht abgesteppt, empfiehlt es sich, den Formstreifen rundum hohl anzunähen, damit er nicht nach der rechten Seite durchrutschen kann (↑ 2.2.1).

6.2.2. Die vordere Kante mit angeschnittenem Belag. Der zur Anprobe umgeheftete Belag wird wieder gelöst und die Einlage mit Hexenstichen am Oberstoff entlang der Bruchlinie angestochen. Die vordere Heftlinie, welche die Einlage an der Kante hielt, wird danach wieder ent-

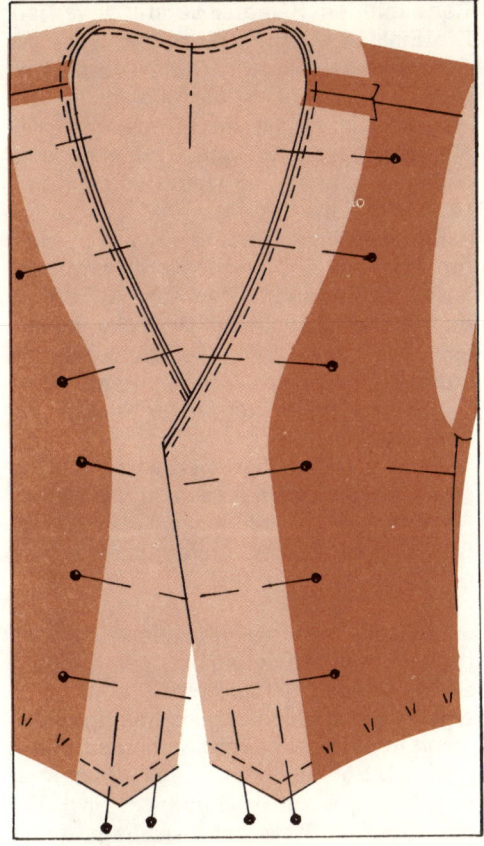

6.2—7

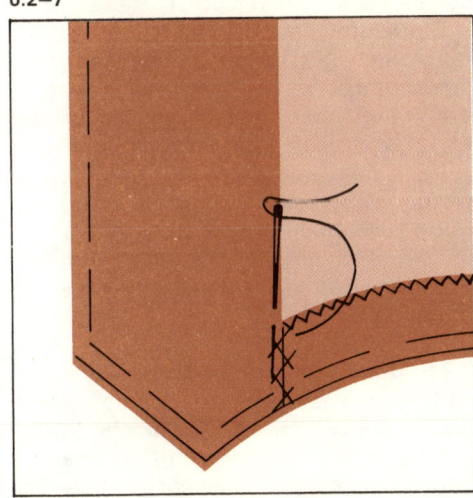

6.2—8

fernt; der Heftfaden zur Kennzeichnung der vorderen Mitte bleibt jedoch zur weiteren Verarbeitung unbedingt erhalten (Abb. 6.2—6).

Der Belag wird nach rechts geschlagen, und der ergänzende Formstreifen für den Halsausschnitt, der genau wie beim Armloch gemäß der Ausschnittform zugeschnitten worden ist, wird nach dem Schließen der Verbindungsnaht rechts auf rechts an den Ausschnitt geheftet. Der Ausschnitt und die untere Kante des Belags (am Westensaum) werden verstürzt (Abb. 6.2—7).

Belag und Formstreifen werden danach nach innen gewendet. Die Verbindungsstelle zwischen Belag und Saum wird mit kleinen Handstichen (Hexenstichen) geschlossen. Vordere Kante und Ausschnittkante werden durchgeheftet und gebügelt (Abb. 6.2—8).

6.2.3. Die vordere Kante mit angesetztem Belag. Wurde beim Zuschnitt kein Belag angeschnitten, so muß der vordere

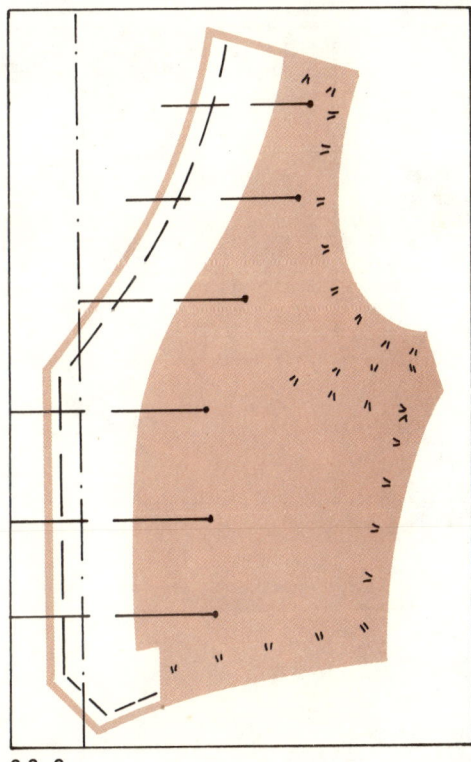

6.2—9

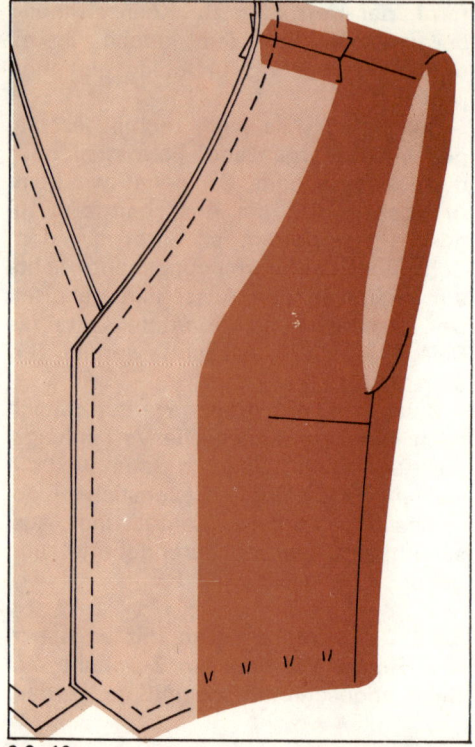

6.2–10

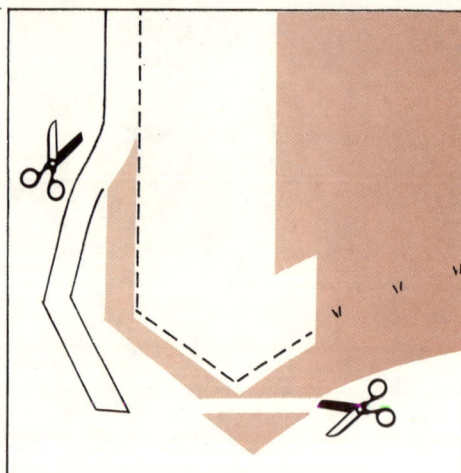

6.2–11

Rand mit dem Belagteil verstürzt werden. Die Einlage reicht in diesem Fall bis zur Schnittkante; sie wird beim Verstürzen mitgefaßt, braucht deshalb nicht mit Handstichen angenäht zu werden. Die Nahtzugabe der Einlage wird nach dem Nähen ringsum ganz knapp verschnitten (Abb. 6.2–9 bis 6.2–11).

Bei allen Innenrundungen wird in dichten Abständen quer zur Naht bis an die Nahtlinie eingeschnitten, bei Außenrundungen werden kleine Dreiecke ausgeschnitten; spitze Ecken verschneidet man stumpf, damit beim Wenden glatte, spannungsfreie, möglichst flache Kanten entstehen.

Nach dem Wenden werden Saum und Belag an der Übergangsstelle mit kleinen Handstichen verbunden (↑ Abb. 6.2–8). Die Kanten werden durchgeheftet und gebügelt.

6.2.4. Der Verschluß. In den Obertritt (bei Damenbekleidung in der rechten Seite) werden schnittgemäß oder nach eigener Vorstellung in gleichmäßigen Abständen Knopflöcher eingearbeitet (↑ 2.14.). Bei knapp sitzenden Westen ist es günstig, wenn ein Knopfloch in Höhe der höchsten Stelle der Brust liegt, damit der Verschluß nicht klafft.

Die Knopflöcher beginnen in der vorderen Mitte; ihre Länge richtet sich nach der Knopfgröße. Bei Knopfleisten werden die Knopflöcher längs eingearbeitet; der Knopf sitzt dann oben im Knopfloch.

Nach dem Anfertigen der Knopflöcher werden Ober- und Untertritt Mitte auf Mitte zusammengesteckt, und mit Stecknadeln wird die Knopflochlage für den Sitz der Knöpfe auf den Untertritt übertragen (↑ 2.13.1.).

6.2.5. Das Füttern der Weste. Nach dem Fertignähen werden alle Schnitteile auf die Weste aufgesteckt. Sämtliche Veränderungen, die sich bei den Anproben ergaben, werden aufgezeichnet, überflüssige Weite weggeknickt und die Breite des vorderen Belags angezeichnet. Nach diesem angeglichenen Schnitt wird der Futterstoff zugeschnitten: mit Nahtzugabe an Schulter- und Seitennähten, an der Markierungslinie des vorderen Belags

6.2–12

und am Saum, der aber 1,5 cm schmaler wird als der Westensaum. Ohne Nahtzugabe werden Armlöcher und Halsausschnitt geschnitten. Abnäher, Seiten- und Schulternähte des Futters werden genäht und gebügelt. Anschließend wird das Futter eingesteckt: Belag und vordere Futterstoffkante sowie Saum an Saum rechts auf rechts bündig. Das Futter wird mit der Nähmaschine am Saum und an den vorderen Kanten eingenäht und anschließend gewendet. Nun liegen Schulternaht auf Schulternaht und Seitennaht auf Seitennaht. Rund um Armlöcher und Ausschnitt wird das Futter mit großen Heftstichen befestigt. In Armlöcher und Ausschnitt des Futters schneidet man ringsum quer zur Schnittkante 1 cm tief ein, legt diese eingeschnittenen Ränder um, steckt sie am Ausschnittbelag der Weste an und näht sie mit kleinen Staf-

fierstichen fest (Abb. 6.2–12). Die offene Ecke zwischen Belag und Saum wird ebenfalls mit Staffierstichen befestigt. Am Saum ergibt sich im Futter geringe Überlänge; sie wird als Falte gebügelt und verhindert das Spannen des Futters beim Tragen.

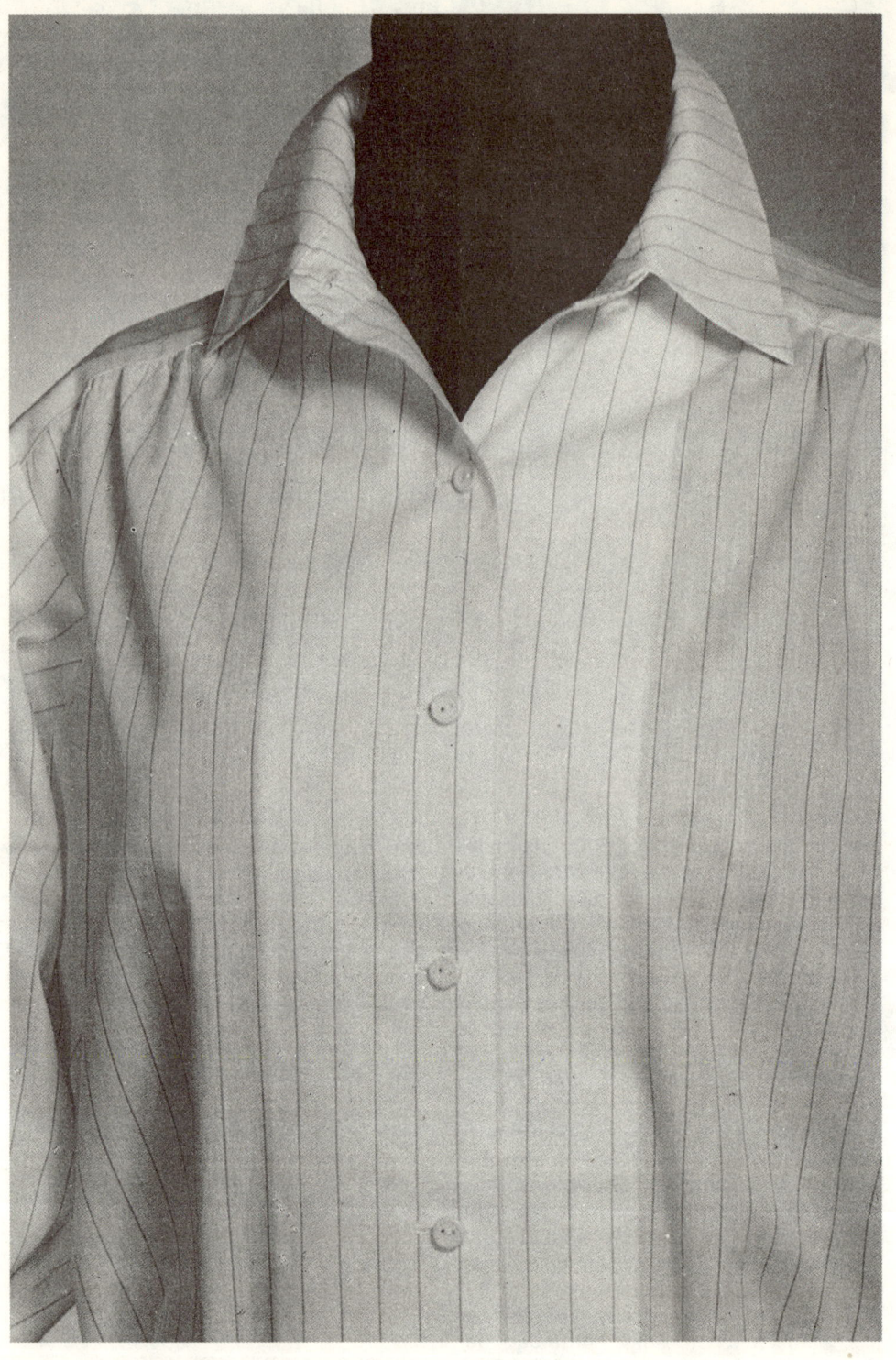

7. Die Bluse

Eine Vielzahl der in den vorangegangenen Kapiteln beschriebenen Näharbeiten wird auch beim Anfertigen einer Bluse benötigt, wie das Nähen von geraden Nähten, von Abnähern und Säumen oder das Verarbeiten von Verschlußkanten. Als neue Fertigungsschwerpunkte kommen bei der Bluse die Kragen- und Ärmelverarbeitung hinzu mit Varianten für Kragenformen, für Ärmelschlitze und -bündchen.

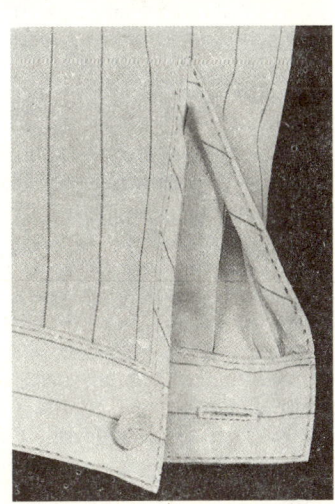

7.1. Anprobe der Bluse

Schnittgemäß wird die Bluse zur An-probe geheftet. Die Abnäher werden ge-heftet, jedoch nicht in die Nähte gefaßt, Seiten- und Schulternähte sind geheftet, die Belagteile umgelegt und ebenfalls ge-heftet. Dann wird die Bluse übergezogen, in der vorderen Mitte übereinanderge-steckt und körpergerecht abgeformt (↑ 6.1.). Anschließend wird der Ärmel ein-gesteckt. Dabei muß man sich helfen las-sen.

7.1.1. Einstecken des Ärmels.
Die Längs-naht des Ärmels ist geschlossen, die Är-melkugel schnittgemäß in Fältchen ge-legt, eingeriehen oder nur durch einen Reihfaden eingehalten (Abb. 7.1–1; 7.1–2). Die Nahtzugabe der Ärmelkugel wird nach links eingeschlagen, und die höchste Stelle, die man vorher durch Heftstiche markiert hat, wird an die Schulternaht angesteckt. Von hier aus weiterführend steckt man nach vorn und hinten den Ärmel bis zum Ende der Är-melkugel fest (Abb. 7.1–3). Dabei ist die Weite einzuhalten, die beim glatt einge-setzten Ärmel nur so geringfügig sein darf, daß sich später beim Einnähen keine Fältchen ergeben können (Abb. 7.1–4). Bei Reihweite oder einzule-genden Fältchen in der Ärmelkugel ist es einfacher, da man den Reihfaden so weit zusammenziehen bzw. die Fältchen so re-gulieren kann, wie es das Armloch erfor-dert.

Der Ärmel soll so fallen, daß sich bei normaler Körperhaltung keine schrägen Falten auf der Ärmelkugel bilden.

Die Schrägfalten auf der Abbil-dung 7.1–5 zeigen, daß der Ärmel so nicht eingesetzt werden darf.

7.1.2. Länge des Ärmels.
Der glatte lange Ärmel muß vorn bis zur Handwur-zel und hinten bis zum Handgelenkkno-chen reichen; deshalb ist der untere Är-melrand leicht geschwungen. Bei stark geriehenen Ärmeln ist die Länge etwas großzügiger zu bemessen, damit der Är-mel die Bewegung nicht hemmt und leicht über das Ärmelbündchen (oder die Manschette) fallen kann (Abb. 7.1–6).

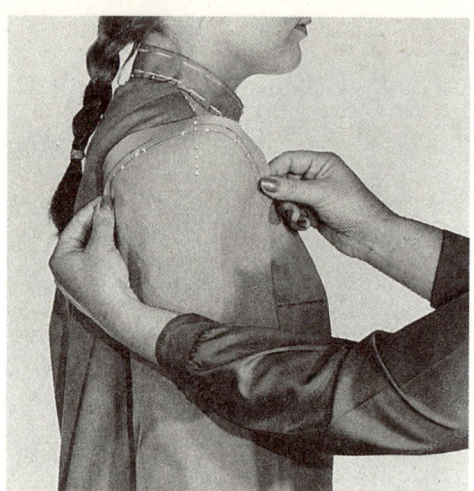

7.1–1

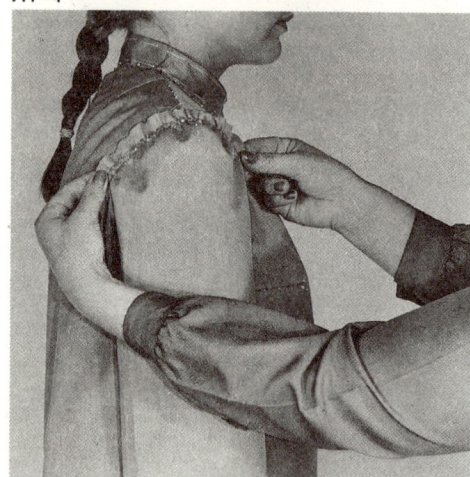

7.1–2

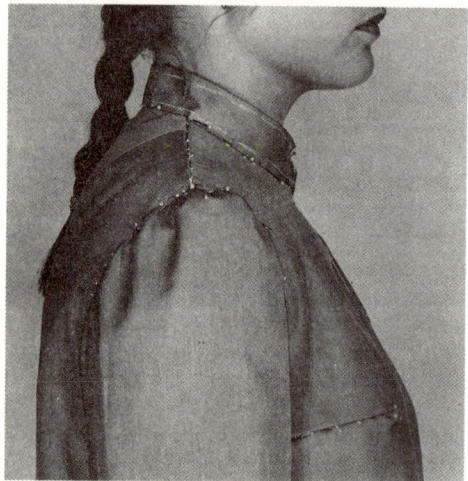

7.1–3

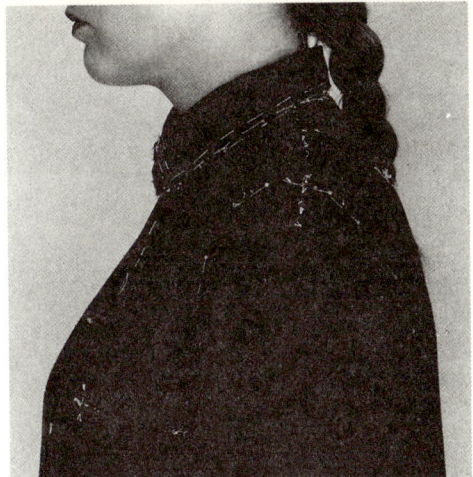

7.1—4

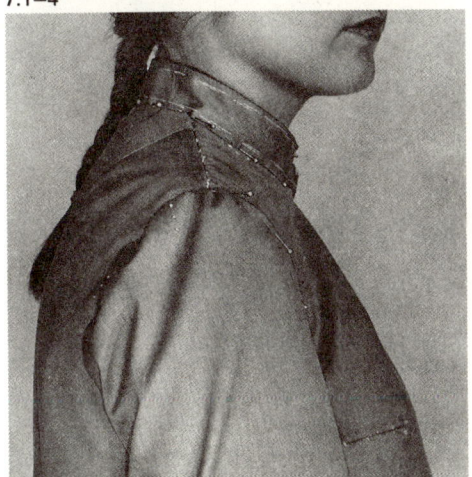

7.1—5

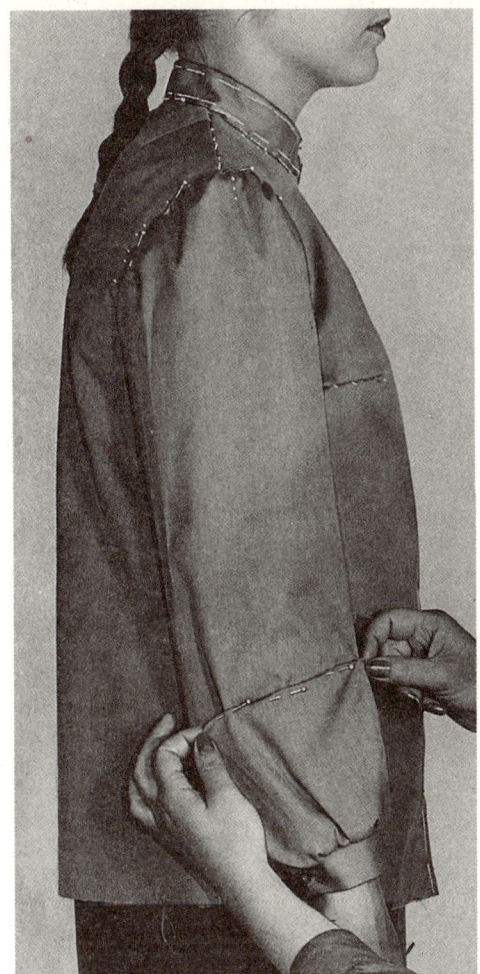

7 1—6

7.1.3. Überprüfen des Kragens bzw. des Halsbündchens.

Läßt sich der Kragen am Hals nicht zustecken, wird er gelöst, weil das Halsloch erweitert werden muß. Oft genügt es, den vorderen Halsausschnitt von der Schulternaht verlaufend etwas weiter auszuschneiden (Abb. 7.1—7). Der Kragen ist dann ebenfalls zu erweitern und neu anzustecken. Passen jedoch die Markierungen der vorderen Mitte nicht aufeinander (Abb. 7.1—8), muß die Schulternaht gelöst und jeweils vorn und hinten am Halsausschnitt etwa 0,5 cm der Nahtzugabe herausgelassen werden.

Danach kann die Schulternaht verlaufend wieder zusammengesteckt werden (↑ Abb. 6.1—5).

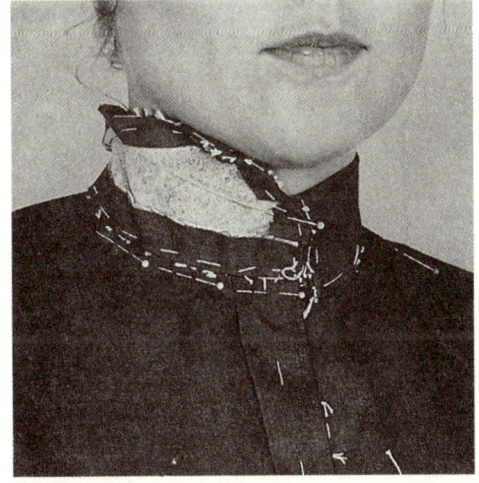

7.1—7

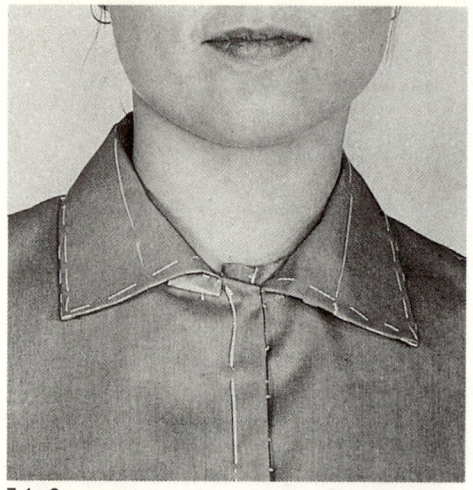

7.1–8

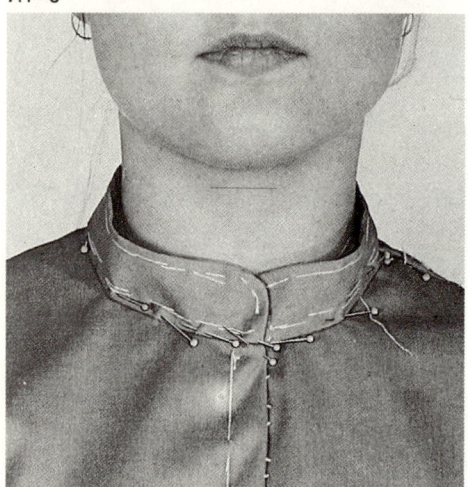

7.1–9

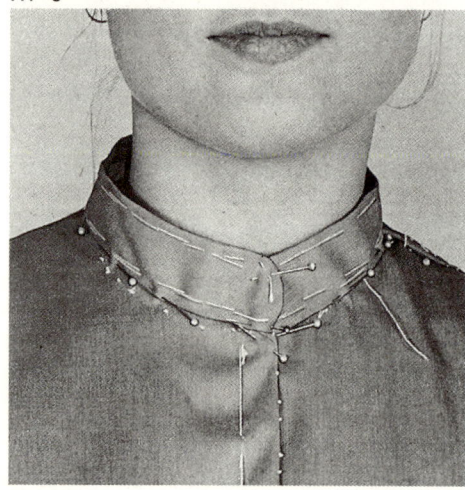

7.1–10

Auch in diesem Falle ist der Kragen zu erweitern und nochmals anzustecken.

Steht der Kragen an der Schulternaht zu weit ab, wird er gelöst, leicht nach innen gerückt und neu angesteckt. Dabei wird er straffer gehalten und die überstehende Länge weggesteckt.

Klafft das Halsbündchen an einer Stelle und liegt nicht gleichmäßig am Hals an (Abb. 7.1–9), muß es gelöst und die Form des Halslochs an dieser Stelle ausgeglichen werden (Abb. 7.1–10). Die Ursache liegt meist bei falschem Zuschnitt, die Halslochform des Schnitts wurde nicht exakt übertragen.

7.2. Näharbeiten an der Bluse

7.2.1. Kragen. Vor dem Einnähen des Kragens muß das Halsloch rundum ausgemessen und die Weite des Kragens genau darauf abgestimmt werden.

Das Stehbündchen

Zuschnitt: Retovlies zum Aufbügeln in fertiger Form und Weite zuschneiden, eine Lage Stoff mit rundum 0,75 cm Nahtzugabe und eine Lage Stoff, rundum 2 mm größer als die erste Stofflage (Abb. 7.2–1).

Verarbeitung: Retovlies auf die kleinere Stofflage von links aufbügeln, größere Stofflage rechts auf rechts auf das beklebte Teil aufstecken und heften. Die Schnittkanten bündig legen. Die etwas größere Stofflage dabei ringsum leicht „anschieben". Es dürfen sich keine Fältchen bilden, lediglich etwas Mehrweite, die sich vernähen läßt (Abb. 7.2–2).

Bündchen verstürzen: Man näht auf der beklebten Seite 1 mm neben der Einlage, die untere Ansatznaht bleibt offen. Die Nahtzugaben stufig verschneiden, die Ecken stumpf abschneiden, das Bündchen wenden, von der Innenseite aus durchheften und leicht bügeln (Abb. 7.2–3).

Annähen: Das Bündchen von der verstärkten Seite aus an das Halsloch nähen, dabei liegt das Bündchen auf der Innenseite der Bluse. Die Ansatznaht nach oben bügeln, die äußere Stofflage bis zur Nahtlinie einschlagen und knappkantig von rechts aufsteppen (Abb. 7.2–4; 7.2–5).

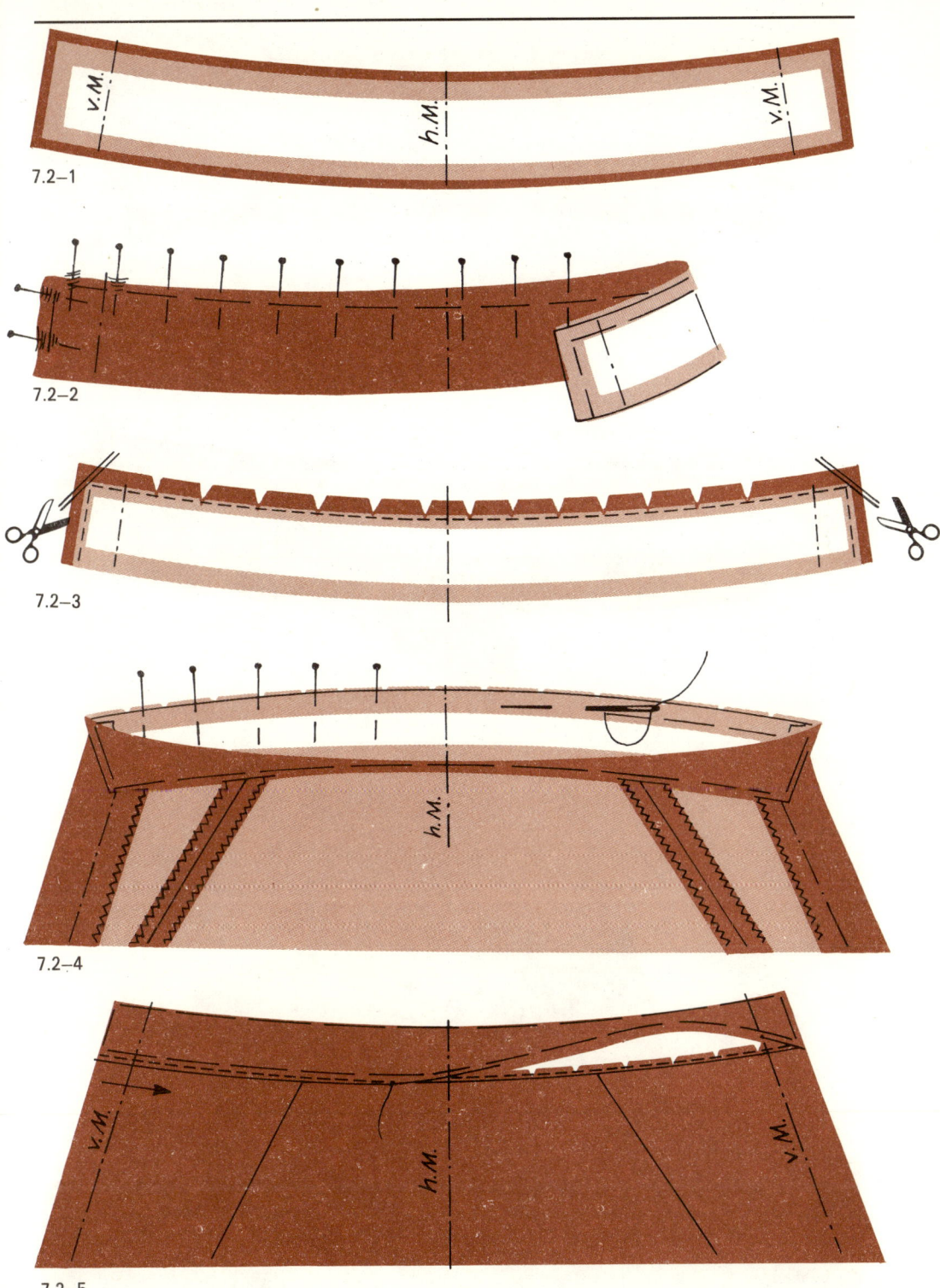

7.2–1

7.2–2

7.2–3

7.2–4

7.2–5

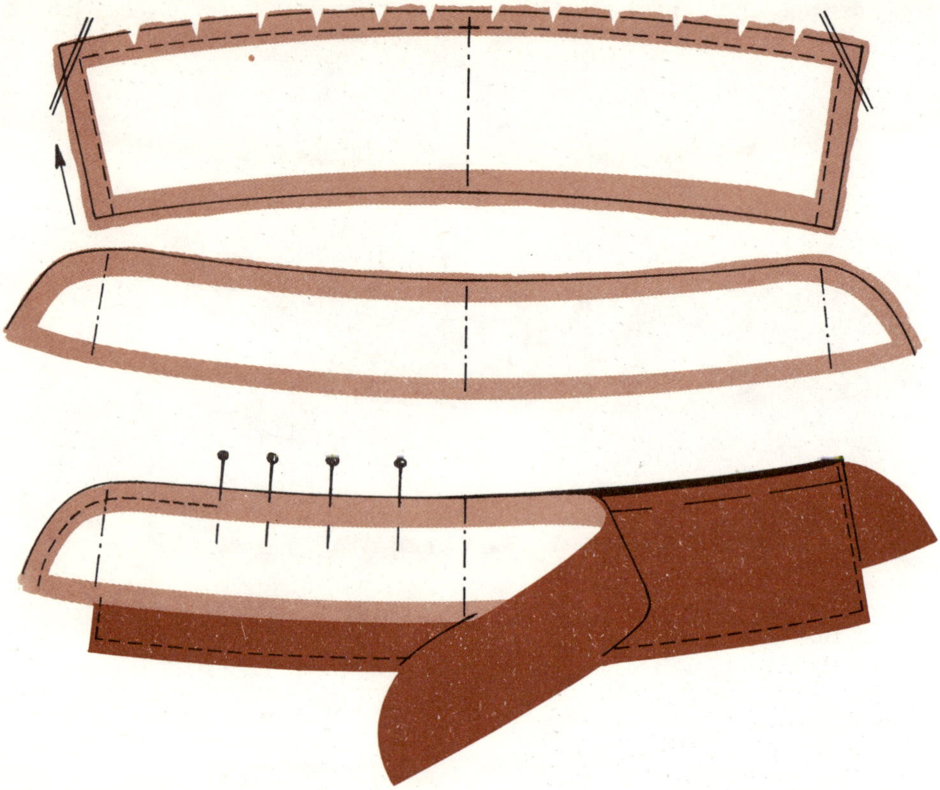

7.2–6

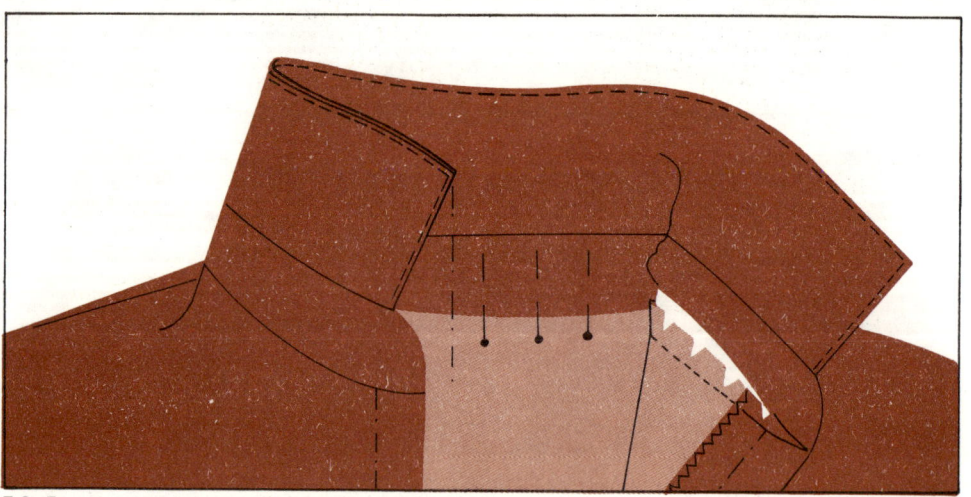

7.2–7

Kragen mit angesetztem Bündchen

Zuschnitt: Retovlies zum Aufbügeln für Kragen und Bündchen in Fertigform zuschneiden, für den Kragen eine Lage Stoff mit ringsum 0,75 cm Nahtzugabe und eine Lage Stoff, die ringsum 2 mm größer ist als die erste; für das Bündchen zwei gleichgroße Stofflagen mit ringsum 0,75 cm Nahtzugabe.

Verarbeitung: Retovlies auf den (kleineren) Unterkragen und auf die äußere Stoffseite des Bündchens bügeln. Den Kragen verstürzen und absteppen, in der Ansatzlinie zusammenheften. Den fertigen Kragen zwischen die beiden rechts auf rechts liegenden Stofflagen des Bündchens fassen. Vordere und hintere Mitte des Kragens passen genau auf vordere und hintere Mitte des Bündchens (Abb. 7.2–6).

Verbindungsnaht heften, nähen, die Nahtzugaben stufig verschneiden und quer zur Naht einschneiden. Beim Wenden des Bündchens richtet sich der Kragen auf. Den Kragen bügeln.

Annähen: Das Bündchen rechts auf rechts liegend von der verstärkten Seite aus an das Halsloch annähen, die Nahtzugabe nach oben bügeln, die innere Stofflage bis zur Nahtlinie einschlagen und mit Handstichen annähen.

Vordere Kante der Bluse und Bündchenkante verlaufen bei dieser Kragenform stufenlos (Abb. 7.2–7).

Kragen in Reversform

1. Verarbeitungsmöglichkeit: Den verstürzten, gebügelten Kragen in der Ansatzlinie zusammenheften und an das Halsloch anstecken (Abb. 7.2–8). Den Belag der Bluse nach außen umlegen und den Kragen zwischen Halsloch und Belag fassen (Abb. 7.2–9). Den Belag an der Schulternaht schmal umschlagen. Die Ansatznaht heften und nähen, die Nahtzugaben stufig verschneiden und die Rundungen quer zur Naht einschneiden.

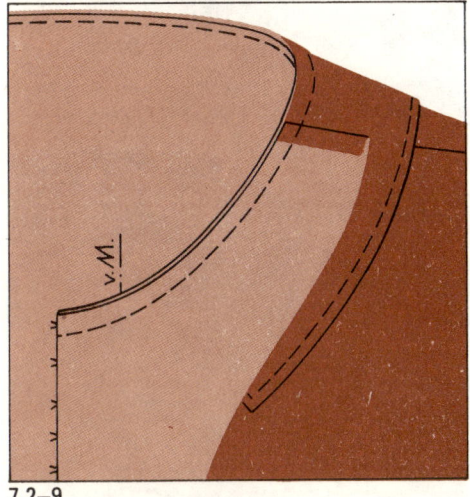

7.2–9

7.2–10

7.2–8

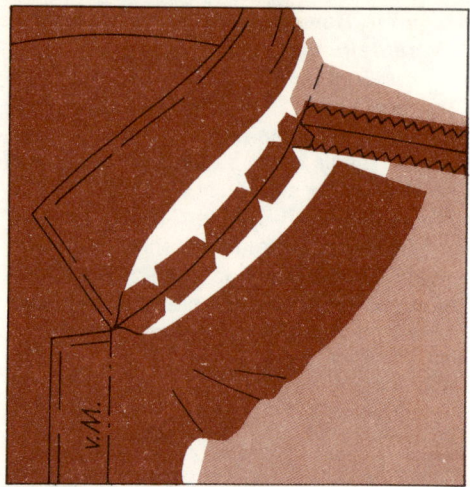

7.2–11

7.2–12

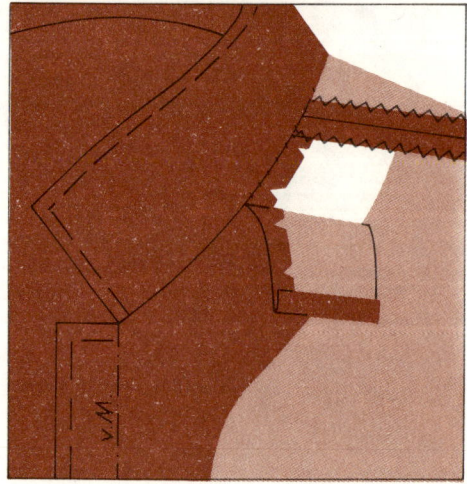

7.2–13

Die nicht vom Belag bedeckte Nahtzugabe im Bereich des Halslochs mit Zick-Zack-Stich von der Kragenseite aus versäubern. Den Belag nach innen wenden, an die Schulternaht annähen und die Ansatznaht unter dem Kragen zwischen beiden Schulternähten von rechts knappkantig absteppen, bügeln (Abb. 7.2–10).

2. Verarbeitungsmöglichkeit: Den verstürzten Kragen vom Unterkragen aus bis zur Ansatzmarkierung an das Halsloch nähen, die Nahtzugabe gleichmäßig schmal verschneiden und quer zur Naht einschneiden. Die Naht vom Ansatzpunkt bis zur Schulternaht breitbügeln, am hinteren Abschnitt des Halslochs in den Kragen hineinbügeln (Abb. 7.2–11). Die Nahtzugabe des Oberkragens bis zur Kragenansatznaht einschlagen und mit kleinen Stichen an der Nahtlinie annähen (Abb. 7.2–12). Den Belag an den Innenrundungen quer zur Nahtzugabe einschneiden, die Nahtzugabe bis zur Kragenansatznaht einschlagen und ebenfalls mit kleinen Handstichen mit dem Oberkragen verbinden (Abb. 7.2–13; 7.2–14).

Die Reversecken kann man entweder vorher verstürzen oder auch gegeneinander einschlagen und dann mit der Hand zusammennähen.

Formblende

Zuschnitt: Gemäß dem Ausschnitt Formstreifen mit Schulternaht zuschneiden (↑ 6.2.2.). Die Breite beträgt Blendenbreite plus Nahtzugabe bis Halsloch, plus 1,5 cm Nahtzugabe an der Außenkante. Aus Retovlies die gleiche Formblende zuschneiden, aber ohne Nahtzugabe an der Außenkante. Diese Einlage auf die linke Seite der Blende heften (Abb. 7.2–15). Die äußere Nahtzugabe nach links um die Einlage umlegen, bei Rundungen durch Reihfaden einhalten und mit Hexenstichen an der Einlage befestigen (Abb. 7.2–16).

Verarbeitung: Die gebügelte Blende innen (rechts auf links) an den Halsausschnitt heften, annähen, die Nahtzugaben quer zur Naht einschneiden und die Blende nach außen wenden. Nach sorgfältigem Stecken und Heften die Blende von rechts aufsteppen (Abb. 7.2–17; 7.2–18).

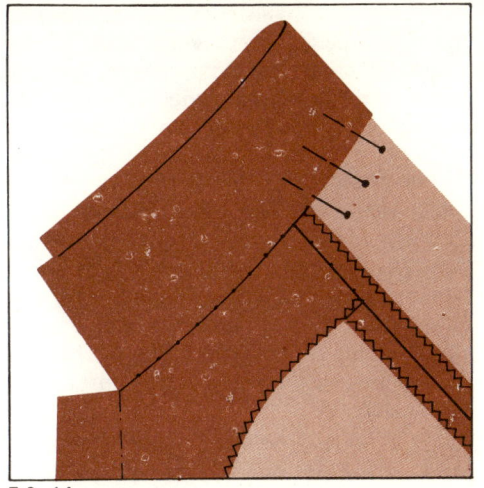

7.2–14

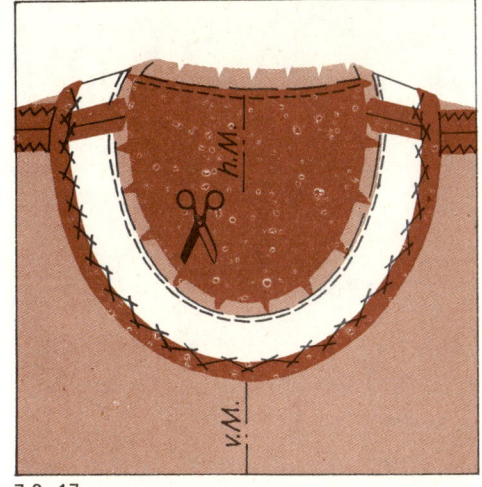

7.2–17

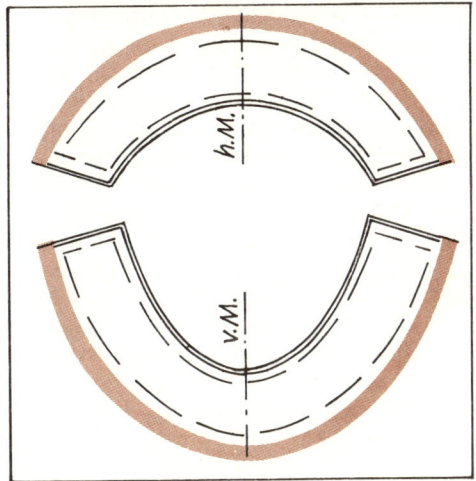

7.2–15

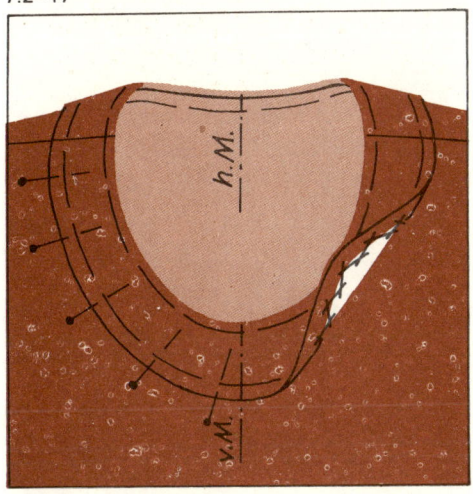

7.2–18

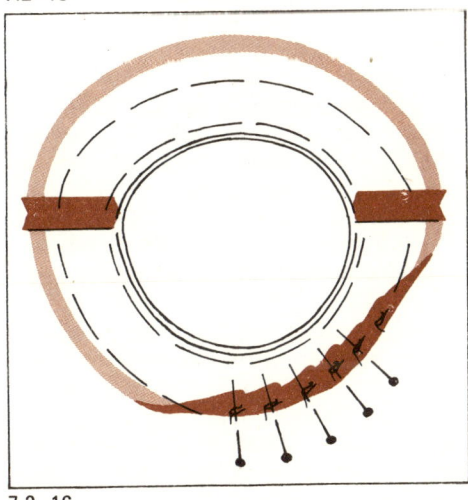

7.2–16

Schräge Rollblende

Zuschnitt: Aus dem Blusenstoff einen
Schrägstreifen zuschneiden; die Breite
beträgt zweimal Fertigbreite plus 2 cm
Nahtzugabe; die Länge entspricht der
Halslochweite plus 2 cm Nahtzugabe zum
Verstürzen der Enden. Bei besonders
weichfallender Rolle noch 3 bis 4 cm zur
Länge zugeben.

Verarbeitung: Den Schrägstreifen rechts
auf rechts zur Hälfte zusammenlegen, die
Enden verstürzen, wenden und auf der
Ansatzlinie einen Reihfaden einziehen
(Abb. 7.2–19). Auf die Weite des Halslochs einhalten, ohne daß sich Fältchen
bilden. Den doppelt gelegten Schrägstreifen an der Außenseite des Halslochs

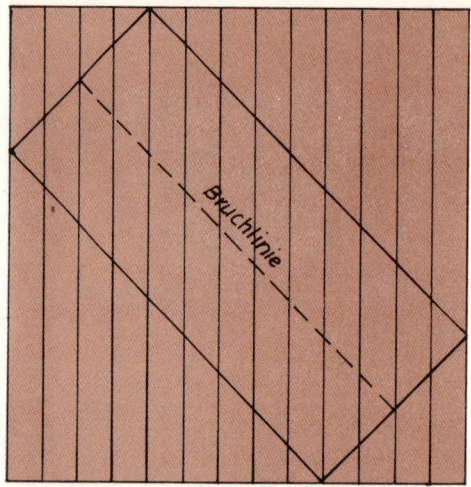

7.2–19

7.2–20

annähen. Die Nahtzugaben zusammen mit Zick-Zack-Stich versäubern, mit Handstichen an der Schulternaht befestigen und den Belag am rückwärtigen Verschluß dagegennähen (Abb. 7.2–20).

Bindekragen
Zuschnitt: Aus dem Blusenstoff einen Schrägstreifen zuschneiden, die Breite beträgt doppelte Fertigbreite plus 2 cm Nahtzugabe; die Länge entspricht der Halslochweite plus der Länge der Bänder zum Schlingen bzw. zum Schleifebinden plus 2 cm Nahtzugabe zum Verstürzen der Enden.
Verarbeitung: Sollen die Bindebänder breit und ungedoppelt bleiben, werden sie schmal eingesäumt oder mit ganz dichten Zick-Zack-Stichen umnäht. Bei dünnen Stoffen werden sie verstürzt und die Enden meist schräg abgenäht. Dafür den Schrägstreifen rechts auf rechts zur Hälfte zusammenlegen und die Bänder zusammennähen. Die Naht für den Halsansatz offenlassen; die Nahtzugabe an der Übergangsstelle einschneiden und die Bänder wenden (Abb. 7.2–21). Den Bindekragen doppelt an der Außenseite des Halslochs annähen, vorn zwischen Bluse und Belag fassen; die Nahtzugaben werden zusammen versäubert. Diesen Bindekragen nur bis 1,5 cm vor der vorderen Mitte annähen, damit Platz zum Binden bleibt (Abb. 7.2–22).

7.2.2. Ärmel. Bei glatt eingesetzten Oberhemdärmeln sind Armlochumfang und Ärmelkugelweite gleich, so daß es beim Einsetzen des Ärmels keine Schwierigkeiten gibt. Geriehene Ärmel sind durch Anziehen der Reihfäden auf Armlochumfang zu bringen (Abb. 7.2–23); das Einsetzen ist auch hier nicht schwer. Am schwierigsten ist es, leicht eingehaltene schmale Ärmel in die Armlöcher einzuarbeiten, ohne daß sich beim Einnähen Fältchen bilden.
Das Einsetzen der Ärmel. Noch vor dem Heften markiert man die höchste Stelle der Ärmelkugel und übernimmt das Zeichen des Schnitts für den vorderen Ärmelausschnitt. Diese Markierungen sollten bis zum Ende der Näharbeiten nicht entfernt werden, weil sie das deckungs-

Ansatznaht

7.2—21

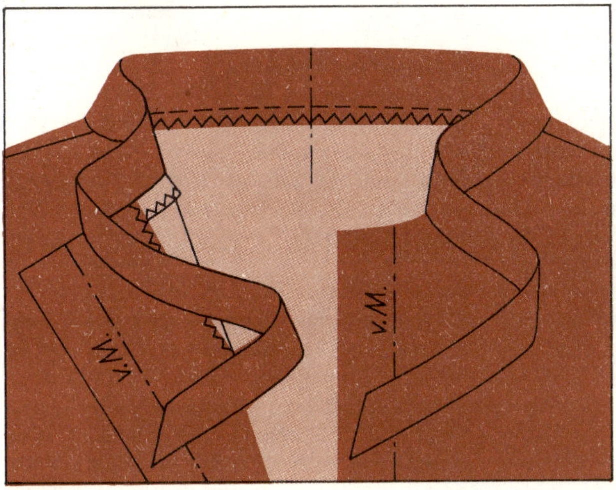

7.2—22

7.2—23

v. M.

h. M.

7.2—24

gleiche Einsetzen beider Ärmel erleichtern (Abb. 7.2–24).

Einstecken der Ärmel. Die Bluse nach links wenden; der Ärmel bleibt rechts, so daß man in das offene Ärmelloch hineinsehen kann. Den Ärmel rechts auf rechts so in das Armloch einlegen, daß die höchste Stelle der Ärmelkugel von innen an der Schulternaht festgesteckt werden kann. Die Ärmelnaht wird, ebenfalls von innen, genau auf die Seitennaht der Bluse gesteckt. Die untere Rundung von Ärmel und Armloch glatt zusammenstecken, dann den übrigen Ärmel von der Ärmelkugel aus in das Armloch stecken, dabei die Weite gleichmäßig anschieben und Stück für Stück feststecken (Abb. 7.2–25). Die Weite so verteilen, daß sie, durch den schrägen Fadenlauf an dieser Stelle bedingt, faltenfrei einzunähen ist. Ein vor der Anprobe in die Ärmelkugel eingezogener Reihfaden erleichtert das Verteilen der Weite. Wenn man mit der gespreizten linken Hand in das Ärmelloch fährt, kann man den Fall des Ärmels überprüfen.

Den Ärmel mit kleinen Stichen sorgfältig heften und die Einsatznaht vor dem Nähen bügeln.

Nähen. Vom Ärmel aus dicht neben der Heftlinie nähen, dabei mit beiden Händen die Weite straff halten, um Fältchenbildung zu verhindern. Im unteren Bereich zweimal nähen, damit der Ärmel nicht so leicht ausplatzt (Abb. 7.2–26).

Die Ärmeleinsatznaht wird mit Zick-Zack-Stich versäubert. Dabei ist günstig, beide Nahtzugaben getrennt zu versäubern, weil zusammengezackte Nahtränder oft steif werden und sich nach rechts durch den Ärmel durchdrücken.

7.2.3. Ärmelschlitze
Um bequem in den Ärmel hineinfahren und ihn nach Bedarf auch aufkrempeln zu können, sollten Ärmelschlitze 8 bis 10 cm lang sein. Je nach Stärke des Materials und der Art der Bluse kann man unter den folgenden Verarbeitungsarten wählen.

Ausgestürzter Schlitz. Auf die rechte Seite der Schlitzmarkierung einen Belagstreifen von 4 cm Breite und 12 cm Länge heften. Den Belag rechts und links je 0,5 cm von der Schlitzmarkierung, verlaufend bis zur Spitze, annähen, den Schlitz einschneiden, den Belag nach links wenden, umheften und von rechts knappkan-

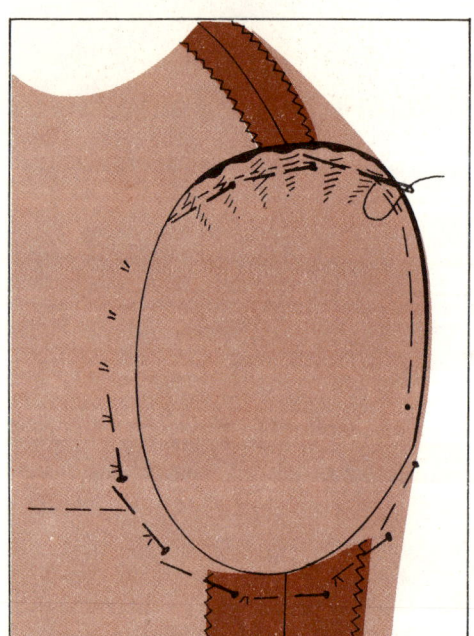

7.2–25

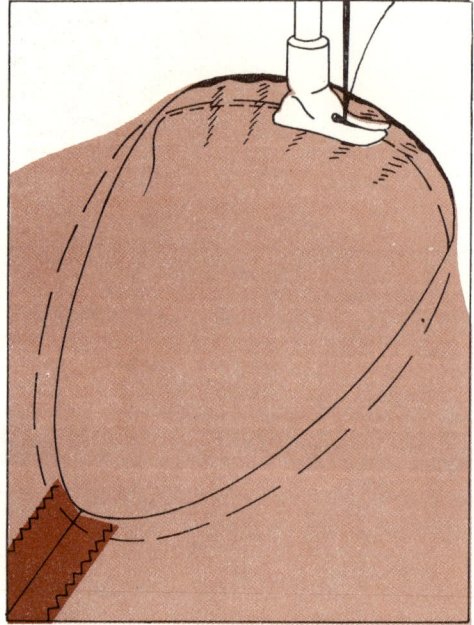

7.2–26

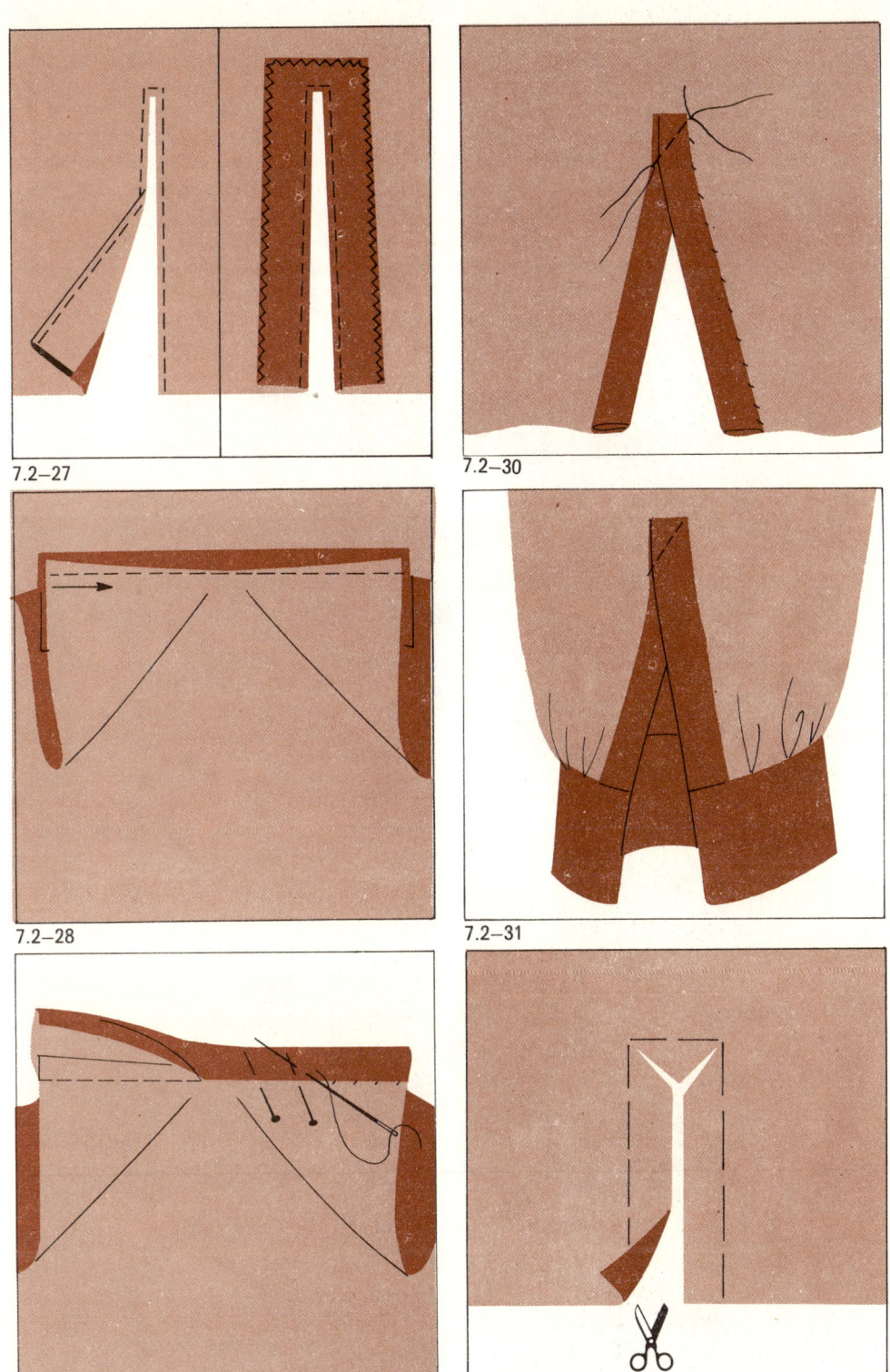

7.2—27

7.2—28

7.2—29

7.2—30

7.2—31

7.2—32

tig durchsteppen. Die Schnittkanten des Belags versäubern (Abb. 7.2–27).

Eingefaßter Schlitz. Erforderlich ist ein Schrägstreifen oder ein fadengerader Streifen, 3 cm breit und 20 cm lang. Den Schlitz fadengerade einschneiden und, zu einer geraden Linie ausgebreitet, an den Einfaßstreifen annähen. Die Nahtbreite beträgt 0,5 cm. Am oberen Schlitzende jedoch nur 2 bis 3 Gewebefäden fassen (Abb. 7.2–28). Den Einfaßstreifen hochschlagen, zur Hälfte zusammenlegen, die Schnittkante einschlagen und knappkantig an der Ansatznaht aufsteppen oder mit der Hand annähen (Abb. 7.2–29). Am oberen Schlitzende den Einfaßstreifen schräg abnähen (Abb. 7.2–30). Die unteren offenen Schlitzenden in das Bündchen bzw. die Manschette fassen (Abb. 7.2–31).

Oberhemdschlitz. Um die 10 cm lange Schlitzmarkierung jeweils im Abstand

7.2–33

7.2–34

7.2–35

von 1 cm eine Linie einzeichnen, so daß ein schmales Rechteck entsteht. Den Schlitz einschneiden bis 1 cm unterhalb der Querlinie; von diesem Punkt aus nach rechts und links schräg in die Ecken schneiden (Abb. 7.2–32).

Einen fadengeraden Streifen von 6 cm Breite und 24 cm Länge zuschneiden, doppelt in Bruch bügeln und jeweils 1 cm Nahtzugabe nach innen einschlagen (Abb. 7.2–33). Den Schlitz zu einer fortlaufenden Linie ausbreiten, zwischen die eingeschlagenen Ränder der Schlitzblende schieben, festheften und von rechts knappkantig in nur einer Nahtlinie durchsteppen. Das beim Einschneiden des Schlitzendes entstandene kleine Stoffdreieck wird mit zwischen die Ränder der Schlitzblende gefaßt (Abb. 7.2–34; 7.2–35). Beide Seiten der Schlitzblende so aufeinanderstecken, daß sie sich am oberen Schlitzende zu einem Dreieck legen lassen. Dieses Dreieck knappkantig von rechts aufsteppen und durch eine Querlinie begrenzen (Abb. 7.2–36; 7.2–37). Die offenen Schlitzenden in Bündchen oder Manschetten fassen.

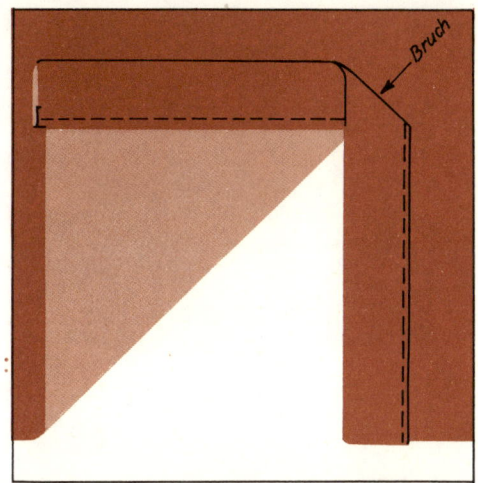

7.2–36

7.2.4. Ärmelabschlüsse

Glatter enger Ärmel. Zuerst den Saum in der Markierung nach innen umlegen und von rechts aus durchheften. Danach den Saum etwa 2,5 cm breit verschneiden, die Schnittkanten versäubern und hohl annähen. Die sich durch die geschwungene Form des unteren Randes ergebende Spannung ist durch Bügeln sorgfältig auszugleichen.

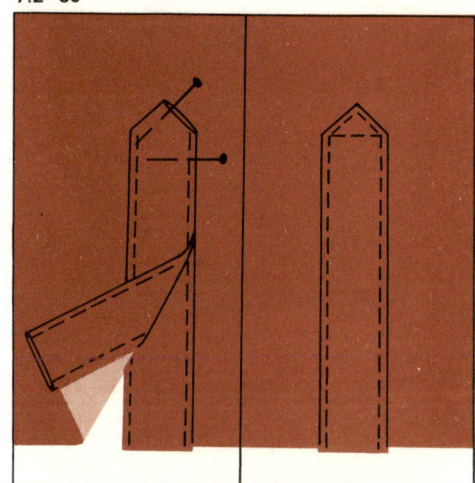

7.2–37

Glatter kurzer Ärmel. Der Saum ist gerade und somit spannungsfrei. Er sollte genau im Muster verlaufen. Erhält der Ärmel einen Aufschlag, so ist er um doppelte Aufschlagbreite plus 3 cm für den Saum zu verlängern. Saumzugabe plus Aufschlagbreite nach innen umlegen, die Bruchkante absteppen und den versäuberten Saum 1 cm unterhalb der Schnittkante durchsteppen. Den Aufschlag nach oben schlagen und an der Ärmelnaht festnähen.

Ärmelrand mit Gummizug. Die Ärmelnaht im Saumbereich 2 cm offen lassen. Die mit Zick-Zack-Stich versäuberte

7.2–38

111

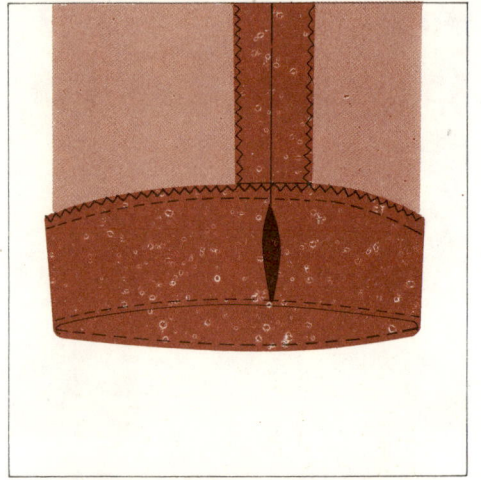

7.2–39

Schnittkante des 3 cm breiten Saums nach innen umlegen. Den Bruch knappkantig durchsteppen und 2 cm dahinter den Saum nochmals durchnähen (Abb. 7.2–38; 7.2–39). Besteht keine Möglichkeit der Zick-Zack-Versäuberung, wird der Saum auf eine Breite von 2,2 cm eingeschlagen und knappkantig durchgesteppt. Durch die offene Nahtstelle im Saum das Gummiband einziehen und zusammennähen (Abb. 7.2–40).

Ärmelrand gesmokt. Die Ärmelnaht ist noch nicht genäht. Am Ärmelrand einen 3 cm breiten versäuberten Saum nach innen umlegen und bügeln. Parallel zum Bruch im Abstand von 1,5 cm mehrere Reihlinien mit Smokgummi einziehen.

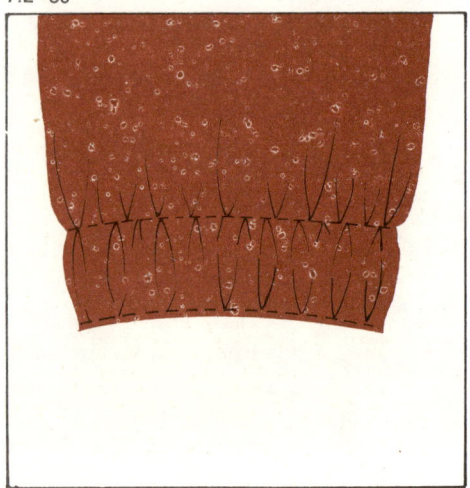

7.2–40

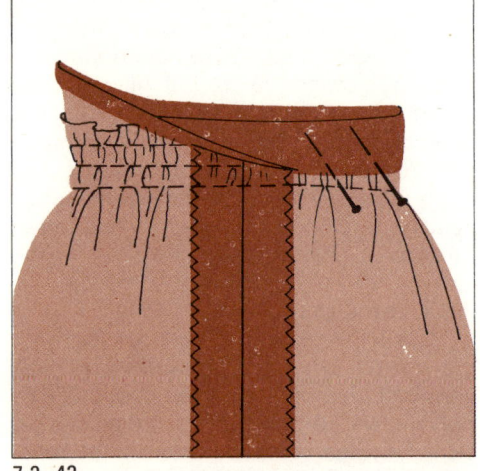

7.2–42

7.2–41

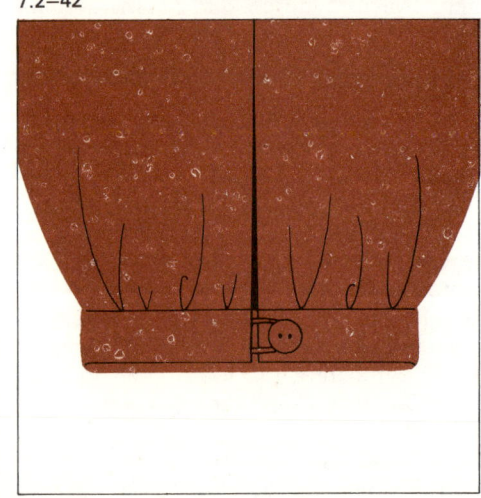

7.2–43

Die erste Reihlinie kann entweder knapp hinter dem Bruch beginnen, oder es bleibt ein „Köpfchen" stehen. Die Gummifäden an den Enden zur gewünschten Weite straffziehen, mit den Oberfäden verknoten und verstechen. Anschließend die Ärmelnaht nähen; dabei müssen die Reihlinien genau aufeinandertreffen.

Ärmelrand eingerollt. Den Ärmelrand bis auf 1 cm Nahtzugabe verschneiden. Durch 3 Reihlinien den Ärmel auf die gewünschte Weite einziehen, danach die Fäden verknoten. Einen 4 cm breiten Schrägstreifen schneiden und glatt an die geriehene Kante anstecken (Abb. 7.2–41). Genau im Abstand von 1 cm annähen, den Streifen nach innen um die Nahtzugabe herumlegen und von rechts mit Stecknadeln feststecken. Am nach links gewendeten Ärmel den Einfaßstreifen Stück für Stück bis zur Nahtlinie einschlagen, dabei die von rechts eingesteckten Nadeln lösen, den Einfaßstreifen mit Handstichen annähen (Abb. 7.2–42).

Soll der Ärmel am Handgelenk eng anliegen, in der Ärmelnaht einen 6 cm langen Schlitz offenlassen, die Enden des Einfaßstreifens einschlagen und einen Knopf mit Öse zum Schließen des Schlitzes anbringen (Abb. 7.2–43).

Gerades Bündchen
Zuschnitt: Ein fadengerades Stoffstück zuschneiden, die Breite beträgt doppelte Fertigbreite plus 2 cm Nahtzugabe, die Länge entspricht dem Umfang des Bündchens plus 4 cm für Ober- und Untertritt plus 2 cm Nahtzugabe. Dazu Retovlies zum Aufbügeln in Fertiggröße des Bündchens oder unbeschichtetes Retovlies in Länge des Stoffstücks und in der Fertigbreite plus 1 cm Nahtzugabe zuschneiden.

1. Verarbeitungsmöglichkeit: Das Retovlies auf die linke Seite der innen liegenden Bündchenhälfte bügeln, den Stoff rechts auf rechts zur Hälfte in den Bruch legen und die Schmalseiten verstürzen (Abb. 7.2–44). Das Bündchen wenden und bügeln.

2. Verarbeitungsmöglichkeit: Unbeschichtetes Retovlies auf die linke Seite der außen liegenden Bündchenhälfte heften, den Stoff rechts auf rechts zur Hälfte in

7.2–44

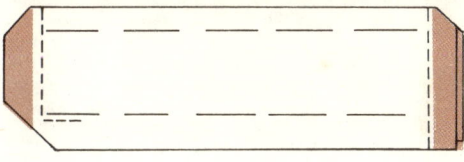

7.2–45

den Bruch legen und die Schmalseiten verstürzen, dabei das Retovlies mitfassen (Abb. 7.2–45). Die Nahtzugabe im Retovlies knapp verschneiden, das Bündchen wenden und bügeln.

Annähen: Das Bündchen mit der beklebten Seite innen an den Ärmelrand nähen, die Nahtzugabe in das Bündchen legen, die Nahtzugabe der äußeren Seite einschlagen und von rechts knappkantig aufsteppen.

Oder: Das Bündchen mit der verstärkten Seite außen an den Ärmelrand nähen, die Naht in das Bündchen legen, die Nahtzugabe der inneren Seite einschlagen und mit Handstichen an der Ansatzlinie annähen (Abb. 7.2–46; 7.2–47).

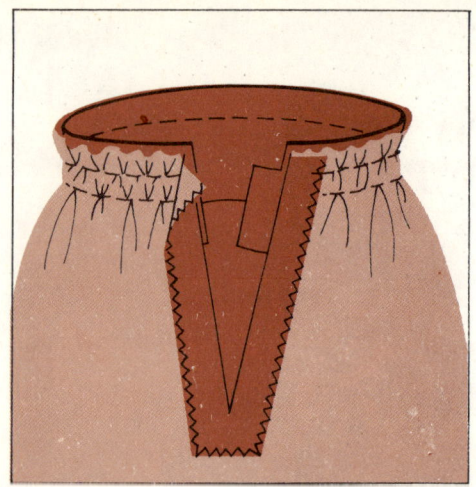

7.2–46

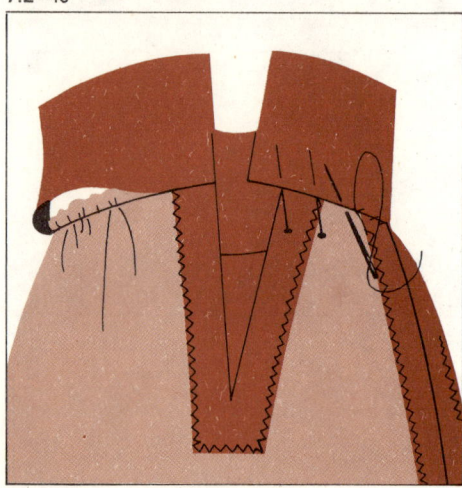

7.2–47

Oder: Bündchen in der Ansatznaht zusammenheften, doppelt rechts auf rechts an den Ärmelrand nähen. Die Nahtzugabe gleichmäßig verschneiden, von der Bündchenseite aus mit Zick-Zack-Stich versäubern und nach oben in den Ärmel legen (Abb. 7.2–48).

Formmanschette

Zuschnitt: Schnittgemäß doppelten Stoff und Retovlies mit Nahtzugaben zuschneiden.

Verarbeitung: Das Retovlies auf die linke Seite des äußeren Teils heften (Abb. 7.2–49). An der Obertrittseite Ösen aus Röllchen anbringen. Dafür aus Schrägstreifen ein feines Röllchen nähen (Abb. 7.2–50) und in gleiche Teile schneiden. Die Ösen aneinanderstoßend an der Nahtzugabe feststechen, dabei die Naht des Röllchens nach außen legen, weil sich so die Ösenbogen besser formen lassen. Die Manschette verstürzen. Beim Wenden richten sich die Ösen auf und ragen aus der Kante heraus. (Abb. 7.2–51 bis 53).

Annähen. Die Manschette mit der verstärkten Seite außen an den Ärmel nähen; die Naht in die Manschette legen, die Nahtzugabe bis zur Ansatznaht einschlagen und mit Handstichen annähen (Abb. 7.2–54). Die Manschette in erforderlicher Weite zusammenstecken und die Knöpfe gemäß der Ösenanzahl annähen.

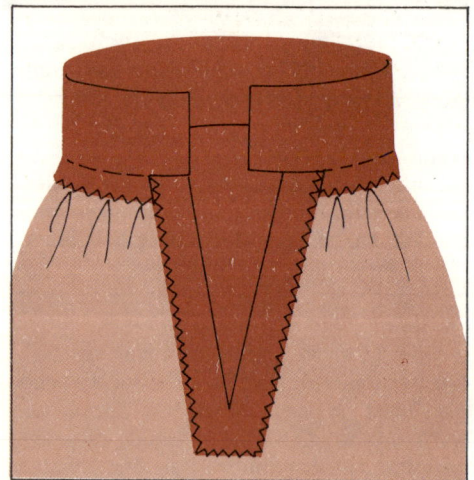

7.2–48

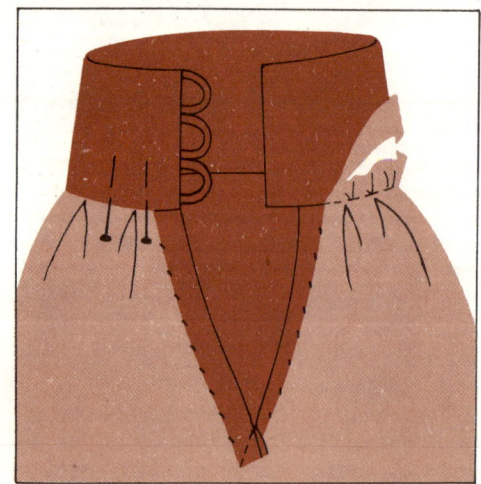

7.2–54

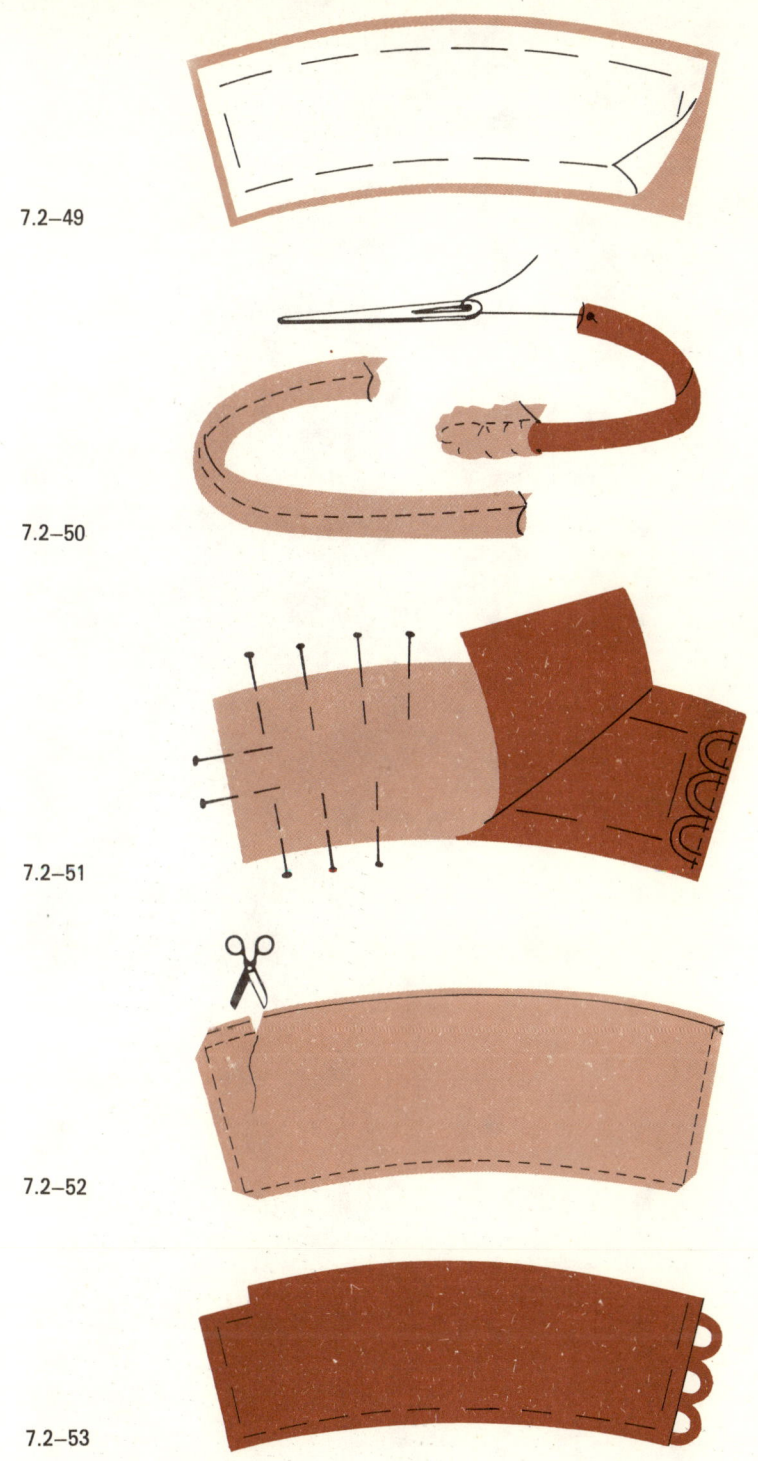

7.2—49

7.2—50

7.2—51

7.2—52

7.2—53

8. Das Kleid

Kleider sind entweder durchgehend geschnitten oder mit Querteilungsnähten versehen, die Rock und Oberteil bzw. Hosenrock und Oberteil verbinden. Kragen- und Ärmelvarianten werden wie bei der Bluse verarbeitet; Einzelheiten sind deshalb im Kapitel 7, Die Bluse, beschrieben worden und in den Abschnitten 7.2.1. und 7.2.2. bis 7.2.4. nachzulesen. In diesem Kapitel sollen verschiedene für Kleider typische Verschlußlösungen und deren Fertigungstechniken erläutert werden.

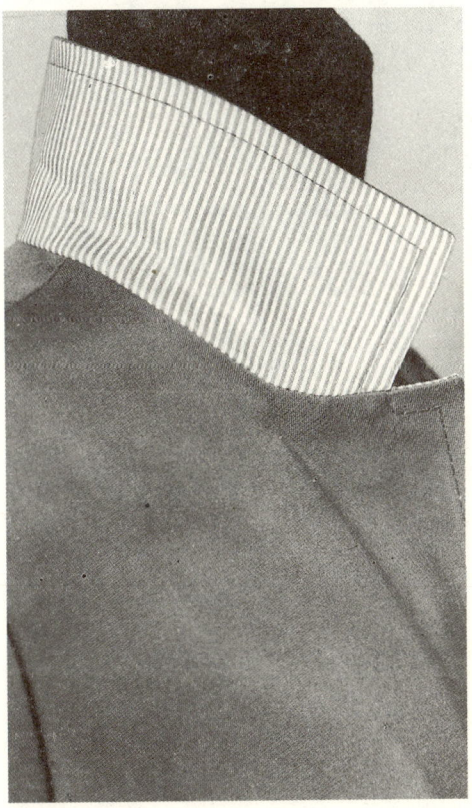 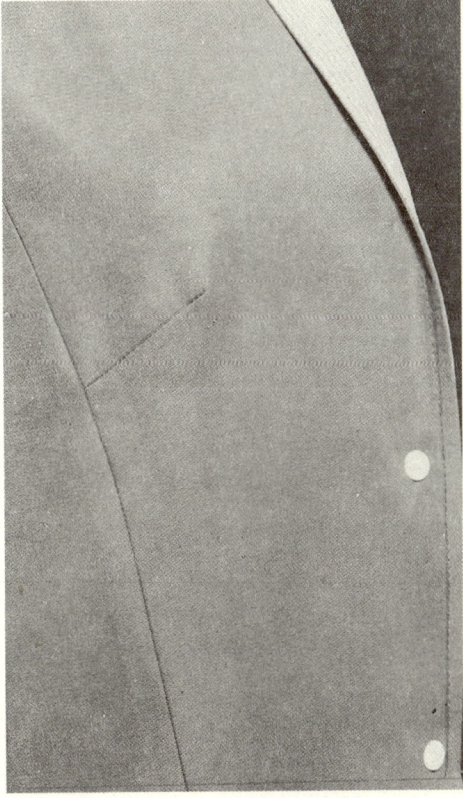

8.1. Anprobe des Kleides

Das Kleid ist schnittgemäß zu heften. Beim Anprobieren eines Kleides sind besonders zu beachten: bei durchgehend geschnittenen Kleidern das Verhältnis von Vorder- und Rückenlänge und der korrekte Sitz der Längsteilungsnähte; bei geteilten Kleidformen die exakte Lage der Querteilungsnähte, z. B. der Taillennaht, der Ansatznaht in Hüfthöhe oder der Quernaht unterhalb der Brust.
Das Einstecken und Probieren des Ärmels wurde im Abschnitt 7.1.1 erläutert; Überprüfen des Kragens ↑ 7.1.3.

8.1.1. Überprüfen des Verhältnisses von Vorder- und Rückenlänge.

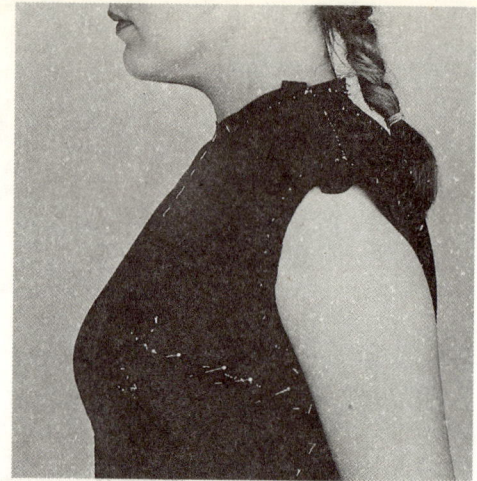

8.1–1

Zieht das Kleid im Vorderteil in die Höhe und bildet sich im Rückenteil in der Taille zu viel Länge, so ist das Rückenteil nicht etwa zu lang, sondern im Bereich der Schulterblätter zu kurz. Das trifft meist bei Figuren mit Hohlkreuz zu. In diesem Fall muß eine Schnittregulierung vorgenommen werden, wie sie im Abschnitt 3.4.2. beschrieben worden ist. Anschließend ist das Kleid neu zu heften und nochmals zu probieren.

Sitzt der Rücken gut, das Kleid zieht aber trotzdem im Vorderteil in die Höhe, so ist meist der Brustabnäher zu flach und muß korrigiert werden. Dafür wird die Seitennaht aufgetrennt und der Abnäher tiefer gesteckt, bis der seitliche Schrägzug verschwunden ist und das Vorderteil glatt fällt. Die Seitennaht wird neu zusammengesteckt (Abb. 8.1–1).

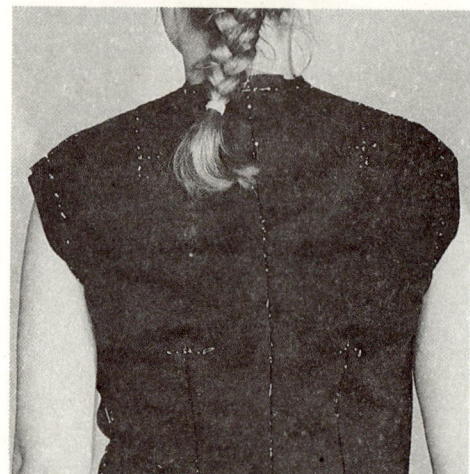

8.1–2

Weil nach dieser Korrektur die Saumlinien von Vorder- und Rückenteil nicht mehr zusammenpassen, ist der Saum des Vorderteils entweder herauszulassen oder das Rückenteil zu kürzen.

Zeigt das Kleid im Rücken im Bereich des Armlochs zu viel Länge, steht es ab oder bildet sich eine Blase (Abb. 8.1–2), muß quer über den Rücken eine Falte weggesteckt werden (Abb. 8.1–3). Bevor man weiterarbeiten kann, wird diese Falte auf das Schnitteil übertragen, der Schnitt verändert (↑ 3.4.), auf das Stoffteil aufgelegt und neu markiert; danach wird das Teil geheftet und nochmals probiert.

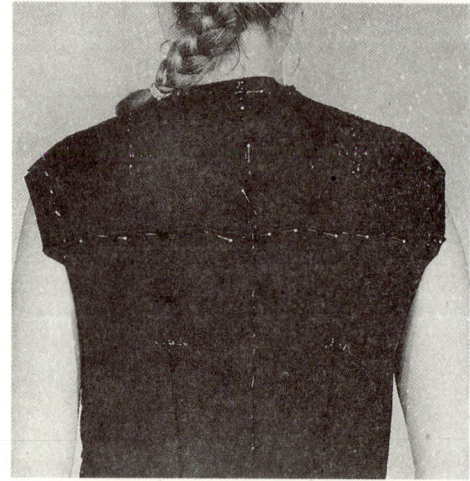

8.1–3

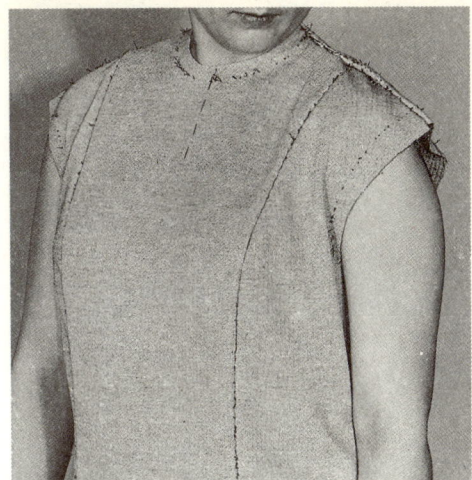

8.1–4

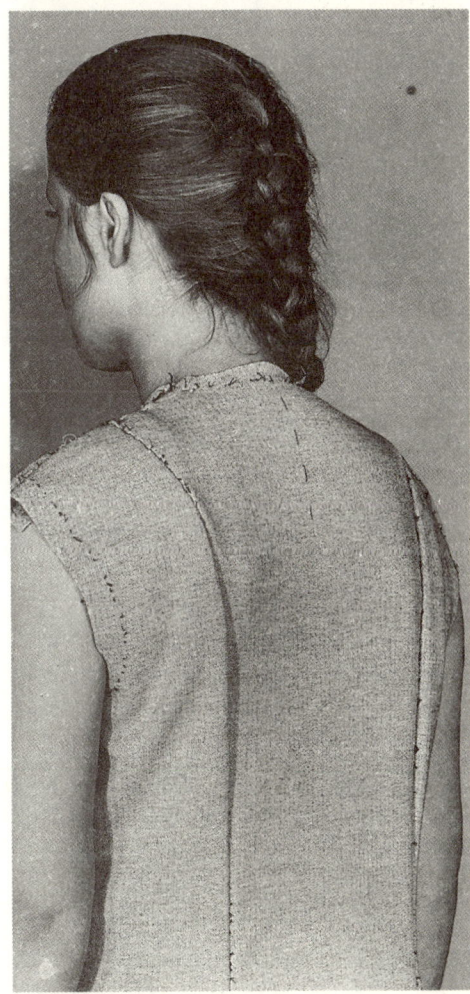

8.1–5

Ziehen Vorder- und Rückenteil in die Höhe, so daß die Seitennähte durchhängen (Abb. 8.1–4; 8.1–5), ist das Kleid an den Schulternähten zu heben oder durch Polster auszuformen (Abb. 8.1–6). Vom Ärmelloch aus hebt man die Schulternaht, indem man – verlaufend bis zum Halsloch – von vorn und hinten so viel absteckt, bis das Kleid rundum gerade hängt. Dieser Fehler tritt besonders häufig bei Hängerformen mit viel Weite auf.

8.1.2. Überprüfen der Längsteilungsnähte. Teilungsnähte bis zur Schulternaht laufen über die höchste Stelle der Büste. Liegen sie zu weit außen oder innen, müssen sie verlegt werden; d. h., so viel Weite, wie an einem Teil herausgelassen wird, muß vom anderen Teil weggenommen werden. Die Gesamtweite wird also bei dieser Korrektur nicht verändert.

Knicken die Seitenteile am Ärmelloch ein, ist meist zu wenig Brustabnäher eingearbeitet (Abb. 8.1–7). Man trennt die Schulternaht auf, löst die Teilungsnaht bis zur Brustspitze und schiebt das Seitenteil so weit zur Mitte, bis es im Armlochbereich glatt liegt. Das Seitenteil wird nun an das mittlere Teil angesteckt und die Schulternaht wieder geschlossen (Abb. 8.1–8).

Teilungsnähte, die in die Armlöcher verlaufen, erhalten im Vorderteil meist

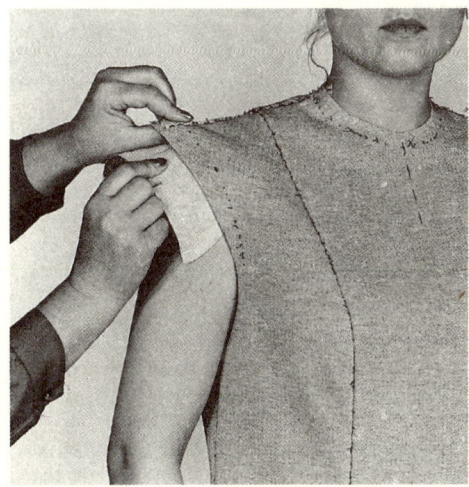

8.1–6

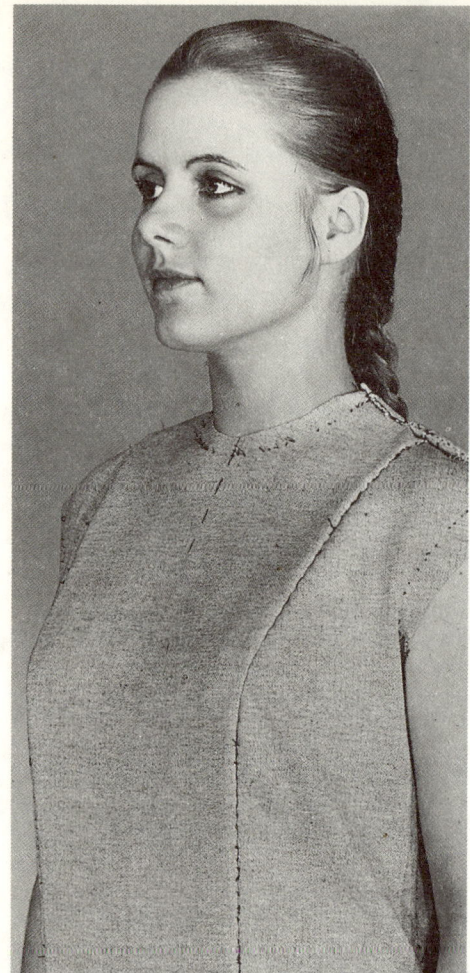

8.1—7

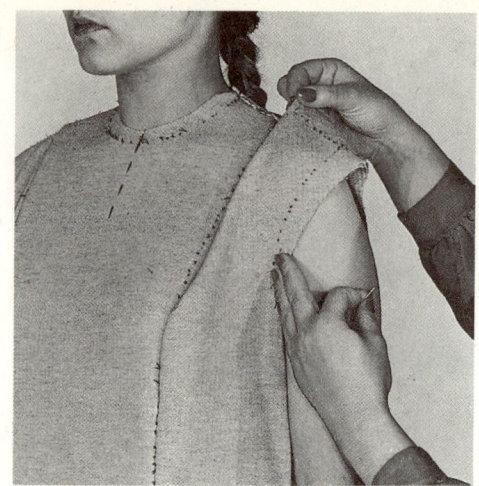

8.1—8

8.1—9

noch einen zusätzlichen kurzen Brustabnäher, der bis zur Brustspitze auslaufen
muß. Ist an dieser Stelle der gleichmäßig
bogenförmige Verlauf der Teilungsnaht
unterbrochen, so daß sich eine vorste-
hende Ecke bildet, dann ist das Kleid
über der Brust zu eng. Man muß die Naht
lösen und das mittlere Teil etwas auslas-
sen; danach wird das Seitenteil, leicht
nach außen gerückt, erneut angesteckt.

8.1.3. Überprüfen der Taillennaht. Liegt
die Naht oberhalb der natürlichen Taillenlinie, dann ist das Oberteil zu kurz. Die
Taillennaht wird Stück für Stück gelöst
und der Rock unterhalb der Durchschlag-

stiche des Oberteils in erforderlicher Höhe angesteckt. Der Schlitz für den Verschluß muß zugesteckt werden, bevor man das Kleid fertig probieren kann. Wenn das Oberteil staucht, ist es zu lang (Abb. 8.1–9). Entweder zieht man das Oberteil so weit nach unten, daß sich die überflüssige Länge in einer Falte oberhalb der Taillennaht weckstecken läßt (Abb. 8.1–10), oder man löst die Taillennaht und steckt den Rock Stück für Stück oberhalb der Durchschlaglinie des Oberteils neu an. Der abgesteckte Betrag wird nach der Anprobe auf dem Oberteil neu angezeichnet, auf beide Hälften übertragen und der Rock an dieser neuen Taillenlinie angesetzt.

8.1.4. Überprüfen der Längsabnäher.

Flache Abnäher führen das Kleid nur leicht an die Körperform heran, tiefere bewirken eine stärkere Taillierung. Sind die Abnäher jedoch zu tief, bilden sich an ihrer Spitze Blasen, die von der Körperform nicht ausgefüllt werden. In solchem Fall näht man die Abnäher flacher und reguliert die dadurch entstehende Mehrweite an den Seitennähten.

Im Vorderteil wird die Länge der Abnäher durch die Büstentiefe bestimmt; die Abnäher sollten etwa 1 bis 1,5 cm unter der Brustspitze enden (Abb. 8.1–11).

Soll ein durchgehend geschnittenes Kleid nachträglich Abnäher erhalten, so gelten folgende Richtwerte: Der Abstand

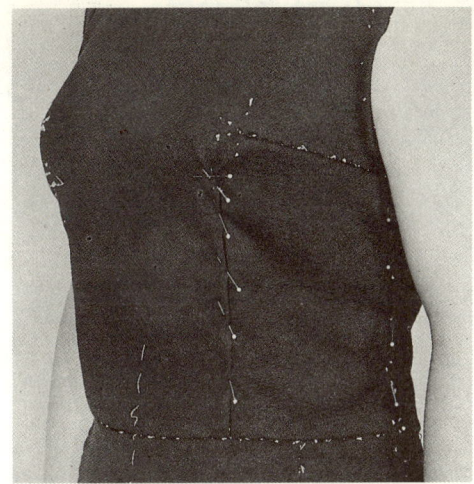

8.1–11

der Abnäher von der vorderen Mitte beträgt auf der Taillenlinie etwa 10 cm, im Rückenteil liegen die Abnäher etwa 9 cm von der hinteren Mitte entfernt. Der Abnäher im Vorderteil ist etwa 3,5 bis 4 cm tief, die obere Spitze endet jeweils 11,5 cm von der vorderen Mitte entfernt; von der Taille aus nach oben mißt der Abnäher etwa 18 cm, und seine untere Spitze endet etwa 14 cm unterhalb der Taille. Der Rückenabnäher ist etwa 2,5 bis 3 cm tief, er ist jeweils nach oben und unten etwa 18 cm lang. Alle vier Eckpunkte des Abnähers werden mit dem Lineal verbunden; dann überträgt man die Abnäher sorgfältig auf die zweite Kleidhälfte, heftet sie und überprüft den Sitz bei der Anprobe, bevor man die Abnäher näht.

8.2. Näharbeit am Kleid

8.2.1. Die Längsnähte.

Sie dienen nicht nur der Modellierung, sondern sind gleichzeitig Gestaltungselement. Sorgfältiges Nähen und Bügeln sind entscheidend für Sitz und Aussehen. Teilungsnähte bis zur Schulter werden meist breitgebügelt. Teilungsnähte bis zum Armloch kann man nach einer Seite legen und absteppen. Es ist günstig, die Nahtzugaben stufig zu verschneiden (↑ Abb. 5.2–2; 5.2–3). Sollen sie auch breitgebügelt werden, so muß man die Nahtzugabe des Mittelteils an den starken Rundungen einschneiden und aus

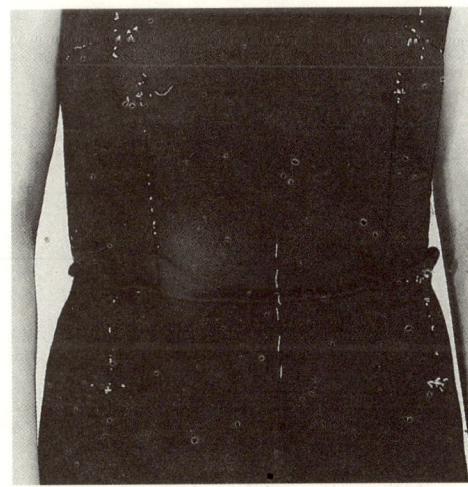

8.1–10

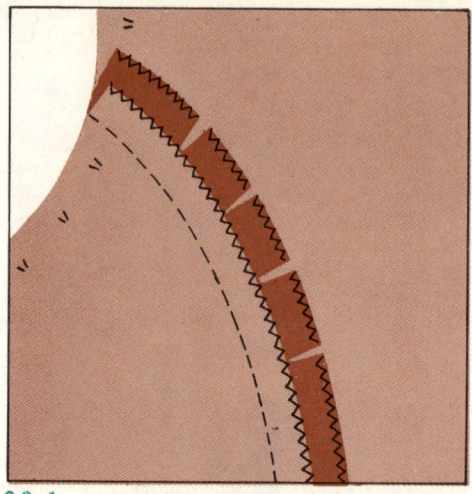

8.2—1

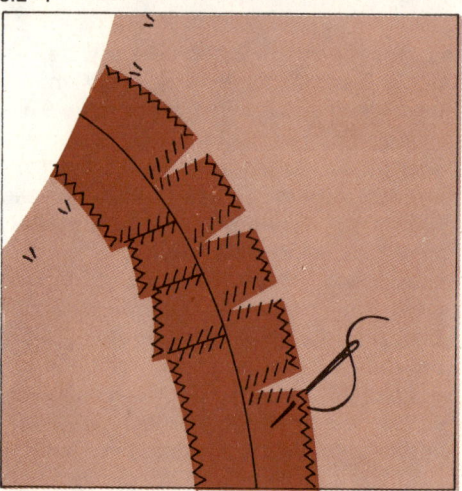

8.2—2

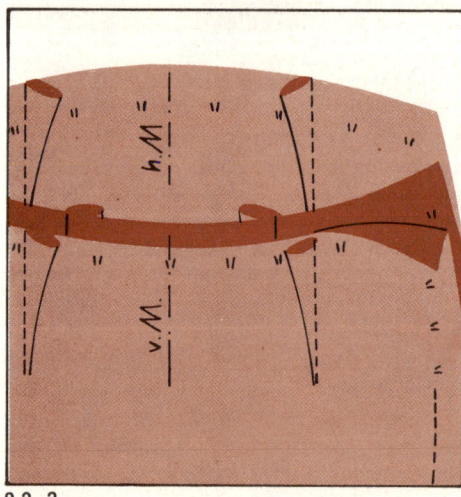

8.2—3

den Rundungen in den Nahtzugaben des Seitenteils kleine Dreiecke herausschneiden, damit die Nähte nicht spannen oder beulen. Die Einschnitte werden mit überwendlichen Stichen versäubert, damit sie nicht ausfransen (Abb. 8.2—1; 8.2—2).

8.2.2. Die Taillennaht. Sollen Oberteil und Rock glatt zusammengesetzt werden, müssen sie die gleiche Weite haben.

Beim Zusammenfügen ist zu beachten: Man steckt stets den Rock an das Oberteil. Dafür wird der Rock nach links gewendet, und das Oberteil liegt mit der rechten Seite nach außen im Rock. Man steckt zuerst die vordere und hintere Mitte des Rocks an die vordere und hintere Mitte des Oberteils. Dann steckt man Seitennähte und Rückenabnäher genau passend aufeinander; anschließend werden die Abnäher des Vorderteils schnittgemäß angesteckt. Zum Schluß fügt man die restlichen Abschnitte aneinander (Abb. 8.2—3).

Im Bereich des Seitenschlitzes führt die Taillennaht bis zur Schnittkante der Seitennahtzugabe; erst nach dem Nähen wird die Nahtzugabe für den Seitenschlitz nach innen umgelegt und geheftet. Würde man statt dessen zunächst die Nahtränder für den Seitenschlitz in Oberteil und Rockteil umlegen und erst danach die Taillennaht nähen, bekäme man einen häßlichen Abschluß und hätte außerdem Schwierigkeiten beim Einnähen des Reißverschlusses.

Die Nahtzugaben der Taillennaht werden verschnitten und versäubert. Im Oberteil beläßt man etwa 2,5 bis 3 cm Nahtzugaben, im Rock nur etwa 1,5 cm. Beide Nahtzugaben werden in das Oberteil gebügelt; lediglich bei wenig taillierter Form kann man die Nahtzugabe breitbügeln (Abb. 8.2—4).

Soll ein angeriehener Rock an das Oberteil angesetzt werden, muß man den Rock zuvor auf die Weite des Oberteils bringen: Man reiht dreifach ein, und zwar jeweils von Seitennaht zu Seitennaht. Dann mißt man die Abstände von der Seitennaht zur vorderen bzw. hinteren Mitte des Oberteils und zieht die Reihfäden im Rock auf die betreffende Weite zusam-

men und verteilt die Reihfältchen gleichmäßig. Wichtig ist auch hier, daß vordere
und hintere Mitten sowie die Seitennähte
exakt aufeinandertreffen (Abb. 8.2–5).

Auch den geriehenen Rock steckt man
an das Oberteil, nicht etwa umgekehrt.
Die mittlere der drei Reihlinien trifft genau auf die markierte Taillenlinie des
Oberteils. Damit sich die Reihfäden nicht
dehnen oder gar platzen, heftet man ein
Nahtband unter die Ansatznaht, das beim
Nähen mitgefaßt wird (Abb. 8.2–6). Der
untere sichtbare Reihfaden wird nach
dem Nähen der Taillennaht entfernt. Die
Nahtzugaben werden verschnitten, versäubert, nach dem Oberteil zu gelegt und
gebügelt.

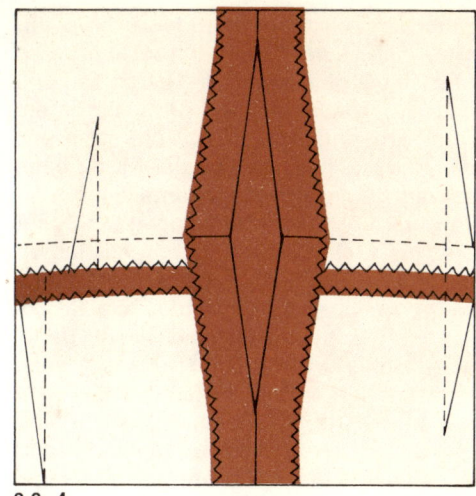
8.2–4

8.2.3. Der Vorderschluß.

Bei einer Mittel-
naht im Vorderteil kann man das Kleid
entweder von oben bis unten mit durch-
gehendem Knopfschluß (↑ 6.2.4.) oder
mit einem Reißverschluß (↑ 4.2.5.; 9.4.2.)
versehen, oder man näht einen Vorderschluß, der so weit reicht, daß er das be-
queme An- und Ausziehen ermöglicht.
Hat das Kleid in der vorderen Mitte Stoffbruch, muß ebenfalls ein Verschluß eingearbeitet werden.

Vorderschluß mit „Klinke". Dieser Verschluß besteht wie bei Blusen und auch
bei Jacken aus Ober- und Untertritt, er
reicht jedoch nur bis etwa 20 cm unterhalb der Taille. Die restliche Strecke bis
zum Kleidsaum wird schnittgemäß entweder als Mittelnaht genäht, oder sie verläuft als Falte. Von einer „Klinke" spricht
man deshalb, weil Ober- und Untertritt
über die vordere Mitte hinausreichen,
also „ineinandergeklinkt" werden.

Verarbeitung: Die vorderen Kanten werden mit Vlieseinlage unterlegt, die bis
1 cm unterhalb der für die Klinke vorgesehenen Markierung reicht (Abb. 8.2–7).
Die angeschnittenen Beläge legt man jeweils in der Bruchlinie für die Übertritt-
breite nach rechts um und steckt sie fest.
Wenn die Stoffbreite nicht ausreicht, um
die Beläge anzuschneiden, so werden sie
extra geschnitten. Die vordere Kante
muß in diesem Fall verstürzt werden.
Dann sind zunächst beide Klinken an der
unteren Kante zu verstürzen: Man näht
der Schnittform entsprechend von der

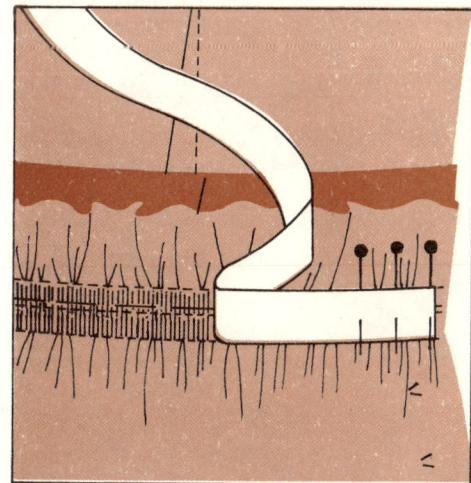
8.2–5

8.2–6

Bruchlinie waagerecht oder schräg zur Mitte, läßt die Nadel in der vorderen Mitte im Stoff stehen, dreht das Teil und näht auf der Mittellinie 1 cm nach unten. Nun wird eingeschnitten: 1 cm unterhalb der Nählinie bis 1 cm vor der Mitte, dann schräg bis in die ausgenähte Ecke, und von hier aus wird der Belag waagerecht bis zur Schnittkante durchgeschnitten (Abb. 8.2–8; 8.2–9). Die beiden Beläge werden nach links gewendet, die Bruchkanten durchgeheftet und leicht gebügelt. Beide Vorderteilhälften legt man rechts auf rechts aufeinander und näht die Mittelnaht im Rockteil bis zur verstürzten Ecke der Klinke; anschließend bügelt man die Naht breit. Die waage-

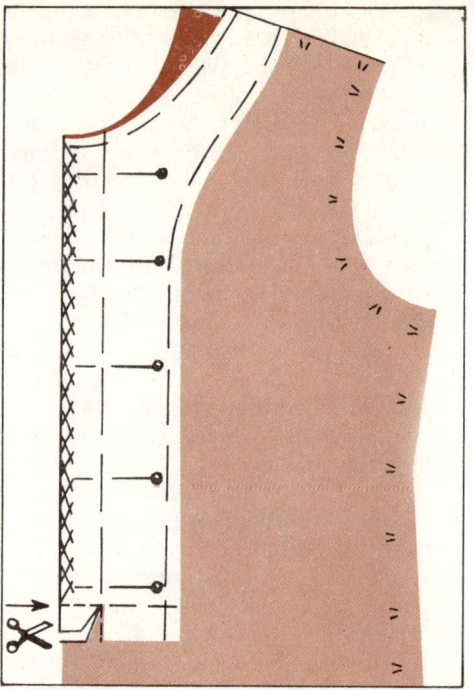

8.2–8

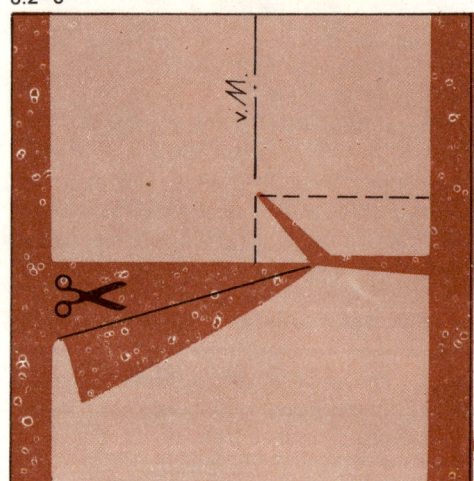

8.2–9

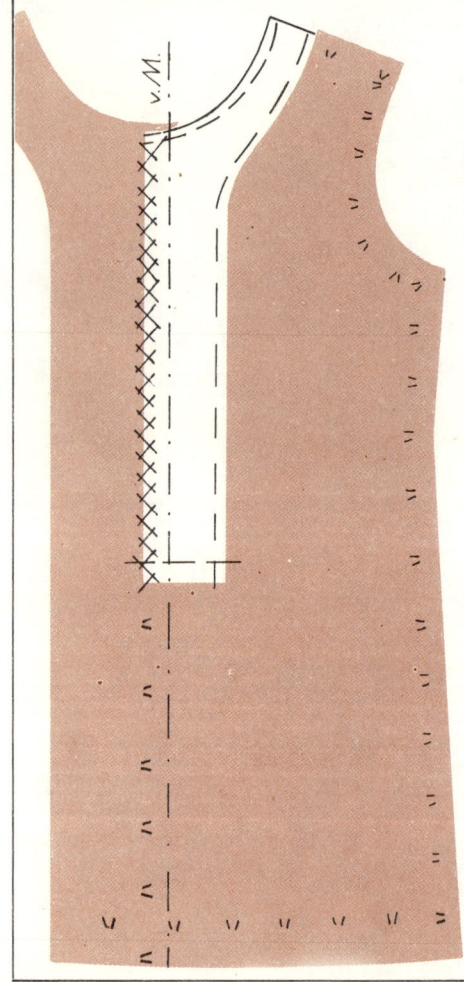

8.2–7

rechten Schnittkanten zwischen Belag und Nahtzugabe werden aneinanderstoßend mit Hexenstichen verbunden oder getrennt versäubert und mit losen Stichen aneinandergehängt (Abb. 8.2–10).

Die Nahtzugaben der Mittelnaht werden, wie die Abbildung 8.2–10 zeigt, auf Belagbreite verschnitten und ebenso wie die Längskanten des Belags versäubert (Abb. 8.2–11).

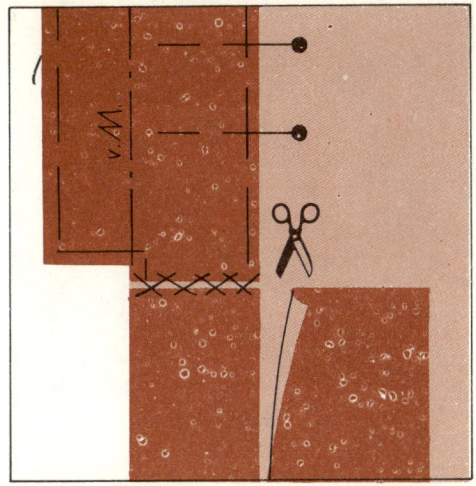

8.2–10

Eingesetzte Blende. Bei einem Stoffbruch in der Mitte des Vorderteils wird als Kleidverschluß meist eine eingesetzte Blende gearbeitet. Die für die Blende vorgesehene Länge und Breite sind sorgfältig auf dem Kleidvorderteil zu markieren. Der im Schnitt angegebene Schlitz wird für die Anprobe nur etwa 15 cm lang eingeschnitten.

Zuschnitt: Zwei Stoffstreifen in doppelter Blendenbreite plus 3 cm Nahtzugabe zuschneiden; die Länge entspricht der Blendenlänge plus 2 cm Nahtzugabe für den unteren Rand plus 1 cm Nahtzugabe am Halsloch. Außerdem sind 2 Streifen Einlagematerial in Fertiggröße der Blende zuzuschneiden.

Verarbeitung: Die Einlage 1,5 cm von der Schnittkante entfernt auf die linke Stoffseite heften und rundum mit Hexenstichen annähen. Beide Blendenteile mit der befestigten Einlage rechts auf rechts auf das Vorderteil legen, an die Markierungslinien heften und annähen. Das Vorderteil auf der Mittellinie bis etwa 2 cm vor dem markierten Schlitzende einschneiden, von da aus schräg in beide Ekken schneiden, bis zum letzten Stich der Naht, so daß ein kleines Stoffdreieck stehenbleibt (Abb. 8.2–12).

Die beiden Ansatznähte abgestuft verschneiden und in die Blende hineinbügeln. Den Belagstoff nach innen um die Einlage herumlegen, die Bruchkante heften, leicht bügeln und den Belag an der

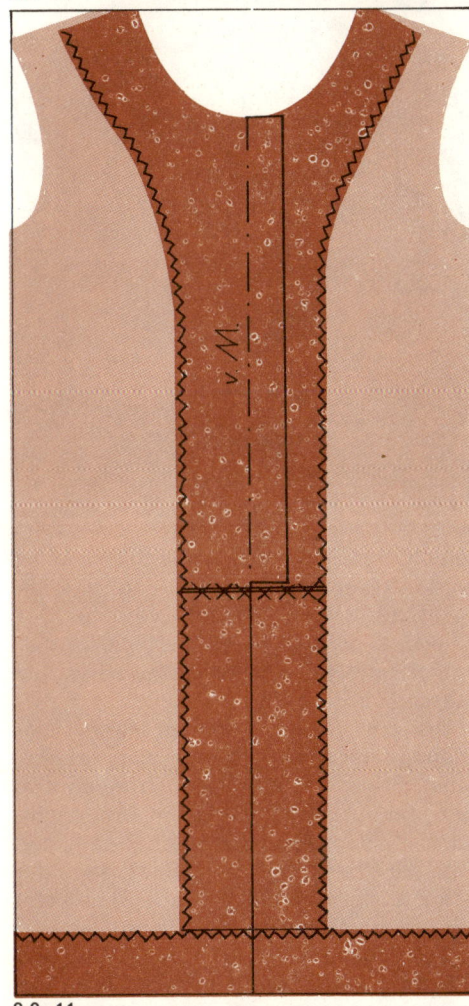

8.2–11

8.2–12

8.2—13

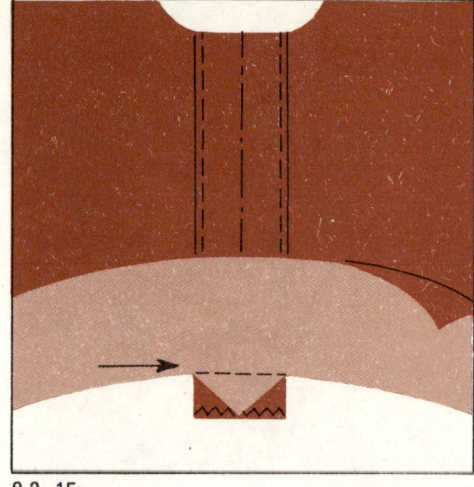

8.2—15

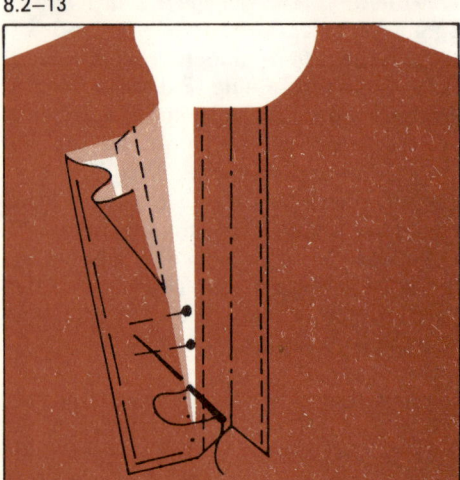

8.2—14

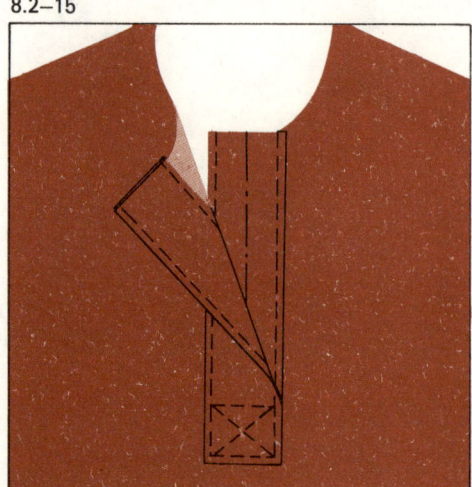

8.2—16

Ansatznaht einschlagen und mit Handstichen festnähen (Abb. 8.2–13; 8.2–14).
Die gebügelten Blenden genau aufeinanderpassend zur Mitte legen und feststek-
ken. Dabei trifft die Kante des Obertritts
auf die Ansatznaht des Untertritts. Die
Blenden am unteren Rand nach innen
schieben, das Vorderteil nach links wenden, dabei das beim Schlitzeinschneiden
entstandene kleine Stoffdreieck ebenfalls
nach innen schieben und mit dem unteren Rand der Blenden festnähen. Die
Naht verläuft waagerecht von Ansatznaht
zu Ansatznaht. Die offenen Schnittkanten
werden versäubert (Abb. 8.2–15).

Soll die Obertrittblende plastisch auf-
gearbeitet werden, so verstürzt man de-

ren unteren Rand; das kleine Stoffdreieck
wird in diesem Fall nur mit dem unteren
Rand der Untertrittblende vernäht. Der
Obertritt wird entweder durch Knopfschluß gehalten oder modellgemäß abgesteppt (Abb. 8.2–16).

Die am Halsloch offenen Kanten der
Blenden faßt man in das Kragenbünd-
chen. Erhält das Kleid jedoch einen Kragen, der nur bis zur vorderen Mitte reicht,
wird vor dem Festnähen des Blendenbe-
lags die Übertrittecke verstürzt, dann der
Kragen angenäht (↑ Abb. 7.2–13) und erst
zuletzt der Belag an der Blendenansatz-
naht festgenäht.

Einseitig verdeckter Vorderschluß: Den
Schlitz in voller Länge einschneiden

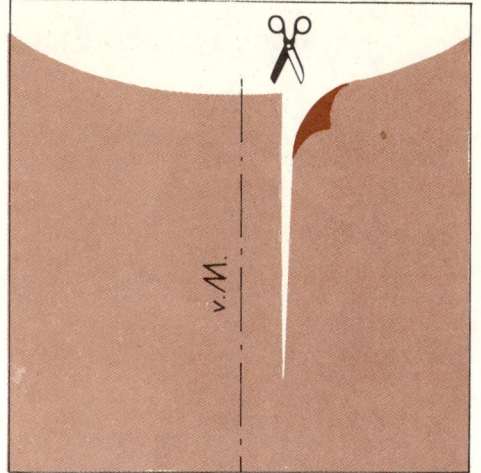

8.2–17

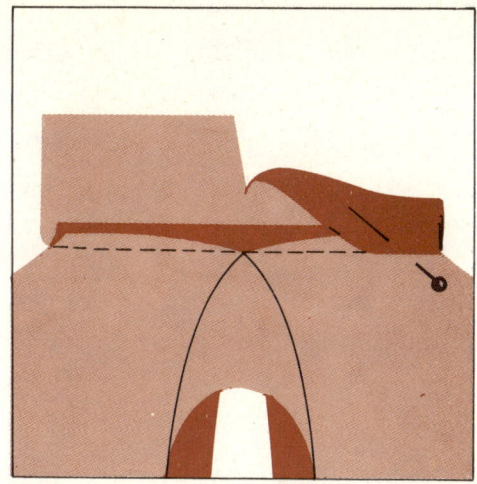

8.2–19

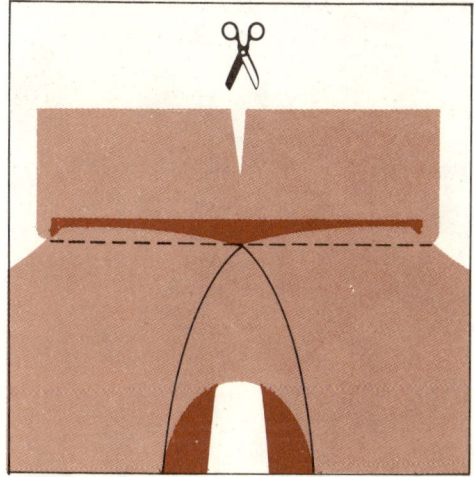

8.2–18

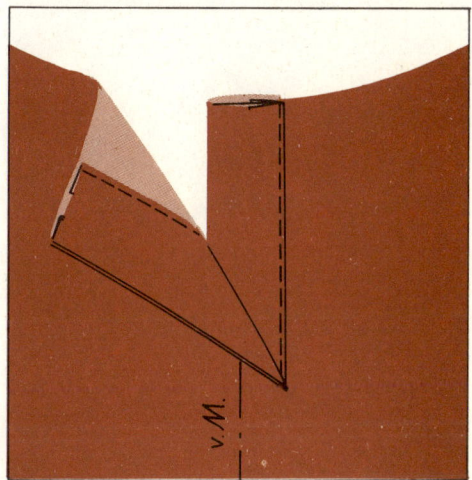

8.2–20

(Abb. 8.2 17), zu einer Geraden auseinan-
derbiegen, an den Einfaßstreifen nähen.
Dieser ist doppelt so lang wie der Schlitz;
die Breite beträgt doppelte Blendenbreite
plus 2 cm Nahtzugabe. Nach dem Annähen wird der Einfaßstreifen in der Mitte
bis zur Hälfte der Breite eingeschnitten
(Abb. 8.2–18). Auf der Untertrittseite den
Streifen einschlagen, feststecken und
knappkantig durchsteppen (Abb. 8.2–19).
Auf der Obertrittseite den Streifen nach
links umlegen und bis zum Einschnitt einschlagen und feststecken. Von rechts in
Blendenbreite den Obertritt durchsteppen. Oberen Rand verstürzen oder in Kragen bzw. Schrägstreifen fassen
(Abb. 8.2–20; 8.2–21).

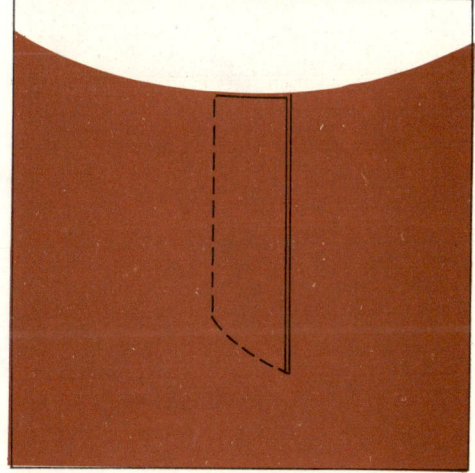

8.2–21

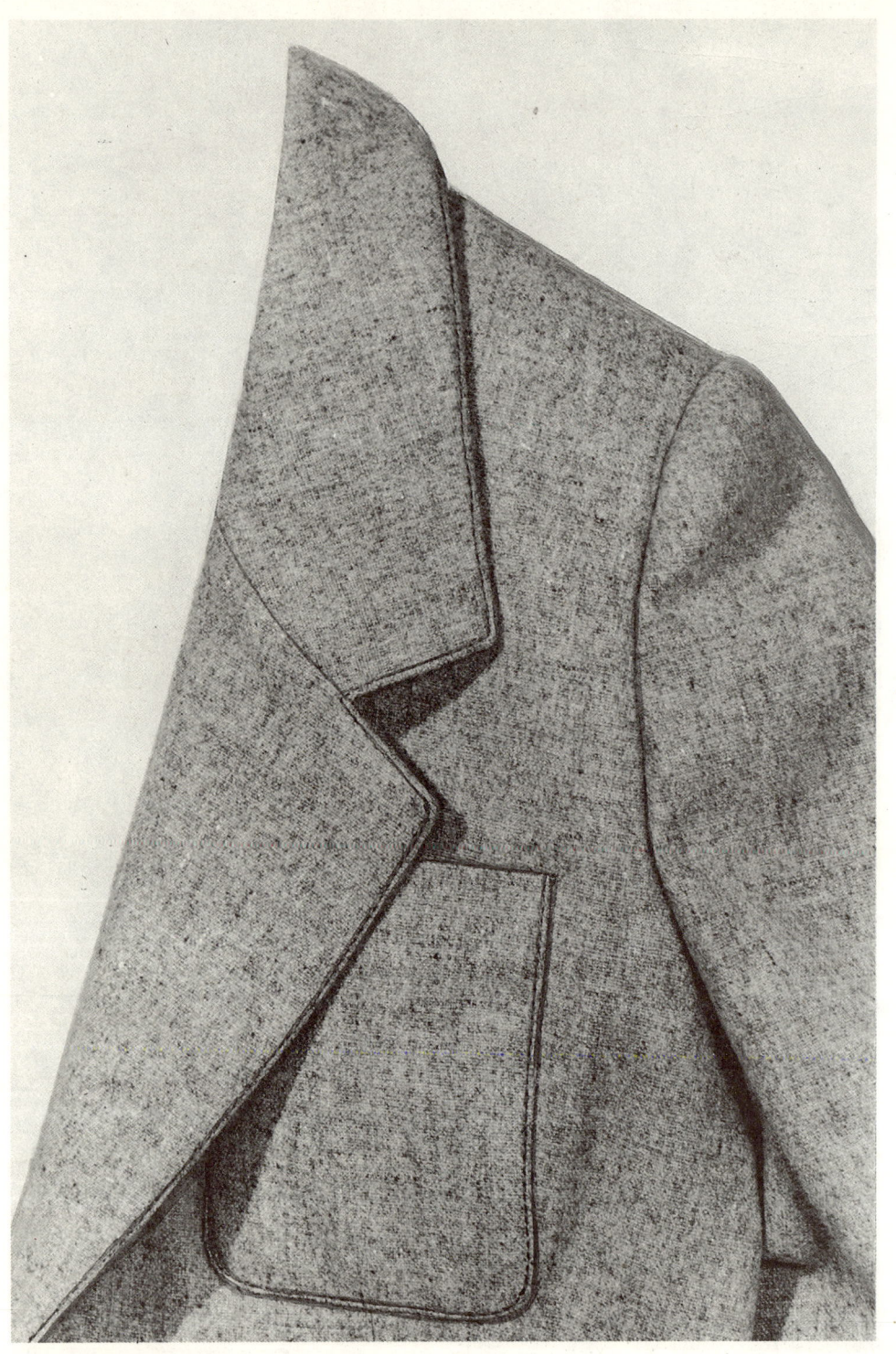

9. Die Jacke

In diesem Kapitel sollen die Verarbeitung von Kimono- und Raglanärmeln, das Einarbeiten von Klappen- und Leistentaschen sowie weitere Verschlußlösungen gezeigt werden, wie sie für Jacken typisch sind. Deshalb wird das Kapitel nach diesen Schwerpunkten gegliedert.

Soll eine Jacke mit Revers gearbeitet werden, muß im Kapitel 7, Die Bluse, oder im Kapitel 10, Der Mantel, Abschnitt 10.1.1., 10.1.5. und 10.3.1., nachgelesen werden.

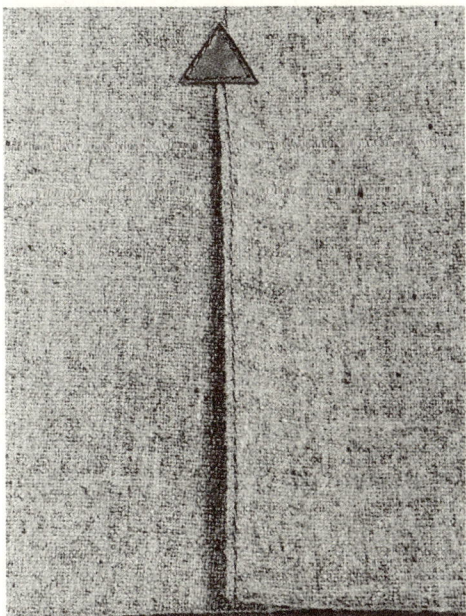

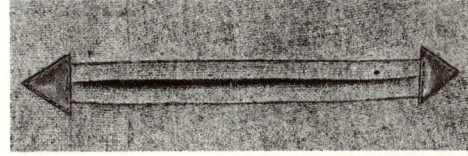

9.1. Die Jacke mit Kimonoärmeln

Der Verarbeitungsaufwand ist gegenüber
Jacken mit eingesetzten Ärmeln geringer: Beide Ärmel sind angeschnitten;
außerdem ergeben sich durch die füllige
Weite, die ein Kimonoschnitt mit sich
bringt, keine allzugroßen Paßformschwie-
rigkeiten.

Schon beim Zuschnitt ist darauf zu
achten, daß die Rundung zwischen Seitennaht und unterer Ärmelnaht nur etwa
1,5 cm Nahtzugabe erhält. Durch breitere
Nahtzugabe würde die Naht spannen,
und der Sitz der Jacke wäre schwer zu
kontrollieren.

9.1.1. Die Anprobe. Schnittgemäß wird
die Jacke in folgender Reihenfolge geheftet: Die vordere Kante erhält Vlieseinlage
bis zur Schulternaht, der angeschnittene
Belag wird umgeheftet. Nach dem
Schließen der Brust- und Schulterabnäher (soweit sie im Schnitt vorgegeben
sind) legt man das Rückenteil rechts auf
rechts auf die Vorderteile und steckt alle
Nähte, ohne sie zu verziehen, zusammen.
Am besten gelingt das Zusammenstek-
ken auf einer ebenen Fläche. Die rückwärtige Schulternaht ist leicht einzuhalten. Ein kurzer Einschnitt in die Nahtzugabe der Rundung der unteren Ärmelnaht erleichtert das Wenden des Ärmels.
Sind die Kimonoärmel mit Zwickel versehen, wird für die Anprobe zunächst nur in
der dafür angegebenen Markierung eingeschnitten (Abb. 9.1–1).

Alle anderen Teile, wie Kragen und Ärmelbündchen oder Tascheneingriffsele-
mente, werden angeheftet, dann kann die
Anprobe beginnen.

Überprüfen der Schulternahtlage: Bei
Kimonoformen ohne Schulterabnäher im
Rückenteil kommt es vor – besonders bei
ausgeprägten Schulterblättern, daß die
gesamte Jacke nach hinten rutscht
(Abb. 9.1–2). Man sollte in diesem Fall
nachträglich einen Schulterabnäher einarbeiten: Dazu löst man die Schulternaht
und steckt im Rückenteil, etwa 3,5 cm
vom Halsloch entfernt, einen 2 cm tiefen
und 6 cm langen Abnäher (Abb. 9.1–3).
Die Schulternaht wird neu zusammengesteckt, indem man am Rückenteil 1 cm

9.1–1

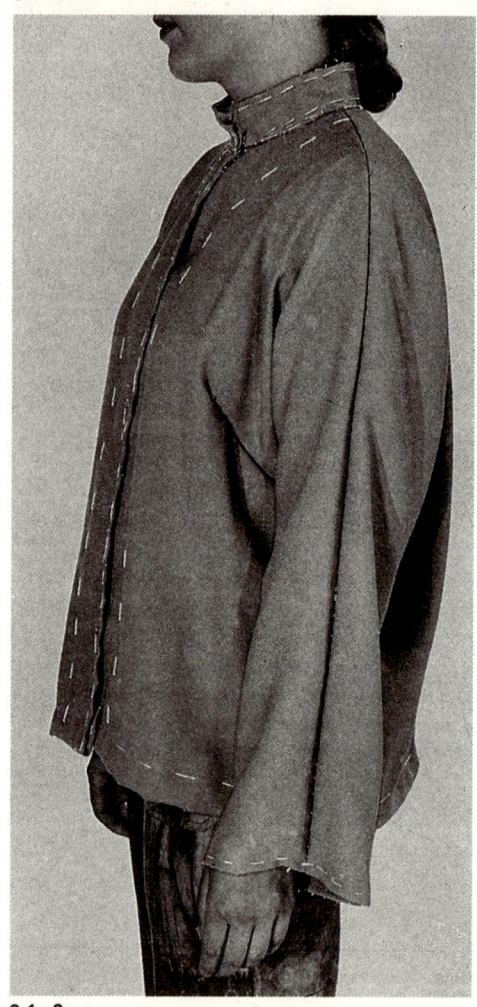

9.1–2

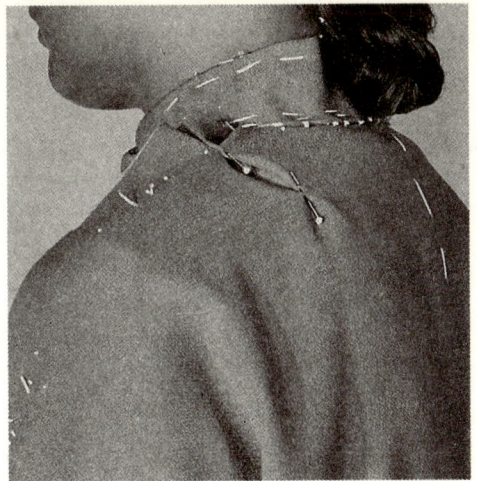

9.1–3

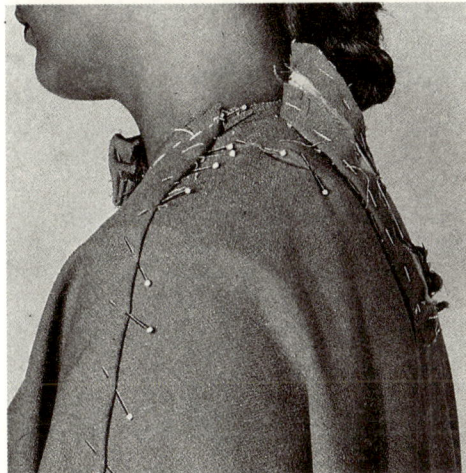

9.1–4

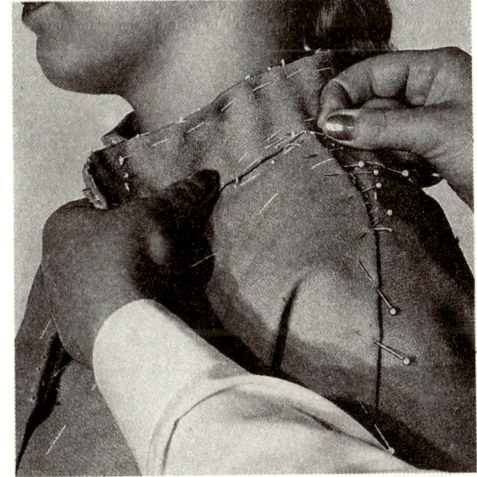

9.1–5

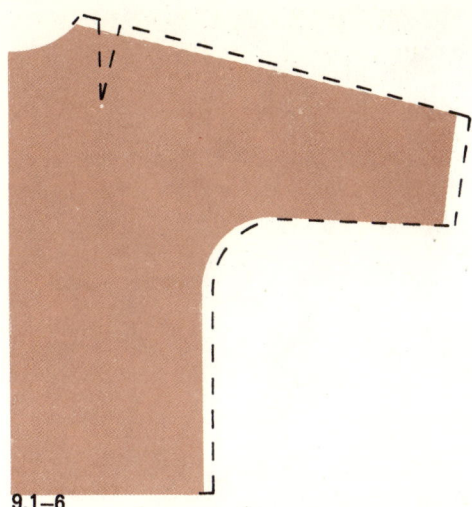

9.1–6

verlaufend herausläßt (Abb. 9.1–4). Für das Vorderteil bleibt die alte Markierung bestehen. Die durch den Abnäher entstandene Verkürzung der hinteren Schulternaht muß an der Ärmellänge ausgeglichen werden. Dann wird der Kragen wieder angesteckt, er muß aber vorher an jeder Hälfte um 1 cm erweitert werden (Abb. 9.1–5). Nach der Anprobe löst man auch die untere Ärmelnaht bis in die Seitennaht hinein. Der Hinterärmel wird an der unteren Naht genauso weit versetzt, wie es an der Schulternaht durch das Einlegen des Abnähers erforderlich war. Diese Korrektur setzt sich bis in die Rundung unter dem Arm und verlaufend bis In die Seitennaht fort (Abb. 9.1–6). Läßt man diese Naht nach der Schulternahtkorrektur unverändert, kann es passieren, daß der gesamte Ärmel dreht.

Überprüfen der unteren Ärmelnaht: Bei sehr tiefliegenden Kimonoformen kommt es vor, daß die Bewegung der Arme behindert wird. In diesem Fall muß man die untere Rundung näher an die Achselhöhle heranführen: Man steckt den doppelten Stoff an der Seitennaht von unten her nach oben ab und führt dann die neue Nahtlinie, gerundet in die ursprüngliche Ärmelnaht verlaufend, weiter (Abb. 9.1–7).

Nach der Anprobe ist die Naht neu zu heften, die Nahtzugabe in der Rundung auf 1,5 cm zu verschneiden und die Jacke erneut zu probieren.

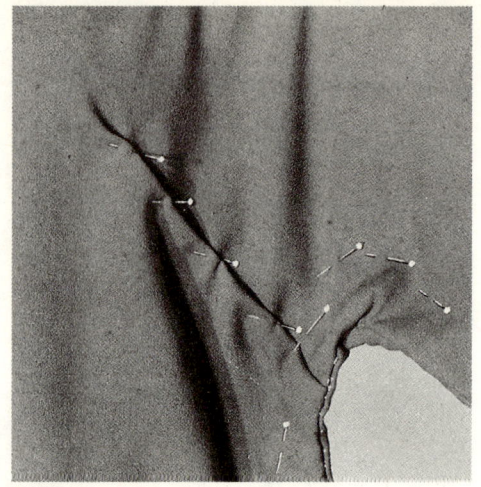

9.1—7

9.1.2. Verarbeitung. Kragen und Bündchen werden gelöst und verstürzt. Sollen die Vorderteile Taschen erhalten, empfiehlt es sich, die Heftnähte zu lösen und zuerst die Taschen einzuarbeiten, bevor die Verbindungsnähte geschlossen werden. Wird die Jacke gefüttert, dann löst man die Heftnähte und legt die Schnittteile auf die Jackenteile, überträgt alle Korrekturen, die sich bei der Anprobe ergaben, auf die Schnitteile und markiert auch die Belagbreite (↑ 6.2.5.).

Nach dem Nähen der Schulter-, Ärmel- und Seitennähte werden alle Nähte verschnitten, versäubert und gebügelt. Im Bereich der Rundung unter dem Arm wird die Nahtzugabe schmal verschnitten und zusätzlich mehrmals quer zur Nahtlinie eingeschnitten (Abb. 9.1—8); die Einschnitte sind sorgfältig zu umstechen. Beim Bügeln dieser Naht ist die Nahtzugabe leicht zu dehnen. Jacken- und Ärmelsäume werden genäht, oder es werden schnittgemäß Bündchen angesetzt. Der vordere Belag wird festgenäht, der Kragen angesetzt und zuletzt modellgemäß der Verschluß angebracht.

Verschlußformen, die bereits während der Verarbeitung genäht werden müssen, sind unter 9.3. angeführt und beschrieben.

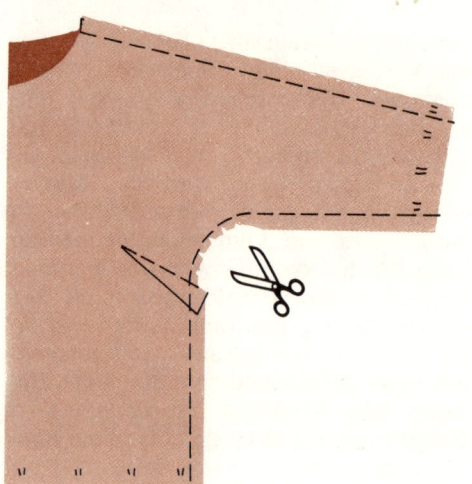

9.1—8

9.1—9

9.1.3. Das Füttern der Kimonojacke.
Wird die Jacke gefüttert, brauchen die
Nähte nicht versäubert zu werden; die
Einschnitte in die Nahtzugaben der unte-
ren Ärmelnahtrundung sollte man aber in
jedem Fall sorgfältig umstechen.

Das Futter wird nach den Schnitteilen
zugeschnitten, an denen alle Veränderungen, die sich bei der Anprobe ergeben
haben, vorgenommen worden sind. Auf
einer Pappunterlage werden sämtliche Linien mit dem Kopierrädchen auch auf die
zweite Futterhälfte übertragen. Alle
Nähte werden genäht und breitgebügelt.
Danach werden Futter und Jacke nach
links gewendet und Rücken auf Rücken
aufeinandergelegt. Die Nahtzugaben der
Schulternaht sowie der unteren Ärmel-
und Seitennaht von Jacke und Futter
steckt man deckungsgleich zusammen
und näht sie mit Vorstichen aufeinander
(Abb. 9.1–9). An den Ärmeln wird das
Futter nach rechts gewendet, so daß nun
die Vorderteile vom Futter und vom Oberstoff links auf links aufeinanderliegen.

Das Futter wird am Belag und am Halsloch sowie oberhalb des Saums und etwa
10 cm über den Ärmelsäumen mit großen
Stichen festgeheftet, dann rundum eingeschlagen, festgesteckt und anstaffiert.
Lediglich am Saum näht man das Futter
etwa 1,5 cm nach oben versetzt hohl an,
damit eine Bewegungsfalte erhalten
bleibt.

Nach dem Wenden der Jacke sind alle
Heftfäden zu entfernen, und das Futter
ist glattzubügeln. In der hinteren Mitte
der Kragenansatznaht wird ein Aufhänger
aus Henkelband oder aus dem Stoff des
Jackenfutters eingenäht (↑ 2.16.).

9.1.4. Das Einsetzen des Zwickels. In
manchen Schnitten mit Kimonoärmeln,
besonders wenn sie nur mäßig weit sind,
wird unter dem Arm ein Zwickel eingesetzt, um die Bewegungsfreiheit zu gewährleisten. Er ist sehr sorgfältig einzuarbeiten, damit er nicht ausplatzt.

Bereits vor der Anprobe wurden die
Schlitze für die Zwickel in vorgeschriebe-
ner Länge eingeschnitten (↑ Abb. 9.1–1).
Der Zwickel wird stets von der Kleidungs-
stückseite aus eingesetzt: Man befestigt
zuerst alle vier Eckpunkte mit Stecknaa-

deln an den vier Ecken des Zwickels und
faßt dabei vom Kleidungsstück nur drei
Gewebefäden.

Jede der vier Nahtseiten wird von Eckpunkt zu Eckpunkt zusammengesetzt.
Nur in der Mitte jeder Seite steckt man
vom Kleidungsstück eine 1 cm breite
Nahtzugabe an; zu den Eckpunkten verläuft die Nahtzugabe schmaler bis auf
drei Gewebefäden in den Ecken
(Abb. 9.1–10). Nach dem Einheften wird
– ebenfalls von der Jackenseite aus – genäht: Man näht mit kleinen Stichen und
beginnt in der Mitte einer Seite, näht bis
zur Ecke, läßt die Nadel im Stoff stehen,
hebt den Nähfuß, dreht das Stück und
näht nach dem Absenken des Nähfußes

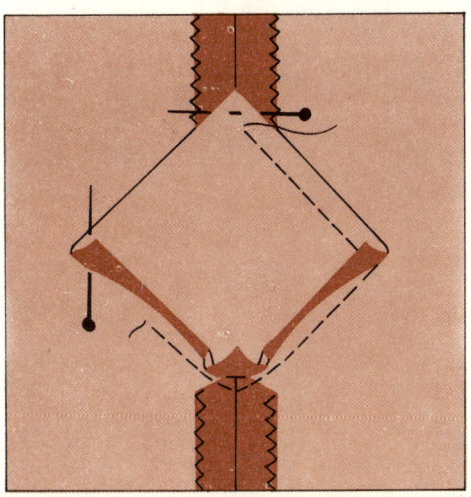

9.1–10

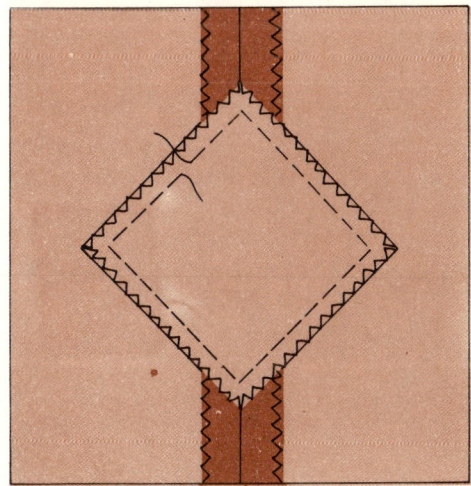

9.1–11

133

die nächste Seite. Wichtig ist, daß die Ecken beim Nähen gefaßt werden und daß der Zwickel nicht rund wird. Die Nahtzugaben werden mit kleinen Handstichen sorgfältig versäubert, ganz besonders die Ecken, damit der Zwickel nicht ausplatzt (Abb. 9.1–11).

9.2. Die Jacke mit Raglanärmeln

Schnittformen mit Raglanärmeln erfordern bei der Verarbeitung einige Sorgfalt.

Bedingt durch den schrägen Fadenlauf an den Ärmeleinsatznähten verdehnen sich die Nähte leicht, was dann die Paßform beeinträchtigt.

Je nach Schnitt kann ein Raglanärmel ein- oder zweiteilig gestaltet sein (Abb. 9.2–1; 9.2–2). Vorteilhafter für die Paßform und auch den Stoffverbrauch bzw. die Schnittauflage ist der zweiteilige Raglanärmel. Ein einteiliger Raglanärmel kann nachträglich getrennt werden, indem man ihn von der Spitze des Schul-

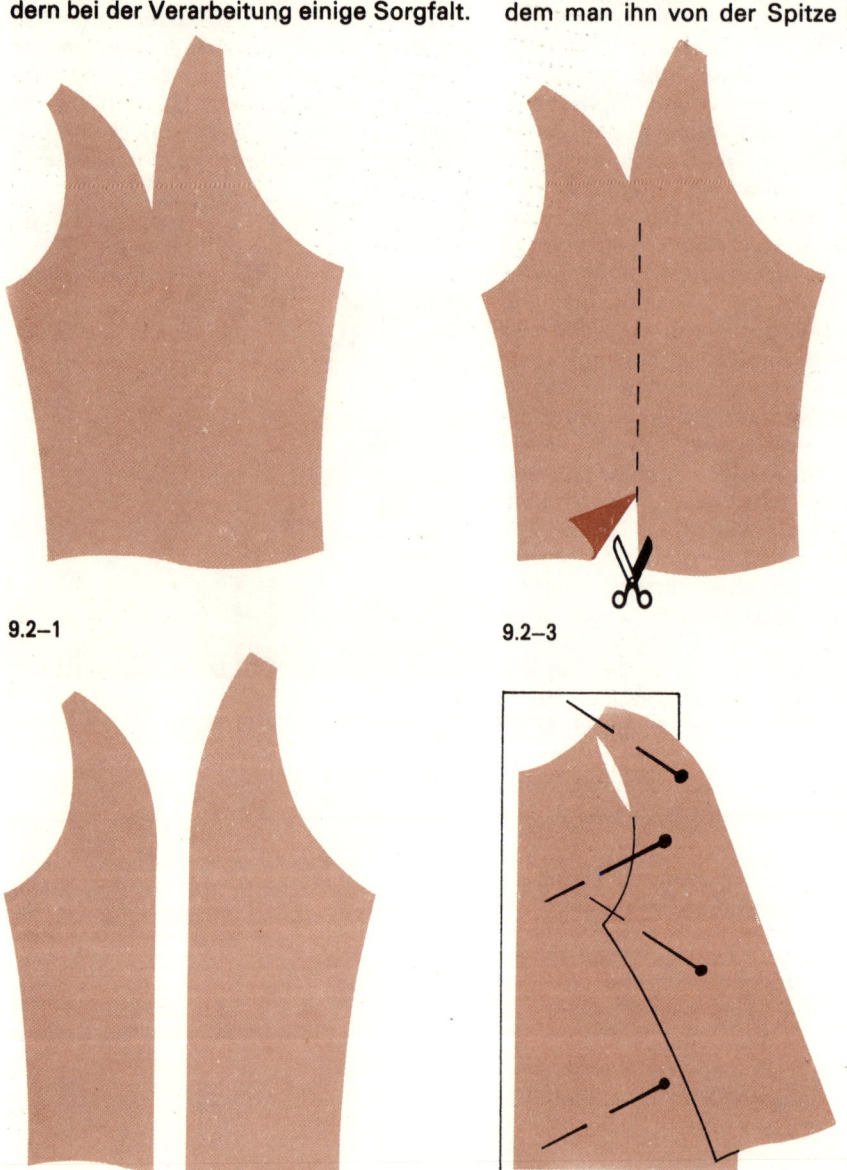

9.2–1

9.2–3

9.2–2

9.2–4

134

terabnähers aus in der sich ergebenden Mittellinie auseinanderschneidet. Bei gemusterten Stoffen sollte man allerdings die Fortsetzung des Musters an dieser Naht bedenken (Abb. 9.2–3).

9.2.1. Die Anprobe. Vor dem schnittgemäßen Zusammenheften werden die vorderen Kanten bis zur Schulternaht mit Vlieseinlage versehen. Für den Zuschnitt der Einlage sind Vorderteil und Vorderärmel an der Raglannaht zusammenzulegen (Abb. 9.2–4). Die Einlage heftet man vorerst nur bis zur Raglannaht unter, das obere Stück bleibt noch lose. Nach dem Umheften des Belags und dem Zusammenheften der Abnäher und der Seitennähte werden die schrägen Ärmeleinsatznähte an Vorder- und Rückenteil mit Nahtband unterlegt, damit sie sich nicht verziehen: Man steckt das leicht straff gehaltene Band auf die linke Seite, genau auf die Markierung des Nahtverlaufs (Abb. 9.2–5). Von der rechten Seite aus wird dann das Band in der Durchschlaglinie untergeheftet und die Nahtlinie gebügelt.

Beide Ärmel werden geheftet und in die Jacke eingesteckt; dabei muß die Markierung von Vorder- und Hinterärmel beachtet werden. Die Ärmelnähte treffen exakt auf die Seitennähte, die Schulter-

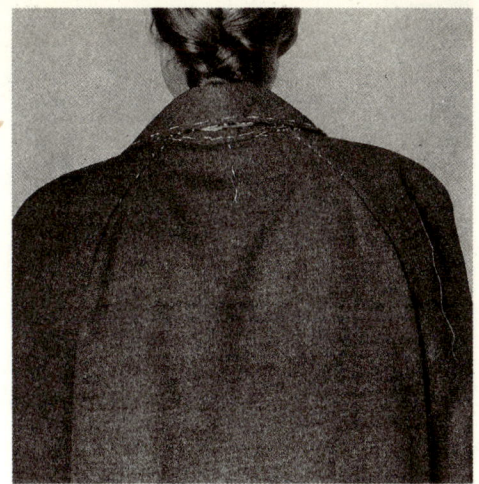

9.2–6

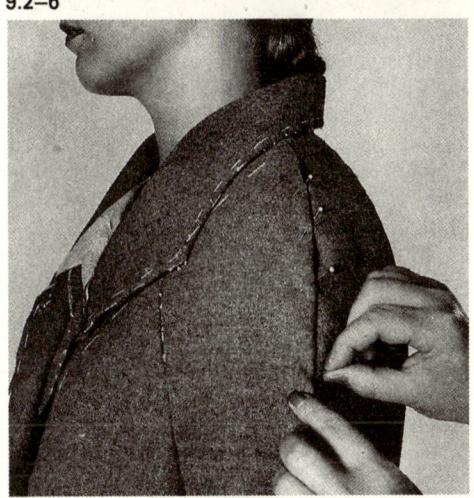

9.2–7

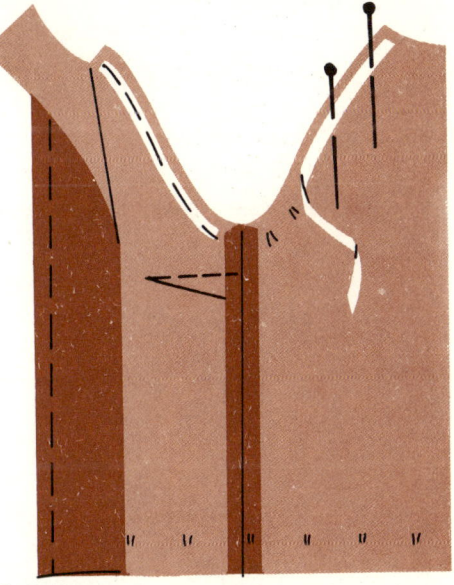

9.2–5

teile am Ärmel ergänzen Vorderteil und Rückenteil und vervollständigen das Halsloch. Die Einlage wird nun bis zur Schulternaht gelegt und festgeheftet. Nach dem Ansetzen des Kragens kann anprobiert werden.

Überprüfen der Schulterpartie: Steht der Ärmel an der Schulterrundung zu weit ab (Abb. 9.2–6), so wird er in gerundeter Form von vorn und hinten schmaler gesteckt; die Linie verläuft in der Mittelnaht des Ärmels (Abb. 9.2–7; 9.2–8). Beim einteiligen Raglanärmel entsteht nach dieser Veränderung – die Mehrweite muß ja in·den Abnäher verlegt werden – eine unschöne Spitze am Schulternahtabnäher. In diesem Fall ist die Weite

9.2–8

verlaufend bis zum Ärmelsaum wegzustecken, die Korrektur auf den Schnitt zu übertragen; dann ist der Schnitt zu verändern und der Ärmel neu zuzuschneiden (Abb. 9.2–9; 9.2–10). Oft kann man sich auch durch Schulterpolster helfen, die die abstehende Breite auffangen und den Ärmel an dieser Stelle vorteilhaft stützen.

Überprüfen der Jackenweite: Bei zu fülliger Gestaltung der Jacke muß die Weite reduziert werden. An der Seitennaht lassen sich aber nur je 1 cm von vorn und hinten engerstecken, ohne daß die Raglanlinie leidet. Der Ärmel muß dann allerdings auch entsprechend schmaler gesteckt werden, da sonst die Nähte unterschiedlich lang wären (Abb. 9.2–11). Ist aber mehr Weite wegzunehmen, muß man an Vorderteil, Rücken und auch an der Schulterpartie des Raglanärmels gleichmäßig eine Falte abstecken (Abb. 9.2–12). Man zeichnet diese Korrektur in die Schnitteile ein, steckt die Weite ab und überträgt danach die Veränderung des Schnitteils auf die Jacken- und Ärmelteile (Abb. 9.2–13; 9.2–14). Durch das Verkleinern der Schnitteile werden die Nahtverläufe der Ärmeleinsatznähte und am Ärmel unterbrochen; deshalb müssen die Nahtlinien in leichtem Verlauf ausgeglichen werden (Abb. 9.2–15; 9.2–16).

Wenn man die Raglanjacke füttern möchte, ist wichtig, daß alle Veränderungen, die bei der Anprobe an der Jacke vorgenommen wurden, in die Schnitteile übernommen werden, damit man das Futter richtig zuschneiden kann (↑ 9.2.3.).

9.2.2. Verarbeitung. Nach der Anprobe werden Kragen und Ärmel abgetrennt und Belag sowie Einlage im Bereich der Schulterpartie gelöst.

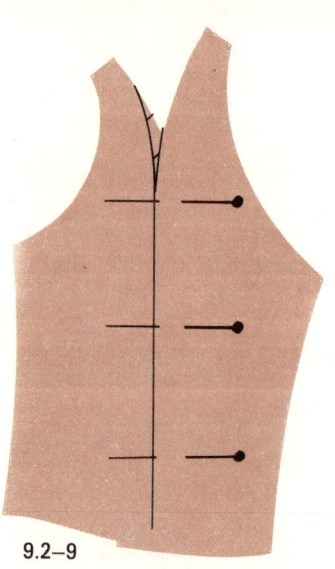

9.2–9

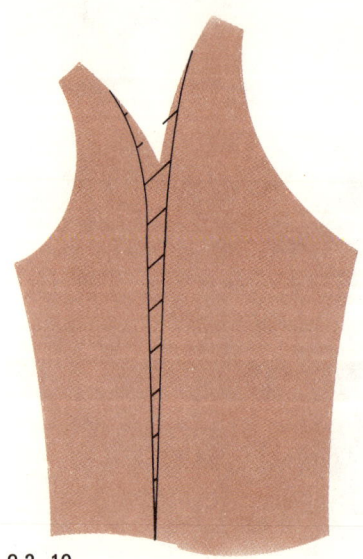

9.2–10

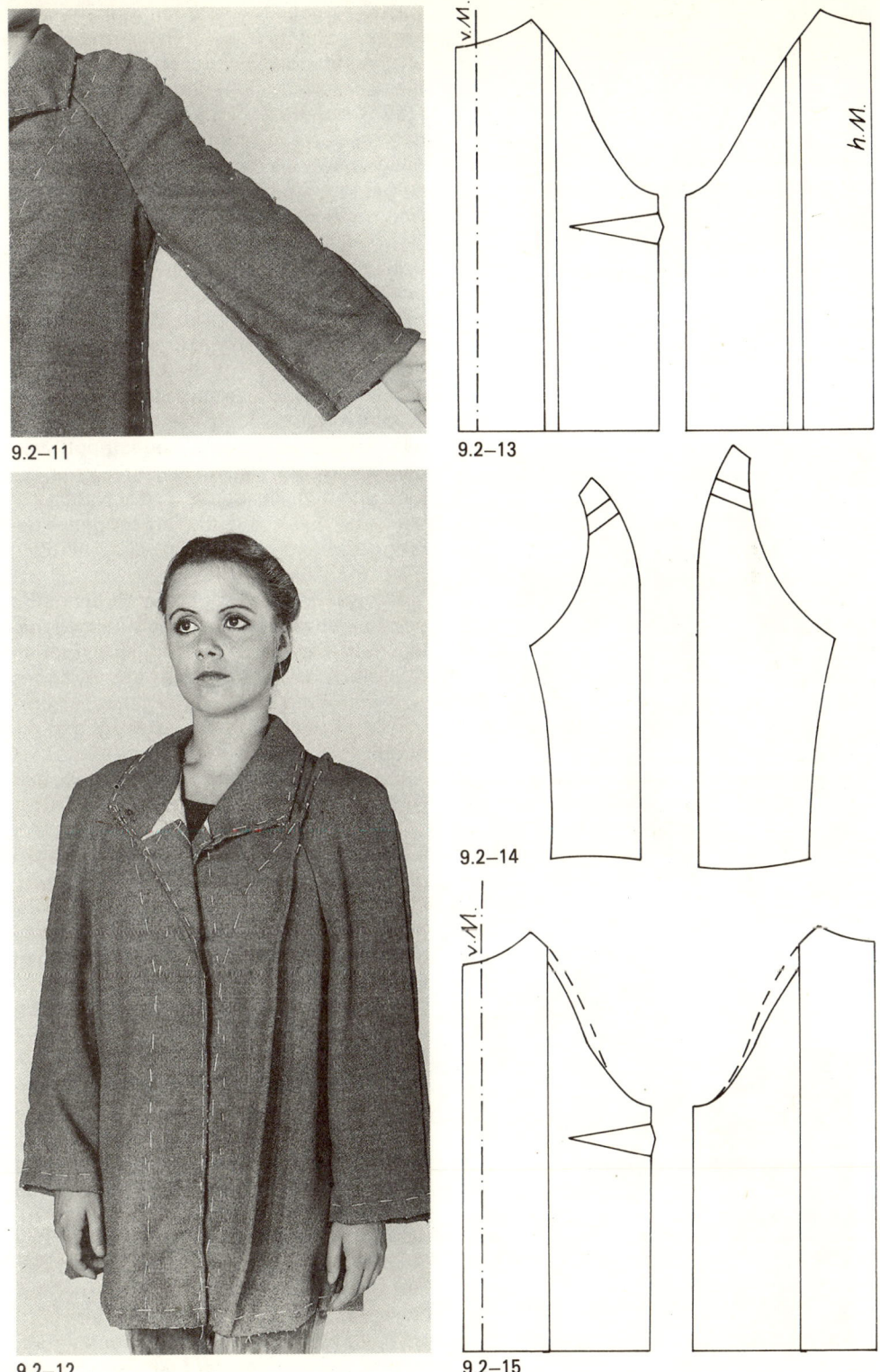

9.2—11

9.2—12

9.2—13

9.2—14

9.2—15

137

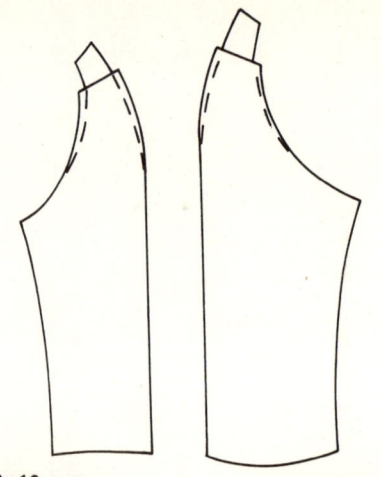

9.2—16

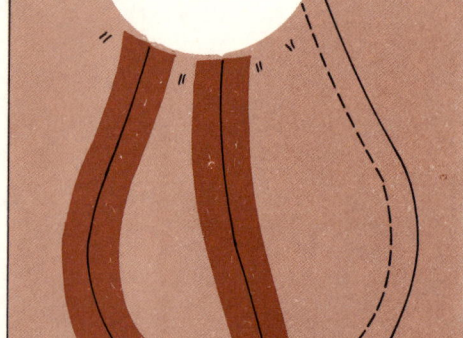

9.2—17

9.2—18

Die Ärmelnähte werden genäht, versäubert und gebügelt, die Ärmelsäume umgenäht oder Bündchen angesetzt. In die Vorderteile arbeitet man schnittgemäß Taschen ein und verarbeitet, nachdem der Jackensaum genäht wurde, modellgemäß die vorderen Kanten. Die Ärmel werden eingenäht, dabei wird das Nahtband mitgefaßt. Man schneidet die Nahtzugabe der Ärmeleinsatznähte etwa 6 cm oberhalb der Seitennaht nach vorn und hinten ein und bügelt die Nähte bis zum Halsloch breit (Abb. 9.2—17). Häufig werden Raglannähte abgesteppt. Dann bügelt man die Nahtzugaben nicht breit, sondern legt sie, je nachdem, wo abgesteppt werden soll, in den Ärmel oder in das Jackenteil hinein. Abgesteppt werden die Nähte von rechts, und zwar bis kurz vor den Einschnitt in die Nahtzugaben. Von hier aus läuft die Steppnaht gerade oder schräg bis in die Nahtlinie (Abb. 9.2—18).

Einlage und Belag der vorderen Kante werden über die Raglannaht hinweggelegt und bis zur Schulternaht festgeheftet. Nach dem Ansetzen des Kragens wird der Belag in der Kragenansatzlinie und an der Schulternaht befestigt und gebügelt (↑ 7.2.1.).

Die Jacke erhält den Verschluß und wird abgebügelt.

9.2.3. Füttern der Raglanjacke. Jacke und Ärmel werden getrennt gefüttert. Das Futter wird nach den Schnitteilen zugeschnitten, in die man vor dem Zusammensetzen der Jacke alle Veränderungen übernommen hat. An allen Nähten und Säumen des Futters werden 2 cm Nahtzugabe zugegeben, lediglich die vordere und die hintere Ärmelhälfte erhalten an der unteren Rundung des Armlochs 4 cm Nahtzugabe, die jeweils nach oben in die übliche Breite der Nahtzugaben verläuft. Wichtig ist das Anzeichnen der Belagbreite auf dem Schnitteil; von dieser Linie aus werden ebenfalls nur 2 cm Nahtzugabe zugegeben. Die hintere Mitte des Schnitts wird 2 cm vom Stoffbruch des Futterstoffs entfernt angelegt. Die auf diese Weise entstandene Mehrweite wird als Falte oben und unten je 3 cm lang abgenäht; dazwischen wird die Falte nur ge-

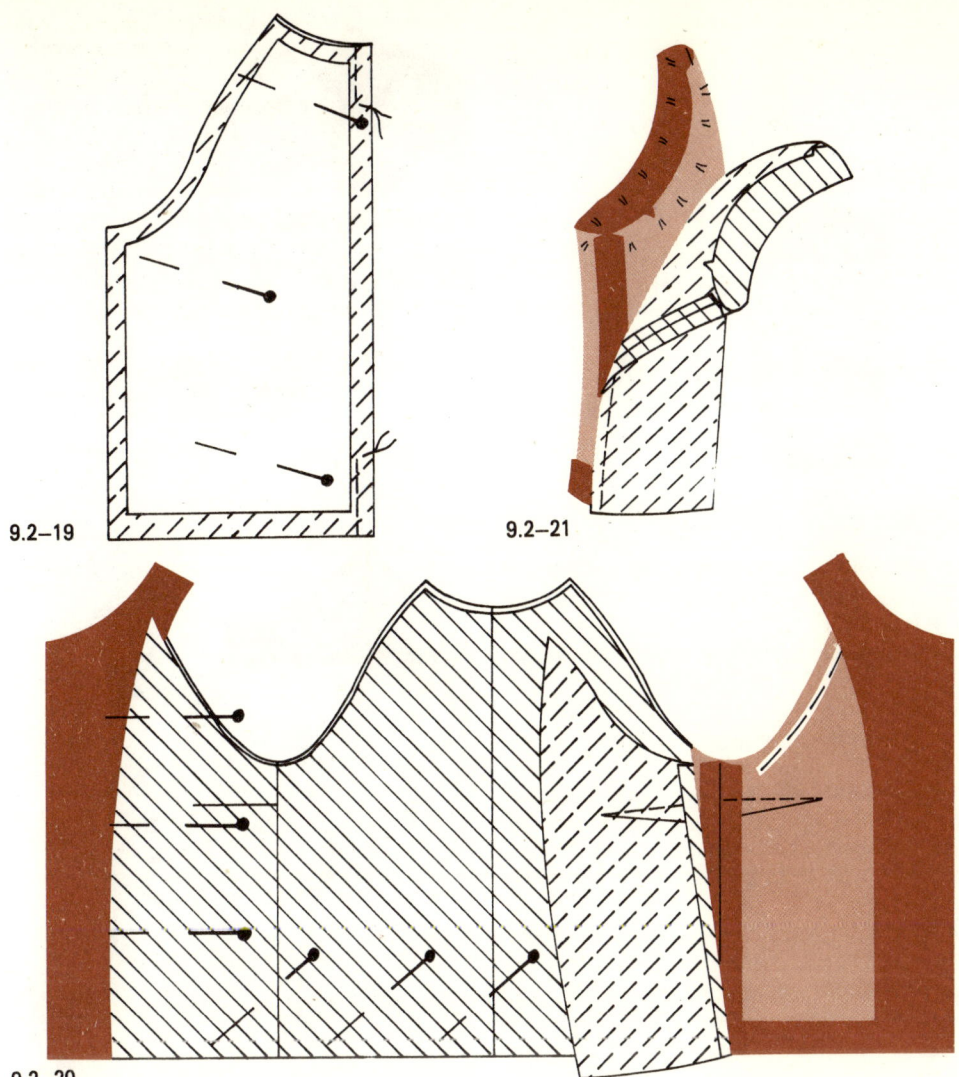

9.2—19

9.2—21

9.2—20

bügelt (Abb. 9.2—19). Diese Falte im Rükkenfutter gewährleistet die nötige Bewegungsfreiheit.

Die Seitennähte des Futters werden zusammengenäht und gebügelt. Danach wird das Futter links auf links vom Rükken her auf die Jacke gelegt, die Nahtzugaben der Seitennähte von Futter- und Oberstoff werden mit Vorstichen zusammengenäht. Nach deckungsgleicher Auflage an allen Nähten werden Futter und Oberstoff mit großen Stichen zusammengeheftet (Abb. 9.2—20). Der Saum und die Nahtzugabe am Belag werden eingeschlagen und festgesteckt. Der Futter-

saum wird etwa 1,5 cm von der Bruchlinie entfernt hohl an den Jackensaum genäht; dadurch entsteht eine Bewegungsfalte im Futter. Am Belag wird das Futter anstaffiert.

Das Ärmelfutter wird zusammengenäht und gebügelt und ebenso wie der fertiggenähte und gesäumte Jackenärmel nach links gewendet. Futter- und Jackenärmel liegen deckungsgleich an der unteren Ärmelnaht aufeinander, die Nahtzugaben werden mit Vorstichen zusammengenäht (Abb. 9.2—21) und die Ärmel danach nach rechts gewendet. Mit großen Stichen heftet man Jacken- und Fut-

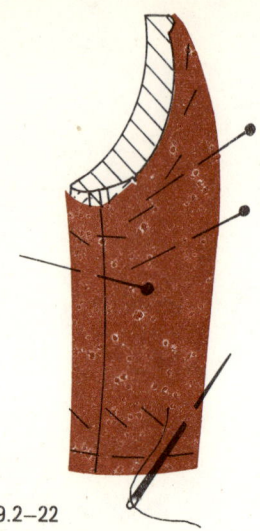

9.2—22

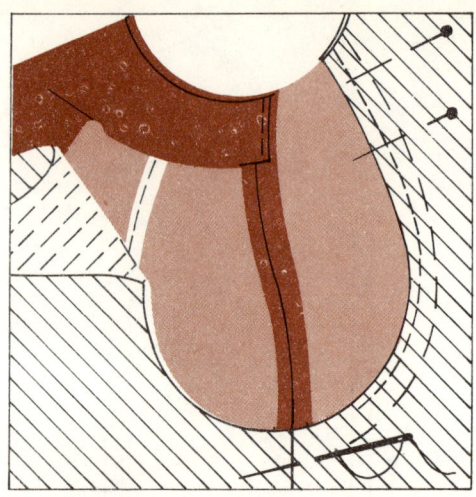

9.2—23

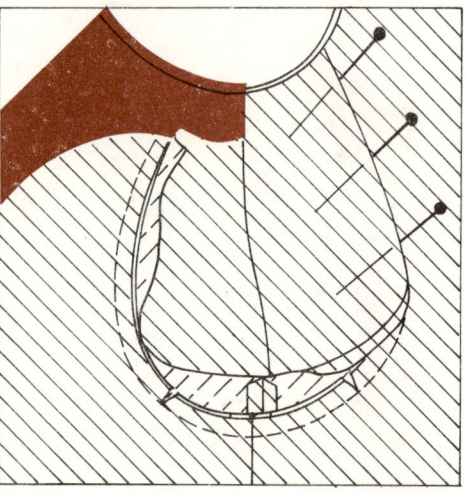

9.2—24

terärmel im Abstand von etwa 4 cm an
der Einsatzlinie und oberhalb der Saumlinie zusammen (Abb. 9.2—22). Nach dem
Wenden auf die Futterseite wird der
Saum im Futter eingeschlagen und im
Abstand von 2 cm von der Saumkante
des Oberstoffs angesteckt und anstaffiert.

Beim Einnähen der Ärmel wird das Futter nicht mitgefaßt. Das Nähen erfolgt
wie unter 7.2.2. beschrieben. Anschließend befestigt man das Jackenfutter mit
Vorstichen an der Ärmeleinsatznaht
(Abb. 9.2—23), schlägt die Nahtzugabe
des Futterärmels darüber ein, steckt sie
fest und staffiert das Futter an. Im Bereich der unteren Ärmelrundung legt sich
das Ärmelfutter um die hochstehende
Nahtzugabe der Einsatznaht herum; zu
diesem Zweck wurde beim Zuschnitt hier
eine breitere Nahtzugabe zugegeben
(Abb. 9.2—24). Nachdem das Futter auch
an den noch offenen Abschnitten zwischen linker bzw. rechter vorderer Kante
rund um den Kragenansatz eingeschlagen und anstaffiert wurde, entfernt man
alle Heftfäden und bügelt das Futter glatt.

9.3. Der Verschluß an der Jacke

9.3.1. Verdeckter Verschluß mit Knöp-
fen. Dieser Verschluß wird schon während der übrigen Verarbeitung gefertigt;
die Knopflöcher liegen unsichtbar im Belag des Obertritts.

Verarbeitung: Auf die Vlieseinlage der
vorderen Obertrittkante wird ein Futterstreifen in Farbe der Jacke geheftet und
mit Hexenstichen an der vorderen Kante
befestigt (Abb. 9.3—1). Auf den Belag
wird ebenfalls Vlieseinlage aufgebügelt
und darüber ein Futterstreifen befestigt.
Es genügt, die Einlage am Belag bis kurz
unter die im Schnitt angegebene Stepplinie zu führen. In den mit Einlage und Futterstreifen versehenen Belag werden
quer zur Bruchlinie Knopflöcher eingearbeitet (Abb. 9.3—2). Dann den Belag umheften und von rechts entlang der im
Schnitt angegebenen Stepplinie bis zur
unteren Begrenzungslinie durchheften.
Nach Anbringen des Kragens in dieser Li-

nie durchsteppen. Auf dem Untertritt werden flache Knöpfe angenäht (Abb. 9.3–3).

9.3.2. Verdeckter Verschluß mit Reißverschluß.

Man braucht einen ausklinkbaren Reißverschluß in erforderlicher Farbe und Länge. Steht nur ein längerer Reißverschluß zur Verfügung, so muß man ihn oben überstehen lassen. Er wird mit in die Kragenansatznaht gefaßt oder an erforderlicher Stelle nach links umge-

legt und mit einer Zugabe von 1,5 cm abgeschnitten.

1. Verarbeitungsmöglichkeit: Den geöffneten Reißverschluß auf die Innenseite des Obertritts heften und steppen, so daß die im Schnitt angegebene Stepplinie gleichzeitig die Nählinie für den Reißverschluß bildet. Den Reißverschluß schließen und den Obertritt Mitte auf Mitte auf den Untertritt stecken. Der Reißverschluß muß glatt liegen. Das Band der zweiten Reißverschlußhälfte ge-

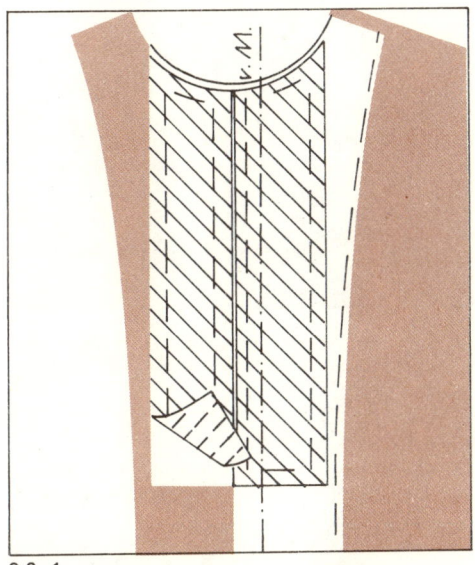

9.3–1

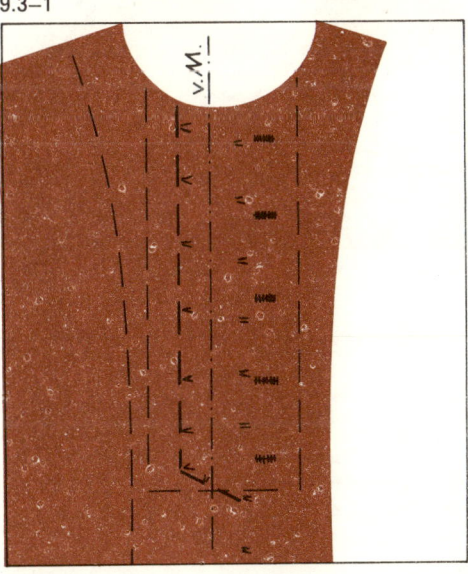

9.3–2

9.3–3

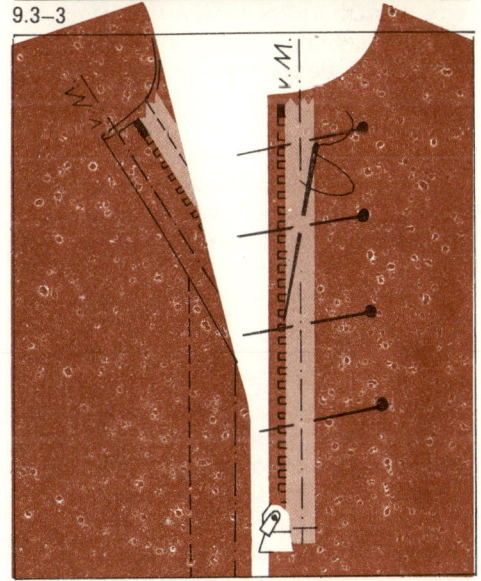

9.3–4

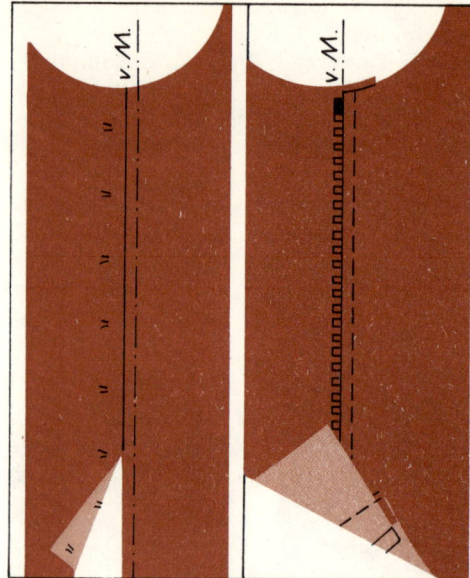

9.3–5

nau passend auf die Außenseite des Untertritts heften (probieren!) und aufsteppen (Abb. 9.3–4). Die unteren Enden des Reißverschlusses sorgfältig durch feste Handstiche oder mehrmaliges Hin- und Hernähen mit der Nähmaschine vor dem Ausplatzen sichern.

2. Verarbeitungsmöglichkeit: Den geöffneten Reißverschluß so auf die Innenseite des Obertritts heften und steppen, daß die im Schnitt angegebene Stepplinie zugleich die Nählinie bildet. Den Reißverschluß schließen und den Obertritt Mitte auf Mitte auf den Untertritt stecken. Die Ansatzlinie für die zweite Reißverschlußhälfte auf dem Untertritt markieren, von da aus im Abstand von 1 cm parallel eine Kreidelinie ziehen und den Untertritt an dieser Linie abtrennen (Abb. 9.3–5). Die Schnittkante 1 cm breit nach innen umlegen, die zweite Reißverschlußhälfte mit den Zähnen sichtbar unterheften, so daß man sie knappkantig untersteppen kann. Den abgetrennten Streifen 1 cm unter den Reißverschluß schieben, feststecken und beim Untersteppen gleich mitfassen (↑ Abb. 9.3–5). Die Untertrittkante auf volle Breite ergänzen, den dadurch schmaler gewordenen Belag umheften und die vordere Kante weiterverarbeiten.

Diese Verarbeitungsmöglichkeit empfiehlt sich, wenn entweder der Reißverschluß farblich nicht gut paßt oder wenn ein möglichst unauffälliger Verschluß gewünscht wird.

9.4. Taschen in der Jacke

Bevor man eine Klappen- oder eine Leistentasche in ein Kleidungsstück arbeitet, sollte man die Technik auf jeden Fall erst einmal in einem Stoffstück ausprobieren,

9.4–1

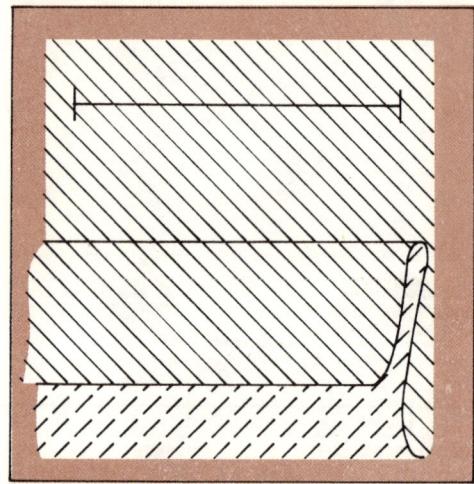

9.4–2

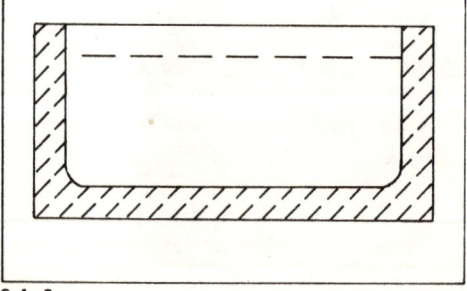

9.4–3

um sich die nötige Fertigkeit anzueignen und um Mißerfolgen vorzubeugen. Denn Klappen- und Leistentaschen, die zugleich auch schmückendes Detail sind, sehen nur gut aus, wenn sie exakt gearbeitet sind. Der Nähanleitung zum Probieren wurden Maßangaben beigegeben; werden Klappen- oder Leistentaschen in Kleidungsstücke gearbeitet, richtet man sich selbstverständlich nach den Angaben im Schnitt.

9.4.1. Die Klappentasche

Zuschnitt: Für die Klappe Retovlies zum Aufbügeln 16 cm lang und 5 cm breit zuschneiden; Futter und Oberstoff je 18 cm lang und 6 cm breit zuschneiden; für den unteren Paspel Oberstoff 20 cm lang und 6 cm breit zuschneiden; für den Taschenbeutel Futterstoff 26 cm lang und 20 cm breit zuschneiden. Auf fadengeraden Zuschnitt von Futter- und Oberstoff achten!

Verarbeitung: Auf die linke Seite des Probestücks (etwa 30 cm × 30 cm) einen 16 cm langen fadengeraden Eingriff aufzeichnen (Abb. 9.4–1) und mit Heftgarn auf die rechte Seite übertragen. Das Futter, mit je 2 cm Abstand vom Rand auf den Eingriff treffend, auf die linke Stoffseite heften (Abb. 9.4–2). Dadurch wird der Eingriff befestigt und vor späterem Ausdehnen geschützt. Die Klappe verstürzen: Das Vlies auf die linke Futterseite bügeln (Abb. 9.4–3), den Oberstoff rechts auf rechts leicht angeschoben dagegen heften und neben dem Vlies nähen (eine Längsseite bleibt offen). Die Nahtzugaben verschneiden, die Klappe wenden, von links durchheften, bügeln und im Abstand von 4 cm parallel zur Kante die offene Längsseite, die Ansatzlinie, durchheften (Abb. 9.4–4). Die Klappe rechts auf rechts, mit der Ansatzlinie auf die Eingriffsmarkierung treffend, anlegen und heften.

Den 6 cm breiten Paspelstreifen mit der Schnittkante an die der Klappe gegenüberliegende Seite der Eingriffsmarkierung anlegen und im Abstand von 1 cm heften. Klappe und Paspelstreifen von rechts annähen, dabei die Enden gut vernähen. Von links den Eingriff einschneiden: In der Mitte zwischen beiden Naht-

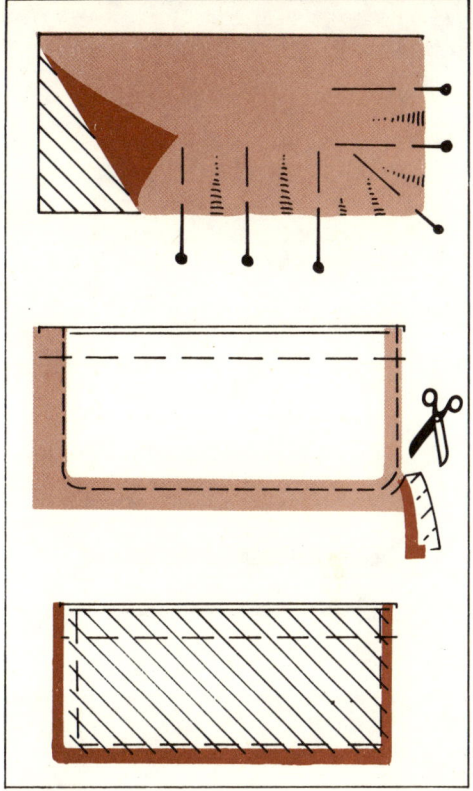

9.4–4

linien bis 1 cm vor Nahtende, von da aus jeweils schräg in die Ecken. Die Ansatzlinie des Paspelstreifens breitbügeln, den Stoff nach links um die Nahtzugabe herumlegen und in der Ansatzlinie durchnähen (Abb. 9.4–5). Die links und rechts am Einschnitt entstandenen kleinen Stoffdreiecke mit dem Paspel von links vernähen (Abb. 9.4–6). Die Klappe nach unten legen und Klappenansatznaht sowie den Paspel bügeln.

Die offene Schnittkante des Paspelstreifens mit Zick-Zack-Stich auf das Futter nähen oder die Schnittkante zwischen eine Falte im Futter fassen und von links abnähen. Das Futter zur Hälfte nach oben schlagen, daß es den Taschenbeutel ergibt. Von rechts in der Ansatznaht der Klappe durchnähen. Den Oberstoff zurückschlagen und beide Seiten des Futterbeutels schließen; am unteren Bruch gerundet abnähen (Abb. 9.4–7). Nach dem Versäubern des Futterbeutels die Tasche bügeln.

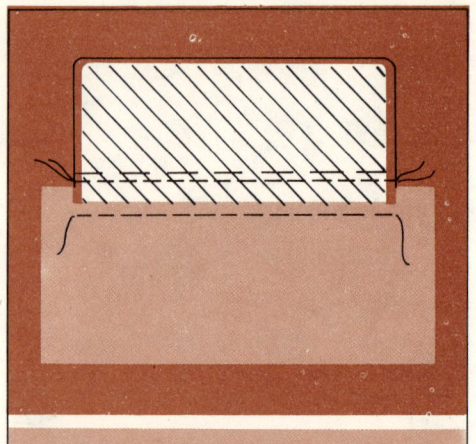

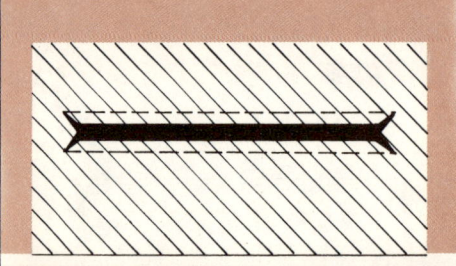

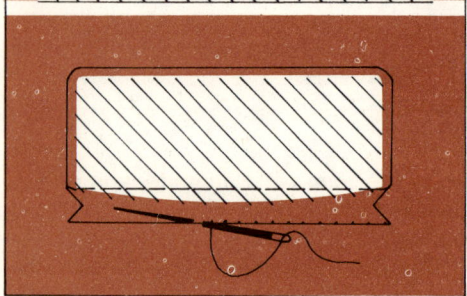

9.4—5

9.4.2. Die Leistentasche. Vor dem Zuschnitt ist ein Schnitteil mit der Schrägung der Leistentasche anzufertigen. Man zeichnet auf Papier eine Vorlage: Eine 14 cm lange Linie rechts und links rechtwinklig nach oben begrenzen, rechts in Höhe von 1,5 cm einen Punkt antragen und diesen mit dem linken Endpunkt der Linie verbinden. Von dieser Verbindungslinie im Abstand von 3 cm nach oben eine Parallele zeichnen (Abb. 9.4—8). Das so entstandene schräg stehende Viereck ausschneiden und als Schnitt für die Leiste verwenden. Es ist jeweils so aufzulegen, daß je nach linker oder rechter Stoffseite die Schrägung in richtiger Richtung verläuft.

Zuschnitt: Für die Leiste Retovlies zum Aufbügeln 1 cm breiter als der Schnitt zuschneiden. Oberstoff in Schnittgröße der Leiste plus ringsum 1 cm Nahtzugabe zuschneiden. Für den Taschenbeutel zwei Futterstoffteile zuschneiden: das erste

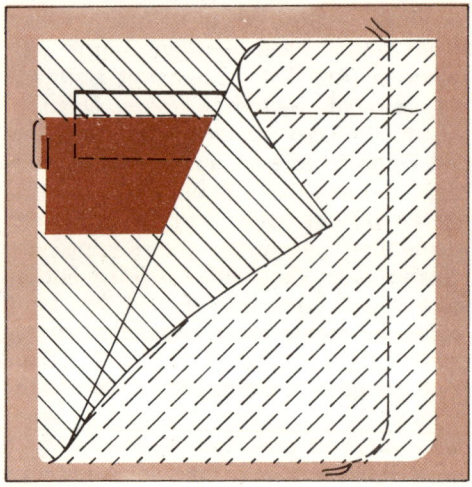

9.4—7

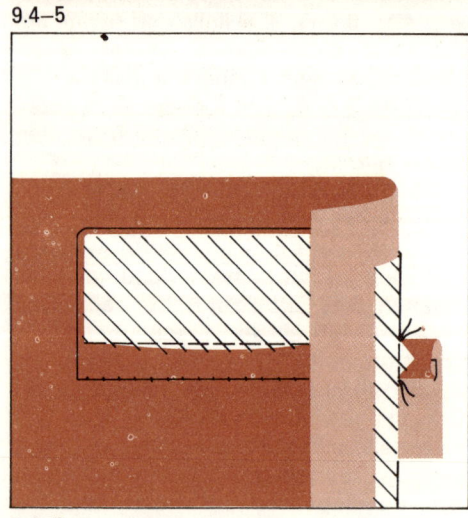

9.4—6

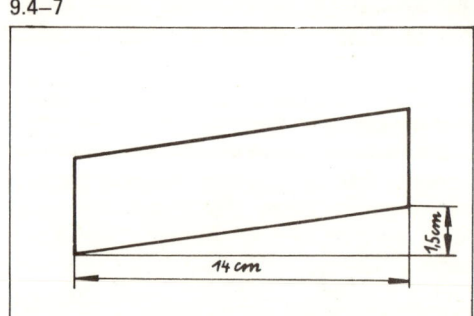

9.4—8

18 cm breit und 12 cm lang, das zweite 18 cm breit und 15 cm lang; dabei ist jeweils an der oberen Schnittkante die Schrägung der Leiste anzulegen (auf diese Weise hat man beim größeren Taschenbeutelteil das Futter für die Leiste gleich angeschnitten). Zum Befestigen des Eingriffs Vlies 18 cm breit und 6 cm lang zuschneiden.

Verarbeitung: Auf die linke Seite des Probestücks (etwa 30 cm × 30 cm) einen genau der Schräglage der Leiste entsprechenden Eingriff einzeichnen (Abb. 9.4–9) und mit Heftgarn auf die rechte Seite übertragen. Den Vliesstreifen, auf den Eingriff treffend, auf die linke Seite heften (Abb. 9.4–10). Die Leiste verstürzen: Auf das größere Taschenbeutelteil das Vlies für die Leiste aufbügeln und das überstehende Futter verschneiden (Abb. 9.4–11). Den Oberstoff der Leiste – leicht angeschoben – rechts auf rechts dagegenheften und neben dem Vlies bis zur Ansatzlinie nähen (Abb. 9.4–12). Am Nahtende jeweils bis zur Naht einschneiden. Nach dem Verschneiden der Nahtzugaben die Leiste wenden und von links durchheften. Im Abstand von 3 cm parallel zur oberen Kante die Ansatzlinie durchheften. Die Leiste mit dem Taschenbeutel rechts auf rechts, mit der Ansatzlinie auf die Markierung treffend, anlegen und heften (Abb. 9.4–13). Die zweite Taschenbeutelhälfte gegenüber der Leiste mit der Schnittkante bündig an die Eingriffsmarkierung anlegen und im Abstand von 1 cm heften. Leiste (mit angeschnittenem Taschenbeutelteil) und zweite Taschenbeutelhälfte von rechts annähen, dabei die Naht des zweiten Taschenbeutelteils links und rechts 3 mm kürzer nähen, damit die Naht von der Leiste bedeckt wird. Von links den Eingriff einschneiden: in der Mitte zwischen beiden Nahtlinien bis jeweils 1 cm vor Nahtende, von da aus

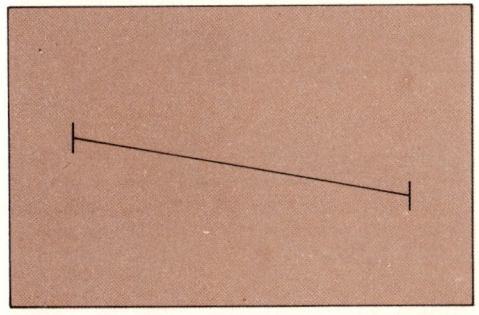

9.4–9

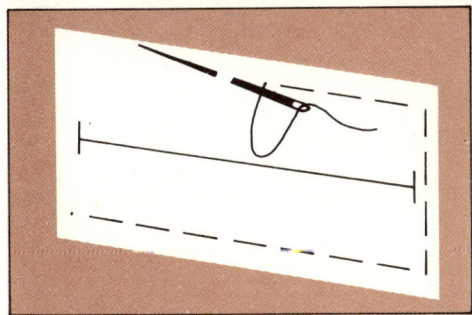

9.4–10

9.4–11

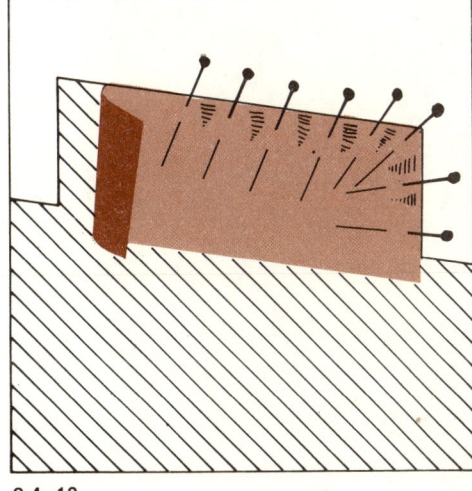

9.4–12

145

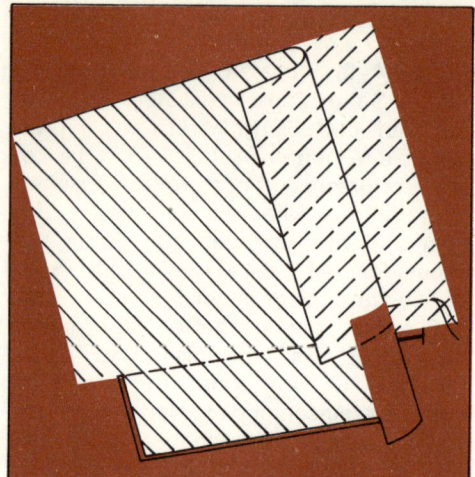

9.4—13

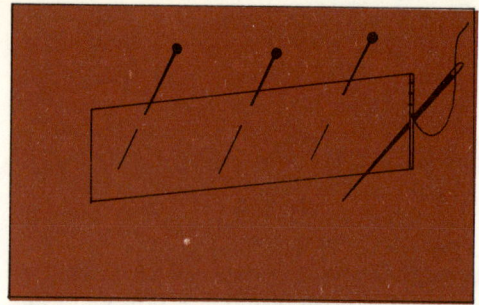

9.4—16

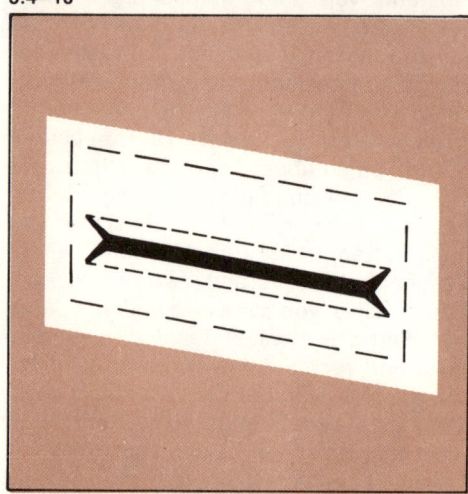

9.4—14

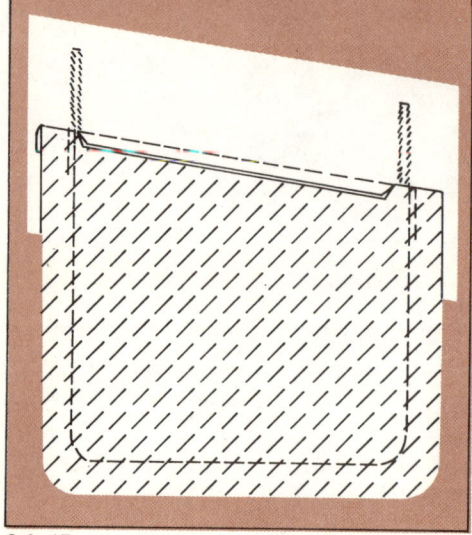

9.4—17

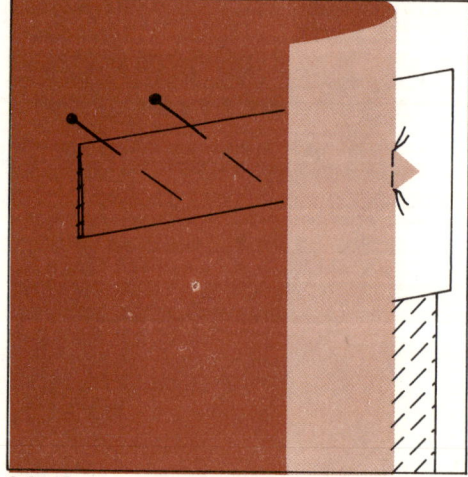

9.4—15

nach oben und unten schräg in die Ecken (Abb. 9.4—14). Das obere Taschenbeutelteil nach links ziehen, die Nahtzugabe nach unten legen und bügeln. Die durch den Einschnitt links und rechts entstandenen kleinen Stoffdreiecke mit dem Taschenbeutelteil von links vernähen (Abb. 9.4—15). Die Leiste nach oben legen und das angeschnittene Taschenbeutelteil ebenfalls nach links ziehen. Die Ansatznaht der Leiste von links bügeln und die Leiste feststecken. Den Oberstoff zurückschlagen und den Taschenbeutel zunähen. Man beginnt und endet jeweils dicht neben der Eingriffsbegrenzung und näht unten gerundet aus. Nach dem Versäubern des Taschenbeutels die Leiste an ihren Schmalseiten mit kleinen festen Stichen am Oberstoff und dem untergelegten Vliesstreifen befestigen, damit sie nicht ausplatzen kann (Abb. 9.4–16). Die Tasche von links bügeln (Abb. 9.4–17).

9.4.3. „Falsche" Leistentasche.
Sie kann in jeder Schrägung oder auch bei geradem Fadenlauf eingearbeitet werden.

Zuschnitt: Für die Leiste Retovlies zum Aufbügeln in Schnittgröße zuschneiden. Aus Oberstoff zwei gleiche Teile in geradem Fadenlauf zuschneiden. Die Breite beträgt Fertigbreite der Leiste plus 4 cm als Nahtzugabe rechts und links; die Länge beträgt doppelte Leistenbreite plus 1,5 cm Nahtzugabe plus etwa 15 cm als Taschenbeutel. Zum Befestigen des Eingriffs Vlies 18 cm breit und 6 cm lang zuschneiden.

Verarbeitung: Auf die linke Seite der markierten Leistenform den Vliesstreifen aufheften.

Danach auf das eine Teil den Retovliesstreifen im Abstand von 1,5 cm von oben und jeweils im seitlichen Abstand von 2 cm auf die linke Stoffseite aufbügeln.

Das mit Vlies beklebte Teil rechts auf rechts an der unteren Markierung anheften, das zweite Teil rechts auf rechts an der oberen Markierung anheften. Beide Teile annähen (Abb. 9.4–18). Nahtanfang und -ende sorgfältig verstechen. In der Mitte zwischen den Teilen den Eingriff einschneiden. Jeweils bis 1 cm vor Schlitzende und von da aus schräg in die Ecken schneiden (Abb. 9.4–19). Beide Ansatznähte breitbügeln und die Teile nach innen wenden (Abb. 9.4–20). Am unteren Teil den Stoff um den Vliesstreifen herumheften, in der Ansatznaht von rechts durchsteppen.

Die Leiste genau an die obere Ansatznaht treffend festheften (Abb. 9.4–21). Die durch den Einschnitt entstandenen kleinen Dreiecke mit Leiste und Taschenbeutelteil von links sorgfältig vernähen (Abb. 9.4–22). Den Oberstoff zurückschlagen und den Taschenbeutel rundum zunähen. Das überstehende Taschenbeutelteil auf gleiche Länge wie das andere verschneiden und die Nahtzugaben mit Zick-Zack-Stich versäubern.

9.4–18

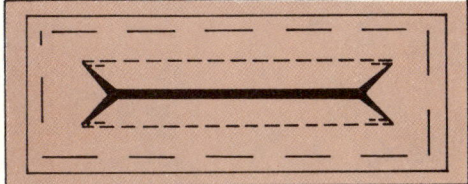
9.4–19

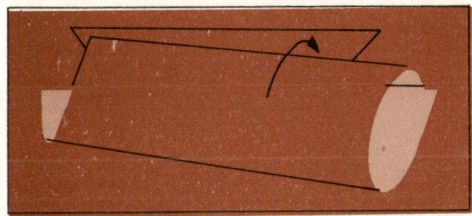
9.4–20

9.4–21

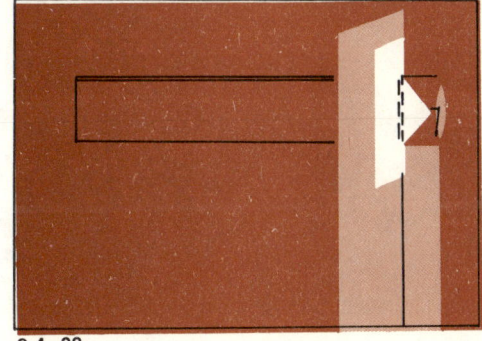
9.4–22

10. Der Mantel

Sommermäntel und Mäntel aus leichtem Stoff erhalten für Vorderteile und Kragen Einlagen aus Vlies, die einfach einzuarbeiten sind (↑ 6.2.2. und 6.2.3.). Bei der Verarbeitung dicker Stoffe verwendet man statt der Vlieseinlage besser Steifleinen. Man berechnet die Menge, die man kaufen muß, nach der Länge des Vorderteils von der Schulterspitze bis zum Saum; denn Steifleinen wird, wie auch der Oberstoff, in Längsrichtung verarbeitet. Bevor man es verwendet, ist es durch feuchtes Abbügeln vor dem Einlaufen zu sichern.

Die Verarbeitung wird an einem geraden Mantel mit Revers, Rückenschlitz und zweinähtigen Ärmeln erläutert.

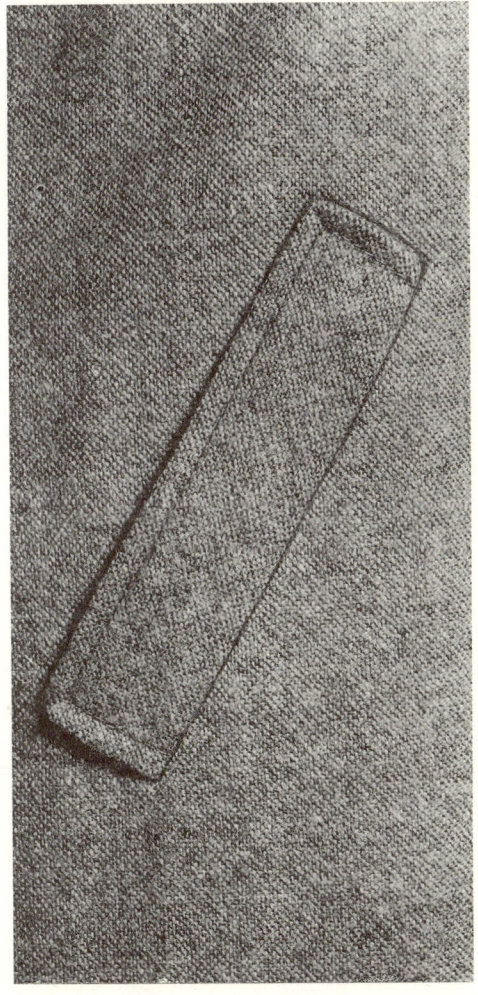

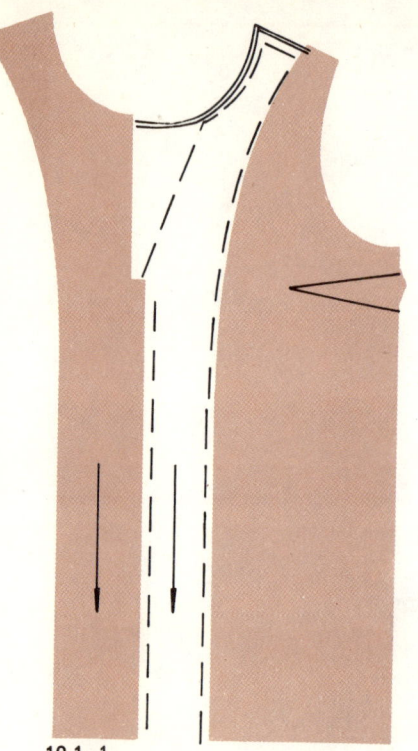

10.1—1

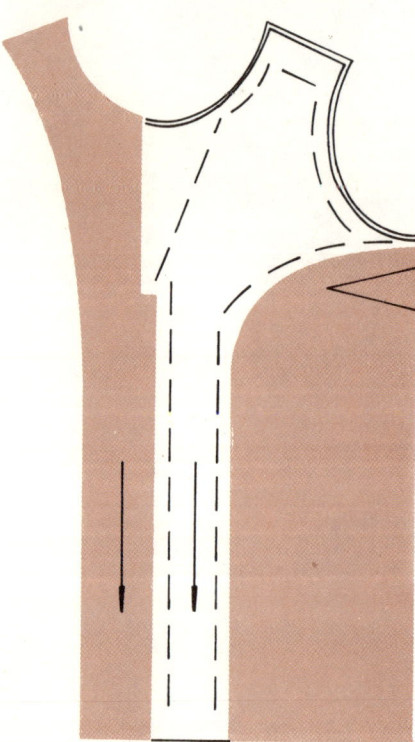

10.1—2

10.1. Vorbereitung zur Anprobe

Bei Mantelstoffen sollte man alle Linien des Schnitts durchschlagen, da sich Kreidemarkierungen während der Verarbeitung leicht verwischen (↑ 3.6.1.).

10.1.1. Die Vorderteile. Man schneidet das Steifleinen nach den Vorderteilen zu; es reicht von der Saumkante bis in die Schulternaht; die Breite entspricht der Breite des Belags, man kann aber auch die gesamte Schulterpartie bis zum Armloch mit Steifleinen unterlegen (Abb. 10.1—1; 10.1—2).

Am Revers wird das Steifleinen um 1,5 cm breiter als die vordere Markierung zugeschnitten, damit man die Einlage während des Pikierens locker halten kann.

Das Steifleinen wird auf die linke Oberstoffseite gesteckt und zunächst 1 cm von der vorderen Kante entfernt festgeheftet. Dann wendet man das Vorderteil und heftet die gesamte Einlage von rechts unter. Dabei streicht man den Stoff glatt, damit sich keine Falten oder Blasen bilden können. Am Revers heftet man die Einlage nur in der Bruchlinie fest; an der vorderen Schnittkante bleibt sie vorerst lose.

10.1.2. Der Rücken. Die hintere Mittelnaht wird bis zur Schlitzmarkierung zugenäht, der Schlitz bis zum Saum zugeheftet und die Nahtzugabe bis 5 cm unterhalb der Schlitzmarkierung auf 2,5 cm verschnitten. Nach dem Breitbügeln der Naht schneidet man schräg von oben nach unten in die Nahtzugabe der Untertrittseite ein und legt den Untertritt nach der Obertrittseite um (Abb. 10.1—3).

Um das Verdehnen des hinteren Halslochs zu verhindern, wird ein etwa 6 cm breiter Formstreifen (↑ 6.2.1.) aus schräggeschnittenem Steifleinen untergeheftet; er wird später beim Nähen mitgefaßt (↑ Abb. 10.1—3).

10.1.3. Die Ärmel. Beide Oberärmel werden an den vorderen Schnittkanten dressiert (↑ 2.20.3.), d. h., sie werden gedehnt (Abb. 10.1—4). Die vorderen Nähte werden genäht, schmal verschnitten und

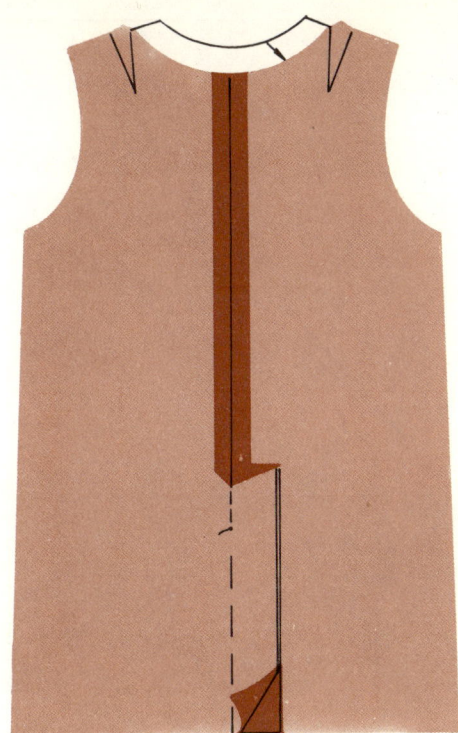

10.1—3

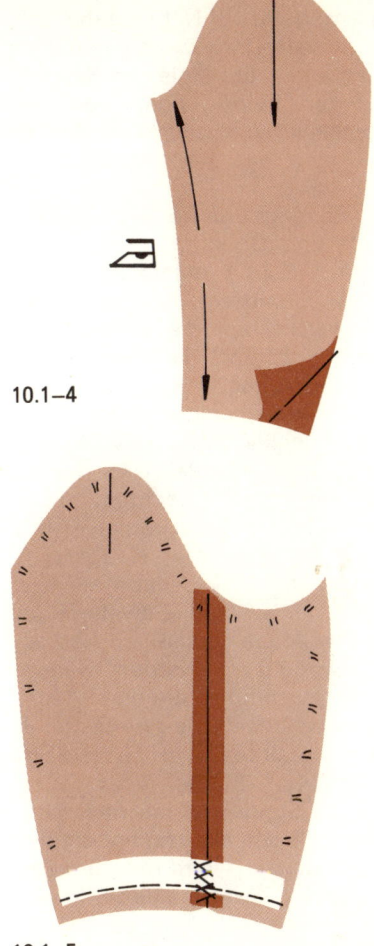

10.1—4

10.1—5

breitgebügelt. Dem bogenförmigen Verlauf des Ärmelsaums entsprechend, wird eine 6 cm breite dünne Vlieseinlage zugeschnitten und untergeheftet. Die untere Kante der Einlage liegt dabei 1 cm unterhalb der Durchschlaglinie für den Ärmelsaum. Sie wird auf der Saumlinie durchgeheftet, knapp darunter mit Rückstichen befestigt und an der vorderen Ärmelnaht mit feinen Hexenstichen angenäht (Abb. 10.1—5). Die hinteren Ärmelnähte werden geheftet, dabei faßt man die Einlage mit. Nach dem Umheften der Ärmelsäume zieht man mit Handstichen einen Reihfaden aus Knopflochseide in die Ärmelkugel ein, um die Weite der Kugel einzuhalten und dadurch das Einsetzen der Ärmel zu erleichtern.

10.1.4. Der Kragen. Der im schrägen Fadenlauf zugeschnittene Unterkragen besteht aus zwei Hälften, die durch Mittelnaht verbunden werden. Die Naht ist breitzubügeln (Abb. 10.1—6). In gleicher Größe und Form, ebenfalls in schrägem Fadenlauf, wird das Steifleinen für den

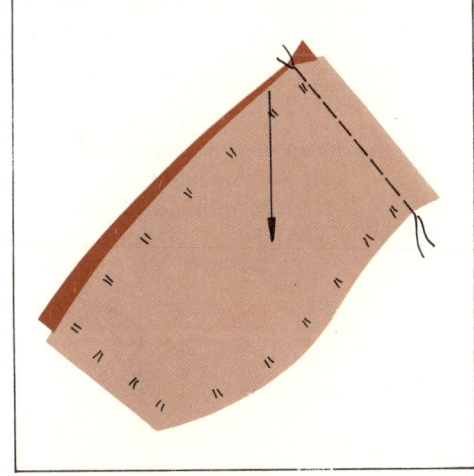

10.1—6

Kragen zugeschnitten und die Mittelnaht genäht. Nahtzugabe auf Nahtzugabe treffend, steckt man Unterkragen und Einlage zusammen; in der Linie des Kragenbruchs werden beide Lagen von der Unterkragenseite aus zusammengeheftet (Abb. 10.1–7).

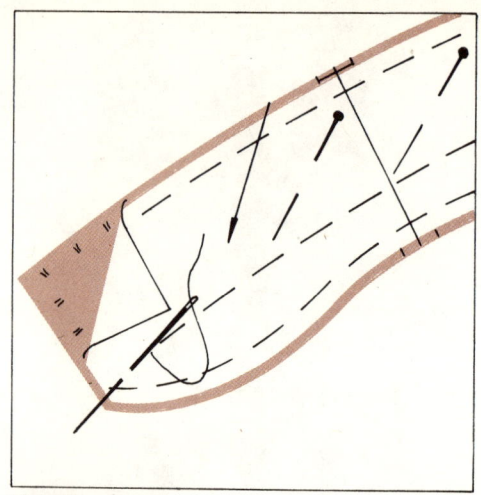

10.1–7

10.1.5. Das Pikieren von Revers und Kragen.
Einlage und Oberstoff werden mit Pikierstichen (↑ 2.2.1.) miteinander verbunden. Die Schnittform zeichnet man zuerst mit Bleistift auf die Einlage, um beim Pikieren nicht über die Randmarkierung hinauszustechen. Pikiert wird folgendermaßen: Man beginnt etwa 1,5 cm hinter der Bruchlinie des Revers und sticht bis zur Außenkante. Das Revers wird beim Pikieren leicht nach außen gewölbt mit der linken Hand gehalten. Mit der rechten Hand sticht man waagerecht zum Reversbruch in die Einlage ein und erfaßt dabei nur wenige Gewebefäden des Oberstoffs. In gleichmäßigen Abständen von etwa 1,5 cm werden waagerechte Stiche ausgeführt, die erste Reihe von unten nach oben, die zweite Reihe von oben nach unten und so fort im Wechsel (Abb. 10.1–8). Bei jeder neuen Reihe wird das Steifleinen mit dem Daumen leicht zum Bruch hin geschoben; der darunterliegende Stoff wird mit dem Zeigefinger gehalten. Zwischen den Stichreihen dürfen keine Fältchen entstehen. Nach dem Pikieren wird der überstehende Rand des Steifleinens abgeschnitten und das Revers unter feuchtem Tuch so gebügelt, daß die leichte Wölbung erhalten bleibt.

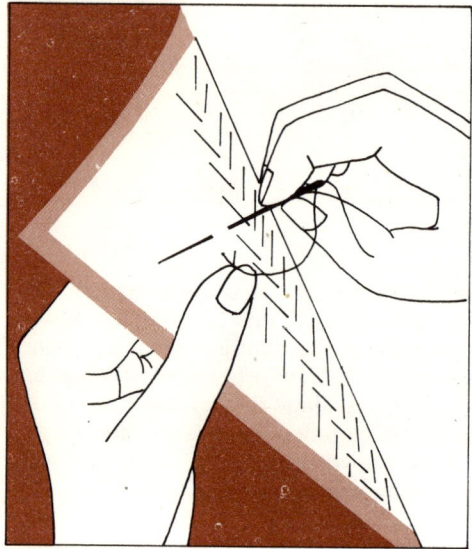

10.1–8

Beim Kragen beginnt man mit dem Pikieren auf der Bruchlinie und pikiert zuerst den Kragenfuß in parallelen Reihen bis zur Kragenansatznaht. Der übrige Kragen wird schräg von der Mittelnaht aus nach beiden Seiten in entgegengesetzter Richtung pikiert. Die überste-

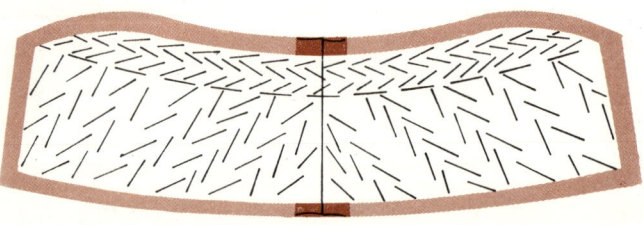

10.1–9

hende Einlage wird abgeschnitten und der Kragen unter feuchtem Tuch gebügelt (Abb. 10.1–9). Um die gewölbte Form zu erhalten, bügelt man von der Kragenansatznaht zum Bruch und dann von der Außenkante ebenfalls zum Bruch hin.

Die so vorbereiteten Mantelteile werden zusammengeheftet, der Belag wird nach innen gelegt und durchgeheftet und der Unterkragen am Halsloch angeheftet. Dann kann die Anprobe beginnen.

10.2. Die Mantelanprobe

Der Mantel wird Mitte auf Mitte zusammengesteckt; die obere Nadel steckt unterhalb des Revers, die untere an der Stelle des letzten Knopfes. Nach Überprüfung und Regulierung der Weite wird das Hauptaugenmerk auf den richtigen Fall des Mantels gerichtet.

10.2.1. Die vordere Kante schlägt übereinander (Abb. 10.2–1). Der Mantel muß an den Schulternähten, und zwar von außen nach innen verlaufend, gehoben werden. Man legt entweder ein Polster unter, oder man steckt die Schulternaht von vorn und hinten zum Halsloch hin verlaufend ab, bis die vordere Kante gerade fällt (Abb. 10.2–2; 10.2–3).

10.2.2. Die vordere Kante sperrt (Abb. 10.2–4). Die Ursache kann in einem zu tiefen Brustabnäher liegen. Der Mantel hat zu viel Vorderlänge. Die Korrektur dieses Fehlers ist im Abschnitt 6.1.1. beschrieben (Abb. 10.2–5).

10.2.3. Der Rückenschlitz klafft (Abb. 10.2–6). Im Bereich der Mittelnaht wird eine Querfalte weggesteckt (Abb. 10.2–7). Nach der Anprobe wird die Mittelnaht durch ein straff gehaltenes Nahtband eingehalten, das in der Nahtlinie festgenäht wird. Die eingehaltene Länge unter feuchtem Tuch verbügeln.

10.2.4. Der Kragen steht ab (Abb. 10.2–8). In diesem Fall ist der Kragen zu lösen und von der hinteren Mitte aus neu an dem Halsloch anzustecken. Man rückt ihn so weit nach innen ein, wie

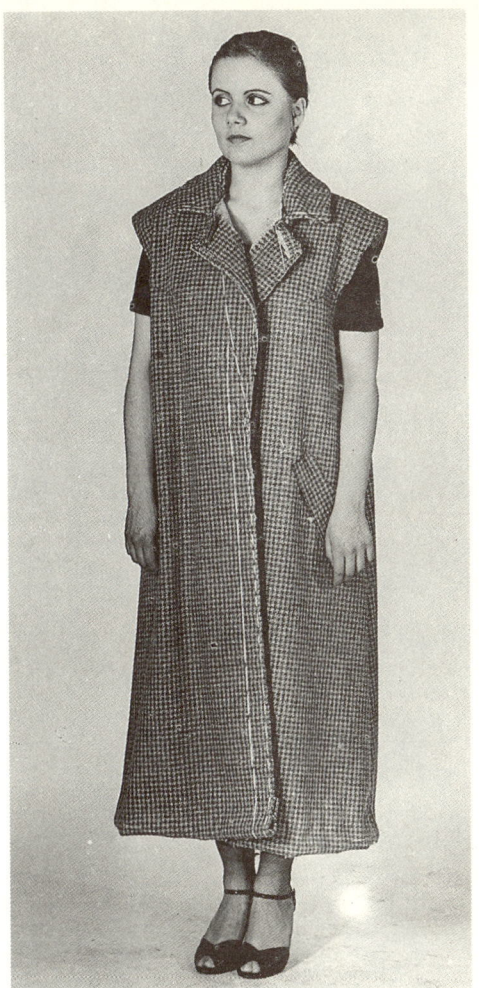

10.2–1

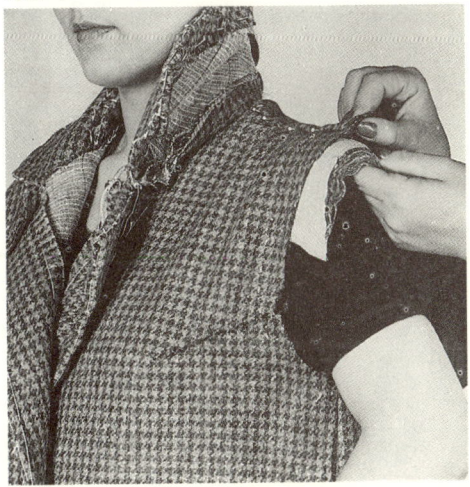

10.2–2

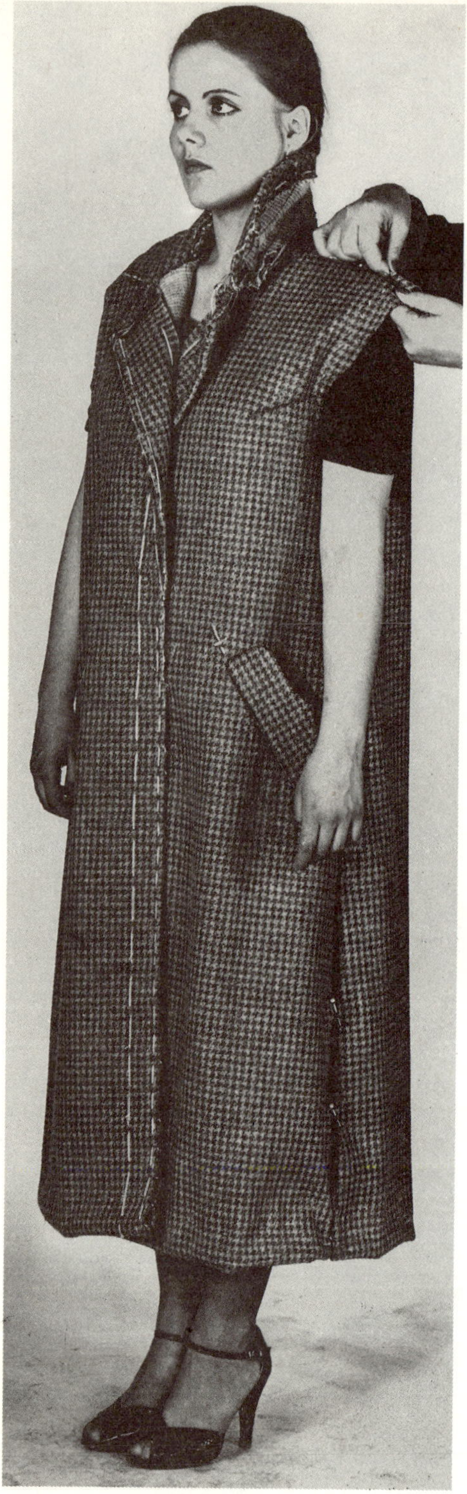

10.2—3

10.2—4

10.2—5

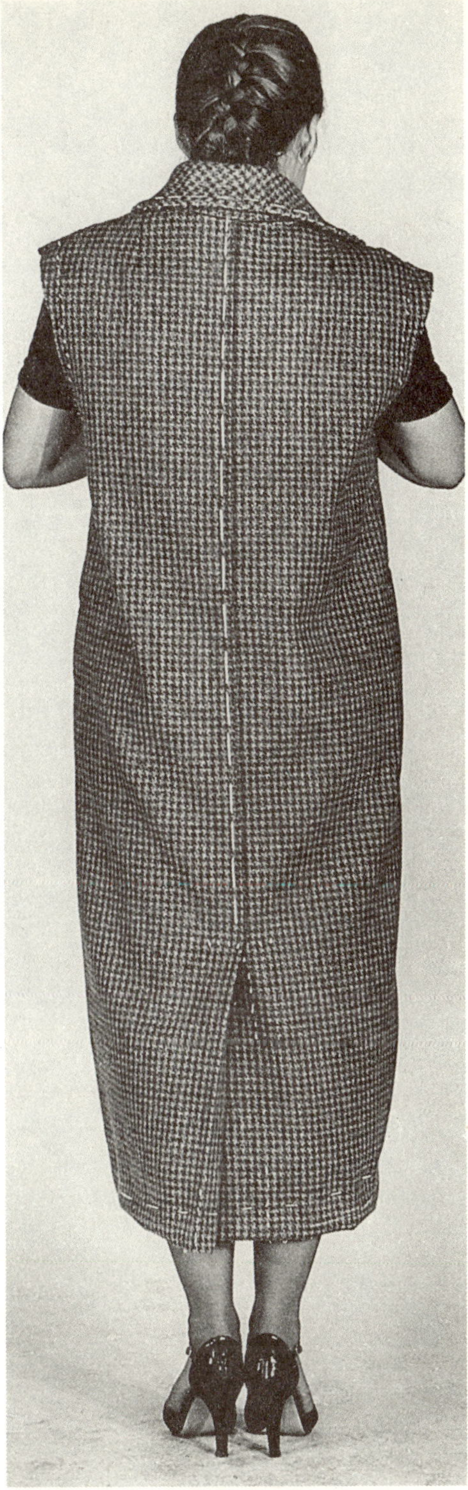

10.2—6

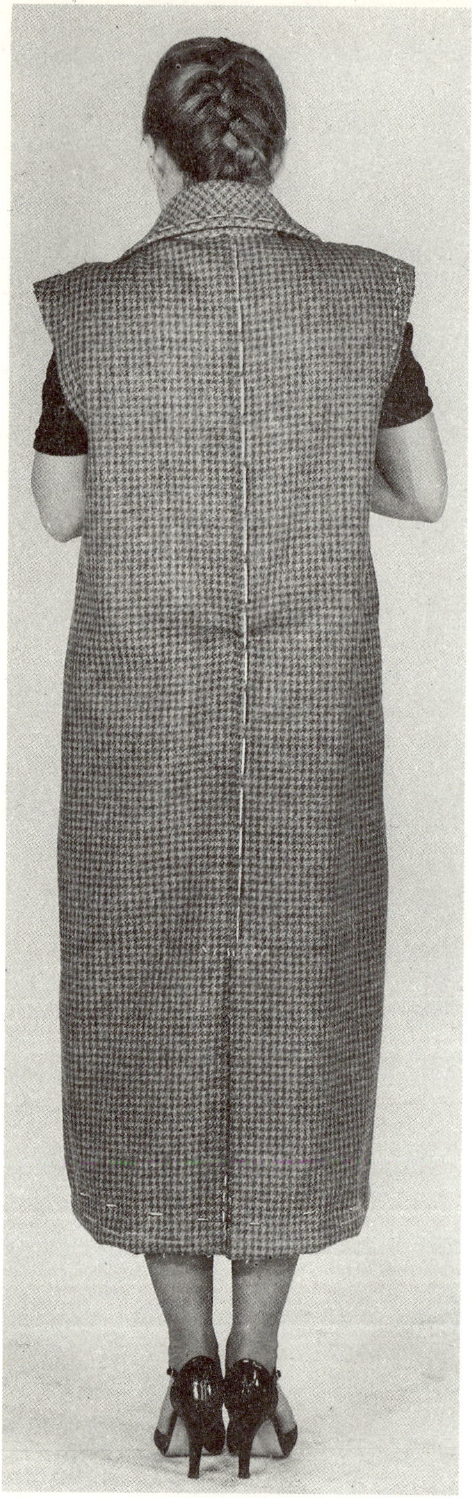

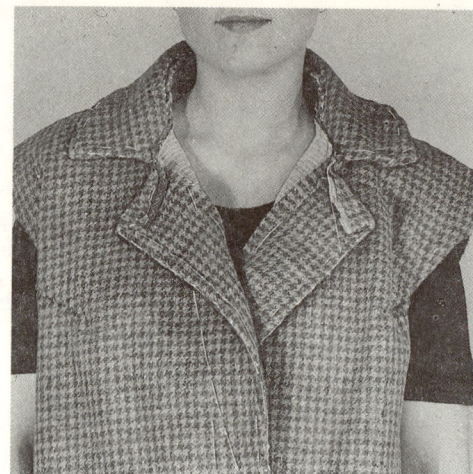

10.2—8

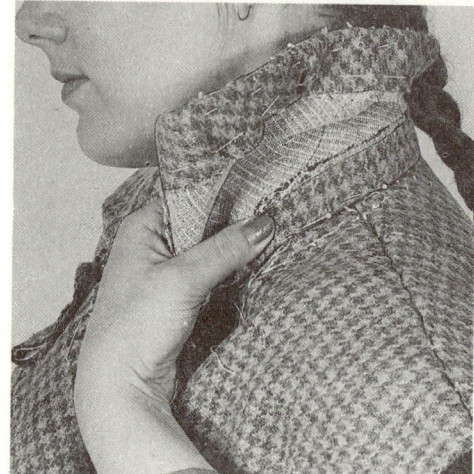

10.2—9

es die Nahtzugabe erlaubt. Der Kragen ist dabei straff zu halten; die überstehende Länge wird dann an den Kragenecken gekürzt (Abb. 10.2—9).

10.2.5. Überprüfen der Ärmel und der Details. Der zusammengeheftete Ärmel wird an das Ärmelloch angesteckt; dabei muß man sich helfen lassen. Das Anstekken wurde im Blusenkapitel unter 7.1. beschrieben. Beim Mantelärmel ist allerdings zusätzlich zu beachten, daß die vordere Ärmelnaht des zweiteiligen Ärmels etwa 4 cm vor der Seitennaht des Mantels liegt (Abb. 10.2—10; 10.2—11). Die Taschenlage sowie die Länge des Rükkenschlitzes werden geprüft und evtl. kor-

10.2—7

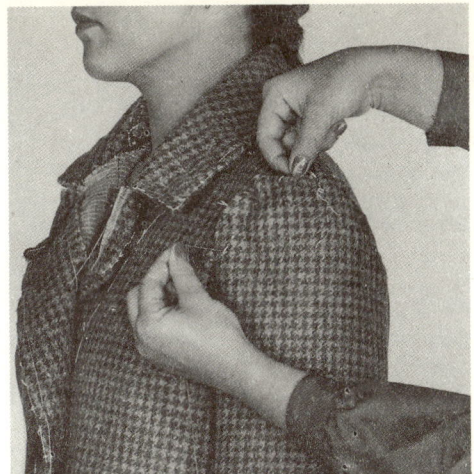

10.2–10

10.2–11

rigiert, der Saumverlauf wird kontrolliert und wenn notwendig neu abgesteckt.

10.3. Näharbeiten am Mantel

Wegen der großen Teile und des oft schweren Mantelstoffes empfiehlt es sich, den zusammengehefteten Mantel, nachdem man alle Korrekturen sorgfältig markiert hat, vor der Weiterverarbeitung wieder auseinanderzunehmen und in folgender Weise weiterzuverarbeiten:

10.3.1. Revers und vordere Kanten. Man näht die Brustabnäher, arbeitet die Taschen ein und stellt die vordere Kante fertig: Entlang der Bruchlinie des Revers, der Reverskante und der vorderen Kante wird Eckenband mit Schrägstichen auf das Steifleinen geheftet und an beiden Längsseiten anstaffiert (Abb. 10.3–1). Das Band verhindert das Verdehnen der Kanten. Der Saum wird bis kurz vor die Seitennaht umgeheftet und im Bereich des Belags abgestuft verschnitten.

Bei angeschnittenem Belag wird die obere Reversecke bis zum Kragenansatzpunkt verstürzt, der Belag umgeheftet und, über der linken Hand gewölbt, auf der Bruchlinie des Revers mit Schrägstichen festgeheftet.

Wurde kein Belag angeschnitten, so müssen Revers und vordere Längskante verstürzt werden. Der Belagstoff wird genau nach der Form von Kante und Revers

10.3–1

in doppeltem Stoff zugeschnitten, am Revers gibt man zur Nahtzugabe rundum noch 0,5 cm zu. Kann man den Belag nicht in einem Stück zuschneiden, empfiehlt es sich, die Quernaht unterhalb des ersten Knopfs zu legen. Der Belag wird rechts auf rechts angeheftet, dabei die Mehrweite am Revers angeschoben (Abb. 10.3–2). Neben dem Eckenband wird genäht, die Nahtzugaben werden stufig verschnitten, breitgebügelt, und der Belag wird gewendet.

Der Rand des Revers wird von der Unterseite aus durchgeheftet; die vordere Kante dagegen heftet man von der Belagseite aus. So läßt sich besser kontrollieren, daß die Naht von rechts nicht sichtbar ist. Das Revers wird, gewölbt über der linken Hand gehalten, in der Bruchlinie mit Schrägstichen durchgeheftet (Abb. 10.3–3). Revers und Kante werden nur ganz leicht gebügelt; denn die Heftfäden bleiben bis zuletzt im Stoff und dürfen sich beim Bügeln nicht eindrücken.

10.3.2. Der Kragen. Der Unterkragen wird nahtbreit verschnitten. Man schneidet den Oberkragen im Stoffbruch zu, die Form muß der Form des Unterkragens genau entsprechen, nur wird der Oberkragen rundum 0,5 cm größer geschnitten. Bei Stoffen mit Strich richtet man sich bei der Schnittauflage nach dem Rückenteil: Der Kragen wird in gleicher Strichrichtung zugeschnitten. Vorsichtshalber legt man den Stoff erst einmal an das Rückenteil an, bevor man den Kragen zuschneidet. Der Oberkragen wird rechts auf rechts auf den Unterkragen gesteckt, die Mehrweite des Oberkragens schiebt man dabei an (Abb. 10.3–4). Man näht auf der Unterkragenseite neben der Ein-

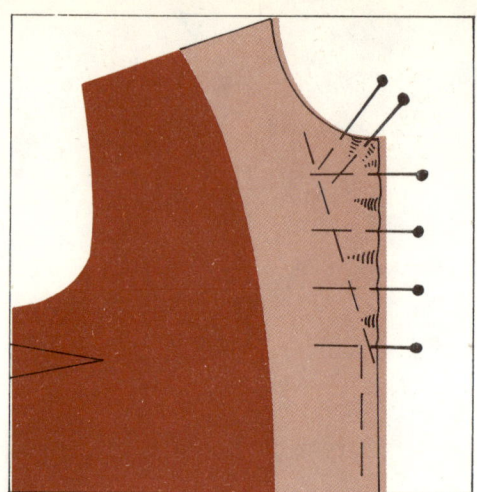

10.3–2

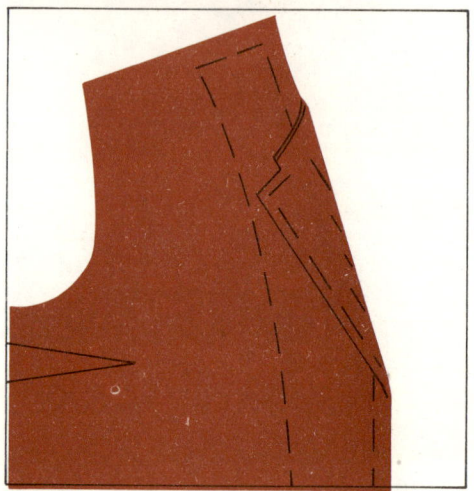

10.3–3

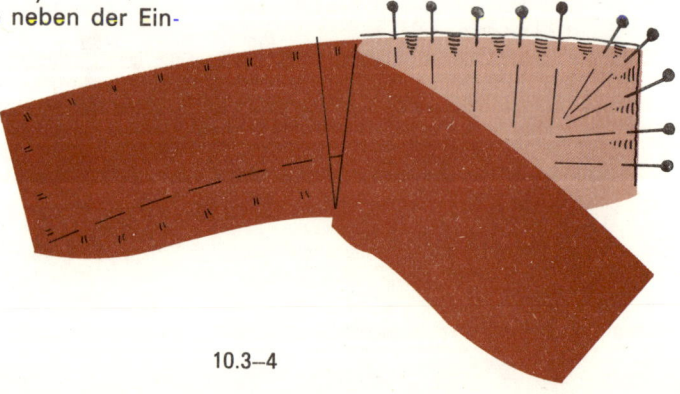

10.3–4

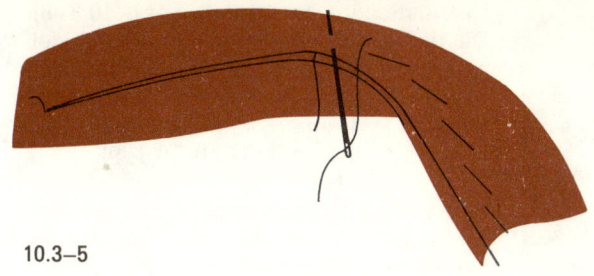

10.3–5

lage. Die Nahtzugaben werden stufig verschnitten, der Kragen gewendet und vom Unterkragen aus an den Rändern durchgeheftet. Damit der Oberkragen genügend Länge zum Umlegen hat, wird der Kragen, über der linken Hand gewölbt, mit Schrägstichen in der Bruchlinie durchgeheftet (Abb. 10.3–5).

10.3.3. Der Rückenschlitz. Der Untertritt des Schlitzes wird mit Einlage verstärkt, indem man einen etwa 10 cm breiten Retovliesstreifen 1 cm von der Kante entfernt bis zum Saum hin aufbügelt (Abb. 10.3–6). Die Schnittkante heftet man 1 cm breit nach links um und steppt sie knappkantig von rechts durch. Der Saum wird nach links geschlagen und dann an der Untertrittkante festgenäht (Abb. 10.3–7). Am Obertritt arbeitet man an der Bruchlinie Nahtband ein, schlägt Saum und Belag ebenfalls nach links und

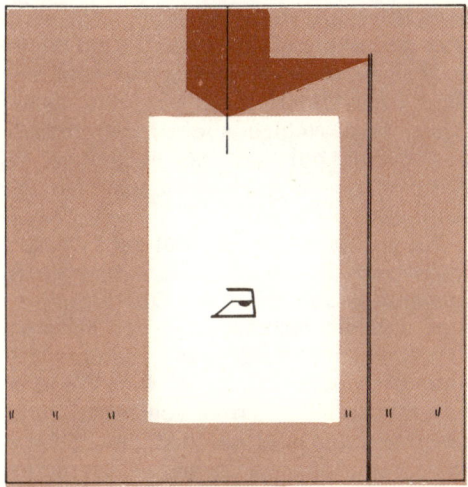

10.3–6

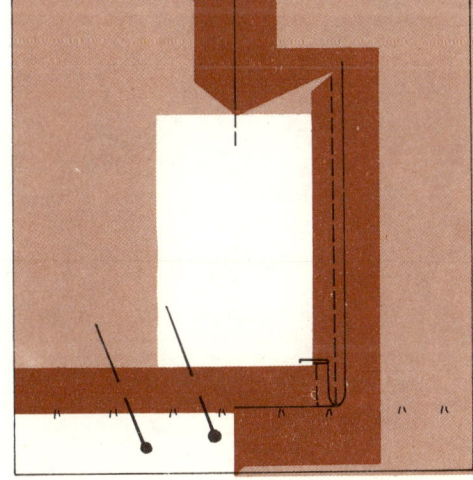

10.3–7

10.3–8

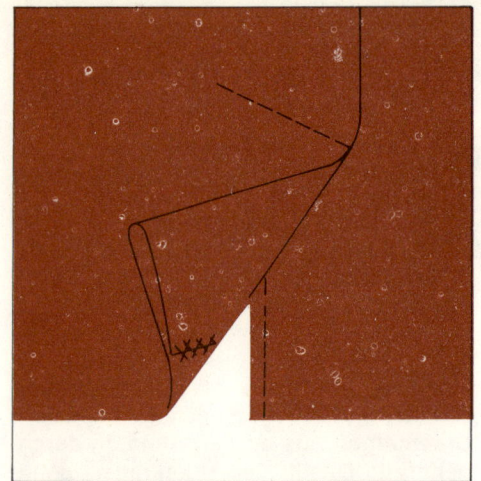

10.3—9

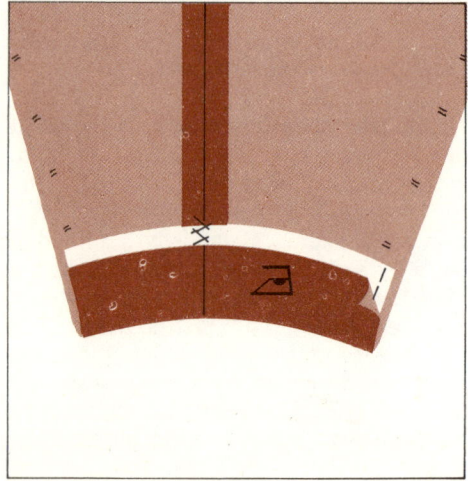

10.3—10

befestigt die Schnittkante des Belags mit Hexenstichen am Saum (Abb. 10.3—8). Die unteren Bruchkanten werden mit kleinen Hohlstichen zusammengenäht. Am oberen Schlitzende hält eine von rechts genähte schräge Stepplinie Ober- und Untertritt zusammen (Abb. 10.3—9).

10.3.4. Der Mantelärmel. Nach der Anprobe löst man zunächst die hintere Ärmelnaht bis zum Ellbogen. Der Ärmelsaum wird offen auf ebener Fläche gebügelt; er legt sich auf diese Weise besonders gut, und die Spannungen des Saums können vor dem Nähen beseitigt werden (Abb. 10.3—10). Die Naht wird genäht, der Saum auf etwa 4 cm Breite verschnitten und mit Hohlstichen an der Einlage befestigt.

Das Ärmelfutter. Es ist mit 1,5 cm Nahtzugabe zuzuschneiden, oben in der Rundung des Unterärmels gibt man allerdings 4 cm Nahtzugabe zu, damit sich das Futter gut um die hochstehende Nahtzugabe der Ärmeleinsatznaht herumlegen läßt (Abb. 10.3—11).

Futter- und Oberstoffärmel werden nach dem Zusammennähen nach links gewendet, Oberärmel auf Oberärmel gelegt und die Nahtzugaben der hinteren Ärmelnaht mit Vorstichen zusammengenäht (Abb. 10.3—12). Nach dem Wenden heftet man beide Ärmel von rechts rund um die Kugel und oberhalb des Saums mit großen Stichen zusammen

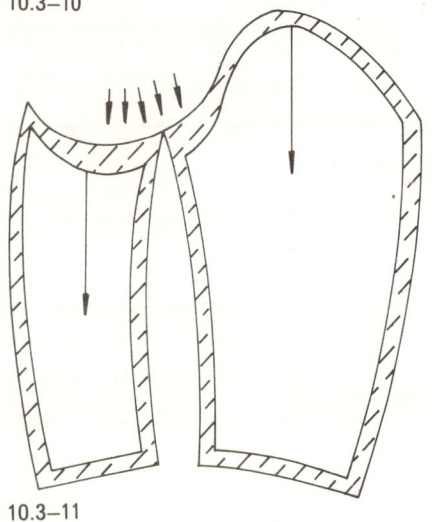

10.3—11

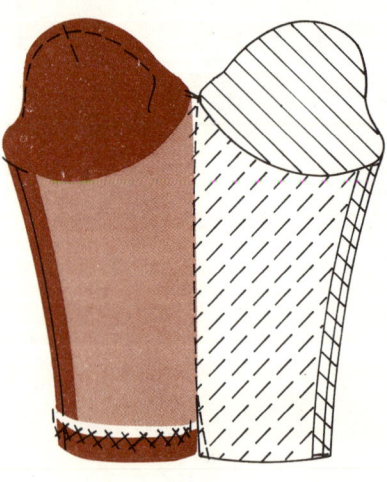

10.3—12

(Abb. 10.3–13). Das Futter wird am Saum 2 cm oberhalb der Kante angesteckt, schmal eingeschlagen und anstaffiert. Der Ärmel erhält eine besonders gute Form, wenn man die hintere Ärmelnaht auf der Unterärmelseite unter feuchtem Tuch vom Saum bis zum Ellbogen in den Bruch bügelt.

Nach dem Nähen der Schulter- und Seitennähte wird der restliche Saum umgeheftet und hohl angenäht. Die Einlage des Vorderteils wird über die Schulternähte hinweggelegt und an deren Nahtzugaben mit Vorstichen angenäht.

10.3.5. Das Ansetzen des Kragens. Man näht zuerst den Unterkragen an das Halsloch an. Danach wird die Nahtzugabe an den Innenrundungen kurz eingeschnitten, die Ansatznaht breitgebügelt, und die Nahtzugaben werden am Steifleinen mit Hexenstich angenäht (Abb. 10.3–14). Der Oberkragen wird zwischen Reversecke und Schulternaht bis zur Ansatznaht eingeschlagen und mit Handstichen angenäht. An der Schulternaht schneidet man kurz ein und legt den Oberkragen im Halsloch glatt über die Ansatznaht hinweg. Von rechts steppt man ihn in der Ansatznaht fest (Abb. 10.3–15). Der Belag wird quer zur oberen Schnittkante mehrmals kurz eingeschnitten, die Nahtzugabe eingeschlagen und mit kleinen Handstichen am Oberkragen festgenäht (Abb. 10.3–16). Das überstehende Stück

10.3–14

10.3–15

10.3–13

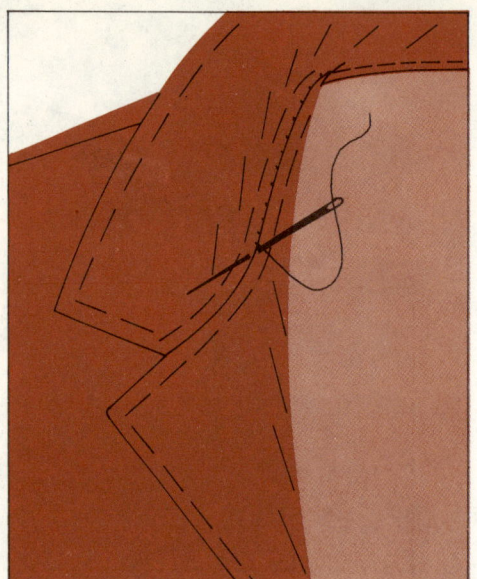

10.3—16

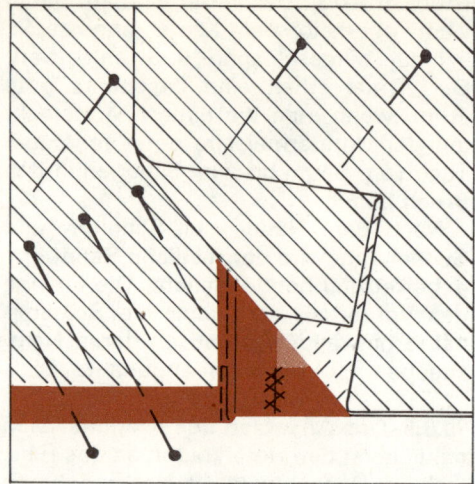

10.3—17

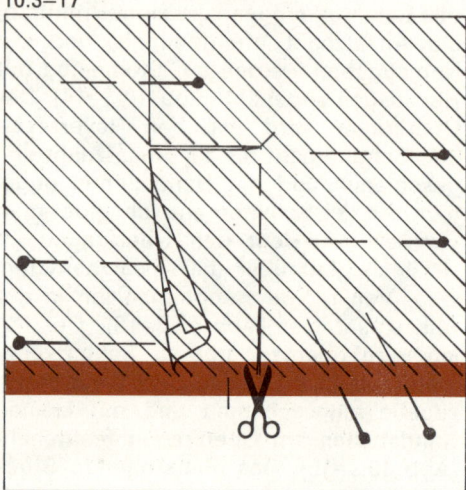

10.3—18

an der Schulternaht befestigt man mit Handstichen an der Einlage.

10.3.6. Das Füttern des Mantels. Das Futter wird nach den Schnitteilen, in die alle Veränderungen übernommen worden sind, mit rundum 2 cm Nahtzugabe zugeschnitten, genäht und gebügelt.

In der Rückenmitte muß die Nahtzugabe genauso breit sein wie am Oberstoff, damit der Schlitz versäubert werden kann. Die Mittelnaht wird vom Halsloch 3 cm nach unten und von der Taille bis zum Schlitz zugenäht, das dazwischenliegende Stück wird als Bewegungsfalte nur gebügelt. Die Nahtzugabe wird bis 5 cm oberhalb des Schlitzes auf 2,5 cm verschnitten und nochmals füßchenbreit von oben bis unten zugenäht. Schlitz und Rückennaht des Futters werden zur Seite gebügelt, der Rückennaht im Mantel genau entgegengesetzt. Man näht die Nahtzugaben des Futters an den Schulter- und Seitennähten mit denen des Mantels zusammen. Dann heftet man das Futter um Ärmellöcher, vordere Kanten, Saum und Halsloch fest, schlägt es ein, steckt es fest und staffiert es an. Rund um den Schlitz wird das Futter festgesteckt, dann schlägt man es an der

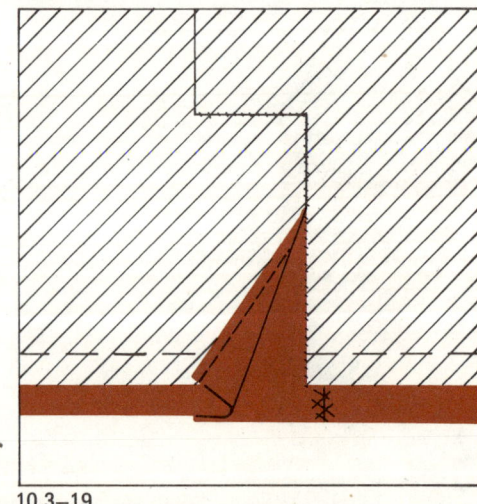

10.3—19

10.3—20

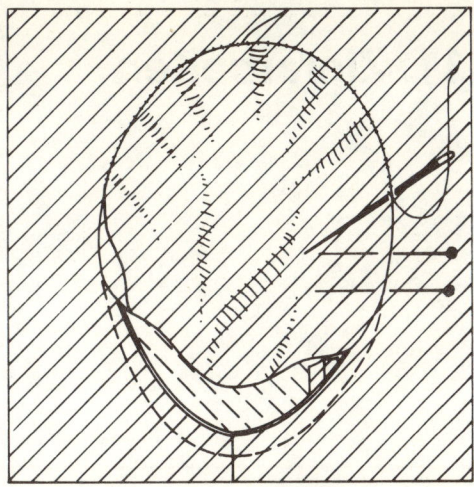

10.3—21

Bruchkante des Untertritts ein, steckt und staffiert es an (Abb. 10.3—17). Um das Futter am Obertritt annähen zu können, muß ein Teil ausgeschnitten werden. Man schneidet 2 cm vor der Schnittkante des Obertrittbelags senkrecht nach oben ein bis 1 cm unterhalb des Schlitzendes. Von da aus schneidet man waagerecht bis zum Bruch, in die obere Ecke wird schräg eingeschnitten und das Futter ringsherum 1 cm eingeschlagen. Nach dem Feststecken wird es anstaffiert und der Schlitz anschließend gebügelt (Abb. 10.3—18; 10.3—19).

10.3.7. Das Einsetzen der Ärmel. Die Ärmel werden, ohne das Futter zu fassen, in die Ärmellöcher eingesteckt: Zuerst steckt man die hochste Stelle der Kugel an der Schulternaht fest; die vordere Ärmelnaht liegt dabei etwa 4 cm vor der Seitennaht im Vorderteil. Beide untere Rundungen müssen glatt aufeinanderpassen. Die Weite der Ärmelkugel muß gleichmäßig von der Schulternaht aus nach vorn und hinten eingehalten werden.

Nach dem Heften und Nähen werden die Nahtzugaben verschnitten und unter feuchtem Tuch gebügelt, damit die Einsatznaht glatt im Ärmel liegt.

Das Futter des Mantels wird an der Ärmeleinsatznaht mit Vorstichen angenäht. Die Nahtzugabe des Ärmelfutters wird bis zu dieser Nählinie eingeschlagen, im Bereich der unteren Ärmelrundung um die hochstehende Nahtzugabe herumgeschlagen, festgesteckt und anstaffiert (Abb. 10.3—20). Nach dem Entfernen der Heftfäden das gesamte Futter bügeln.

In der Kragenmitte wird ein Aufhänger angenäht (↑ 2.16.1.), und die vorderen Kanten werden mit Knopflöchern und Knöpfen versehen (↑ 2.13.; 2.14.; 6.2.4.).

Zuletzt bügelt man den fertigen Mantel von rechts unter feuchtem Tuch.

10.3.8. Polster im Mantel. Sollen die Schultern durch Polster erhöht und verbreitert werden, so werden entweder Polster mit Watteeinlage oder Polster mit Schaumgummieinlage an der Schulternaht des Mantels eingenäht. Das geschieht nach dem Einnähen der Ärmel und bevor das Futter rund um das Ärmelloch festgenäht wird.

Das Polster schließt mit seiner vorderen hohen Kante genau an der Nahtzugabe der Ärmeleinsatznaht ab und wird von der Ärmelseite aus mit festen Handstichen angenäht. Die hintere Spitze des Polsters befestigt man an der Nahtzugabe der Schulternaht. Da durch das Polster das Futter nicht mehr unmittelbar am Oberstoff anliegt, ergibt sich etwas Weite im Futter, die leicht eingehalten werden muß beim Befestigen des Futters rund um die Ärmeleinsatznaht. Zuletzt wird auch hier das Ärmelfutter neben der Befestigungsnaht anstaffiert.

11. Zierarbeiten

Zierarbeiten an Kleidungsstücken sind im allgemeinen modebedingt. In diesem Kapitel sollen Zierarbeiten erläutert werden, die vorwiegend mit der Nähmaschine ausgeführt werden.

Alle übrigen Zierarbeiten sind den Einzelheften des Verlages für die Frau zu entnehmen, die unter dem Titel „Handarbeitstechniken" zusammengefaßt worden sind, oder der Zeitschrift „Die Handarbeit", die vierteljährlich im Verlag für die Frau erscheint.

11.1. Rüschen und Falbeln

Sie können angesetzt, zwischengesetzt oder aufgesetzt werden und bilden durch ihre Verschiedenartigkeit viele Möglichkeiten der Verzierung. Als Material können Spitze, Streifen aus dem Stoff des Kleidungsstücks oder auch aus abstechendem Stoff verwendet werden. Die Stoffstreifen können im Fadenlauf oder schräg zugeschnitten werden. Man berechnet bei Falbeln und Rüschen im allgemeinen die eineinhalbfache Länge des Fertigmaßes (auf 1 m Fertiglänge der Rüsche also einen 1,5 m langen Stoffstreifen). Bei dünnen Stoffen kann man die Rüsche in doppelter Breite zuschneiden und vor dem Einreihen zur Hälfte zusammenlegen.

11.1.1. Rüsche aus Spitze. Die Spitze wird an ihrer geraden Seite durch zwei bis drei Reihfäden auf die erforderliche

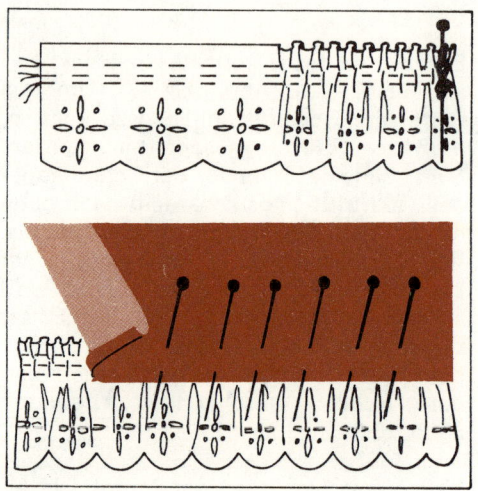

11.1–1

Weite zusammengezogen, unter die umgeheftete Kante des Kleidungsstücks gesteckt und von rechts knappkantig untergesteppt (Abb. 11.1–1).

Verwendet man Spitzenbordüre mit beidseitig gleichem Kantenabschluß, so benötigt man nur die Hälfte der Länge. Man schneidet die Spitze in der Mitte auseinander, setzt sie mit einer schmalen Naht zusammen und verarbeitet sie wie beschrieben.

11.1.2. Rüsche aus geradem Streifen. Man schneidet fandengerade Stoffstreifen in erforderlicher Länge zu, die Breite beträgt Fertigmaß plus 2 cm Nahtzugabe. Die Streifen werden durch ganz knappe

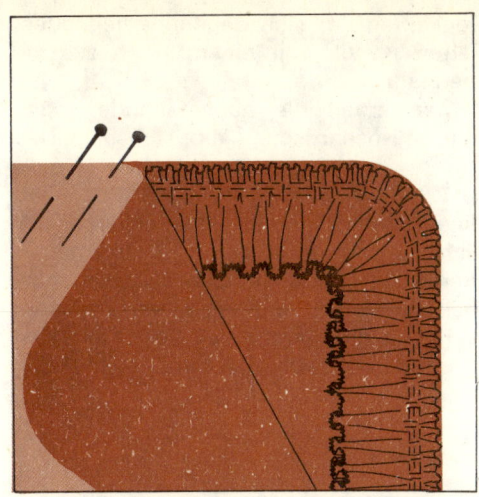

11.1–2

net die doppelte Weite zum Einreihen (auf 1 m Fertigmaß 2 m Rüschenstreifen), denn der Stoff läßt sich wegen des schrägen Fadenlaufs stärker zusammenziehen (↑ 2.12.1.).

11.1.4. Aufgesetzte Rüsche. Beide Schnittkanten des Rüschenstreifens werden gesäumt. Genau in der Mitte und rechts und links im gleichen Abstand davon werden drei Reihfäden eingezogen und auf erforderliche Weite zusammengezogen. Die Rüsche wird auf die markierte Linie des glatten Teils aufgesteckt und auf der mittleren Reihlinie aufgesteppt. Rechte und linke Reihlinie werden anschließend entfernt (Abb. 11.1–3).

Nähte verbunden, die Außenkante kann auf folgende Arten versäubert werden:

▶ Die Schnittkante wird durch den kleinsten Zick-Zack-Stich ganz dicht versäubert, überstehende Fadenenden werden sorgfältig verschnitten.
▶ Die Schnittkante wird durch normalen Zick-Zack-Stich versäubert, die Kante schmal nach links eingeschlagen und knappkantig von rechts durchgesteppt.
▶ Die Schnittkante wird zweimal ganz schmal nach links eingeschlagen und knappkantig durchgesteppt.
▶ Die Schnittkante wird mit dem Säumerfuß der Nähmaschine ganz schmal gesäumt.
▶ Die Schnittkante wird mit Zick-Zack-Stich versäubert, und von rechts wird Zackenlitze oder eine schmale Spitze aufgesetzt.

Die Rüsche wird dreimal eingeriehen, auf erforderliche Weite eingezogen und untergenäht oder mit einfacher Naht an die Kante des Kleidungsstücks angenäht. An Kragen, Bündchen und vorderen Kanten wird die Rüsche vor dem Verstürzen zwischengefaßt und richtet sich nach dem Wenden nach außen auf (Abb. 11.1–2).

11.1.3. Rüsche aus Schrägstreifen. Man verarbeitet sie ebenso wie die Rüsche aus geraden Streifen; ihr Fall ist jedoch weicher und schmiegsamer. Man berech-

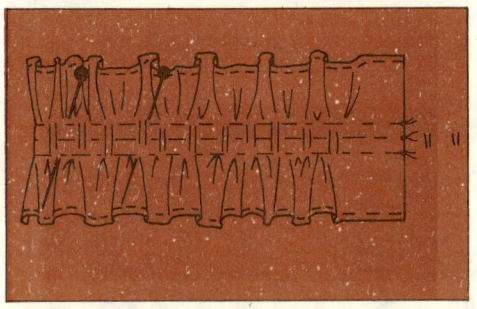

11.1–3

11.1.5. Aufgesetzte Falbel. Die obere und untere Kante müssen entweder eine fertige Musterkante besitzen oder vor dem Einreihen gesäumt werden. In gewünschter Breite läßt man zwischen oberer Kante und Reihlinie einen Abstand, man erhält ein „Köpfchen". Man näht drei Reihfäden, zieht sie auf erforderliche Weite zusammen und verknotet die Reihfäden miteinander. Man setzt die Falbel auf das glatte Teil auf, steppt sie auf der mittleren Reihlinie auf und entfernt anschließend den oberen und unteren Reihfaden.

11.1.6. Glockige Falbel. Sie wird aus mehreren rundgeschnittenen Teilen zusammengesetzt. Als Schnitt zeichnet man auf Papier mit dem Zirkel einen Kreis und vom Mittelpunkt aus im Abstand der gewünschten Falbelbreite einen Innenkreis, den man herausschneidet. Nach dem entstandenen Ring schneidet man

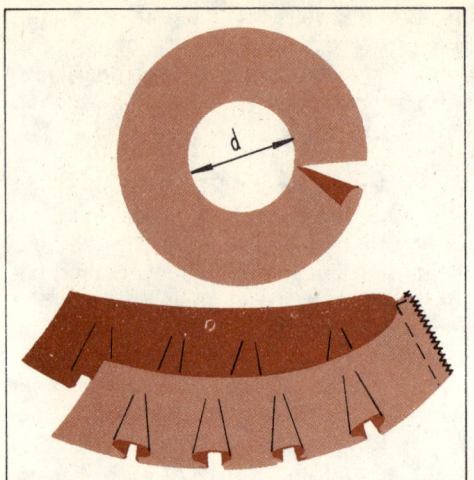

11.1–4

den Stoff zu (Abb. 11.1–4). Die Anzahl der zuzuschneidenden Teile richtet sich nach dem Umfang des Innenkreises: Die Summe der Innenkreise ist gleich der benötigten Falbellänge. Beispiel: Für 1 m Fertiglänge einer 4 cm breiten Falbel benötigt man 5 Ringe mit dem Außendurchmesser von 14,5 und dem Innendurchmesser von 6,5 cm. Die Stoffringe werden jeweils fadengerade in Kett- oder Schußrichtung durchgeschnitten, und an diesen Schnittstellen werden alle 5 Ringe mit schmaler Naht zusammengesetzt. Die Innenkanten werden glattgezogen und an das Teil angesetzt oder untergesetzt.

Bei sehr reichlicher Länge kann man die Falbel auch zusätzlich noch einreihen und dann ansetzen.

11.1.7. Rüsche in Falten gelegt. Der Stoffstreifen wird an beiden Seiten gesäumt oder bei dünnem Material in doppelter Breite ohne Nahtzugabe zugeschnitten. In diesem Fall legt man den Streifen so zur Hälfte zusammen, daß beide Schnittkanten in der Mitte der Unterseite zusammenstoßen. Auf der Mittellinie legt man Tollfalten in gleichmäßigen Abständen, steckt sie fest und heftet sie durch. Die Faltenrüsche wird mit Zick-Zack-Stich auf der Mittellinie oder mit zwei Stepplinien rechts und links von der Mittellinie aufgesteppt. Besonders reizvoll wird die Rüsche, wenn man die Au-

ßenkanten der sich gegenüberliegenden Falten jeweils mit einem Stich zusammennäht.

Man erhält die hochstehende sogenannte Rosenrüsche (Abb. 11.1–5).

11.1.8. Zick-Zack-Rüsche. Man näht einen etwa 1,5 cm breiten Schlauch, die Naht liegt in der Mitte der Unterseite. In gleichmäßigen Abständen zeichnet man Zick-Zack-Linien auf die Unterseite und zieht mit der Hand einen Reihfaden aus Knopflochseide ein. Der Faden wird straff

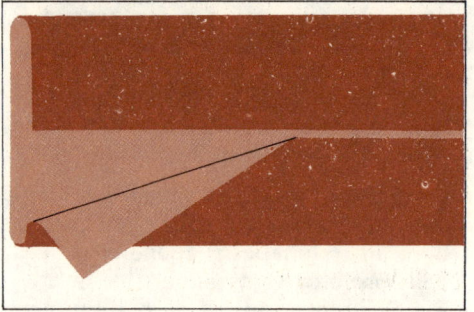

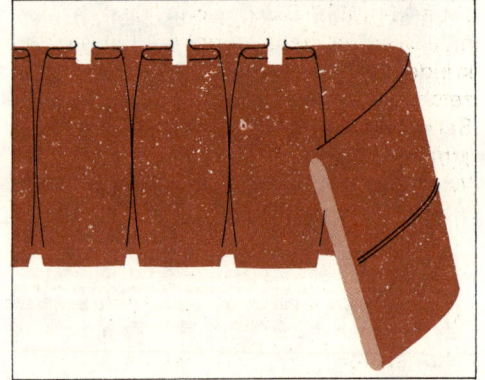

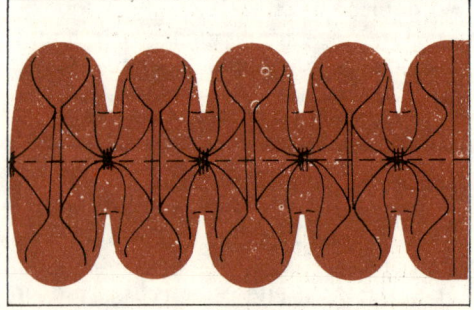

11.1–5

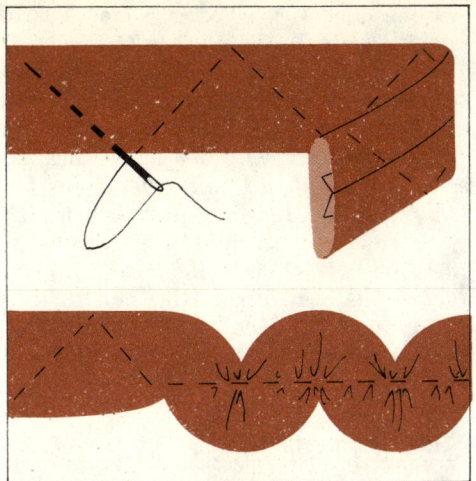

11.1-6

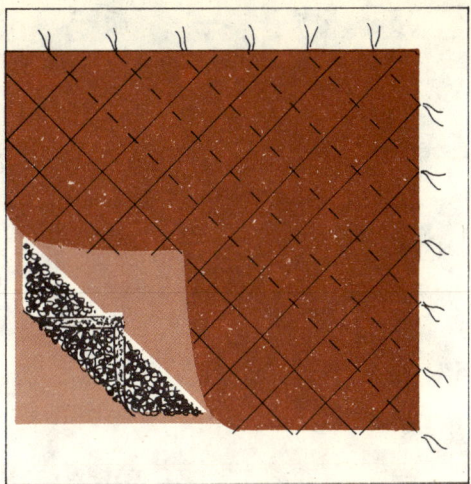

11.2-1

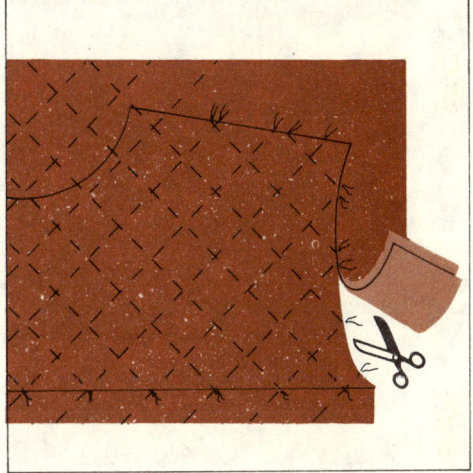

11.2-2

zusammengezogen; dadurch bildet sich die Zick-Zack-Form der Rüsche. Auf dem Reihfaden entlang wird die Rüsche aufgenäht (Abb. 11.1-6).

11.2. Wattestepperei

Die zu steppenden Teile werden nur grob zugeschnitten. Die gewünschten Stepplinien werden ganz dünn mit Schneiderkreide auf die rechte Stoffseite aufgezeichnet. Wichtig ist, daß zwei gleiche Schnitteile die gleiche Musteraufteilung erhalten. Dann heftet man Polsterwatte, Watteline, dünnen Schaumgummi oder wattegestepptes Futter unter die Teile und steppt mit Knopflochseide oder normalem Nähfaden die Linien auf der rechten Stoffseite durch Stoff und Einlage (Abb. 11.2-1). Anschließend steckt man die zusammengehörenden Teile deckungsgleich übereinander, legt das Schnitteil auf und markiert die Linien. Vor dem sorgfältigen Zuschnitt werden die Steppfäden bis zur Schnittlinie herausgelöst und miteinander verknotet (Abb. 11.2-2). Die wattegesteppten Teile müssen von links abgefüttert werden. Werden Oberstoff, Einlage und Futter zusammengesteppt, entfällt das zusätzliche Füttern.

Die Nahtzugaben werden ganz schmal verschnitten und zusammen versäubert, die Außenkanten werden mit Schrägstreifen eingefaßt.

11.3. Wattestopferei

In diesem Fall werden nicht ganze Teile, sondern nur einzelne Partien mit Watte unterlegt. Das gewünschte Motiv wird auf Transparentpapier aufgezeichnet. Der Oberstoff wird mit Futter oder dünnem Stoff unterlegt, das Transparentpapier von rechts auf die betreffende Stelle geheftet (Abb. 11.3-1) und das Motiv mit Knopflochseide oder Nähseide durch das Papier hindurch gesteppt. Das Transparentpapier wird anschließend vorsichtig entfernt (Abb. 11.3-2), die Fäden werden nach links gezogen und verknotet. An den Stellen, die mit Watte ausgestopft

11.3–1

11.3–2

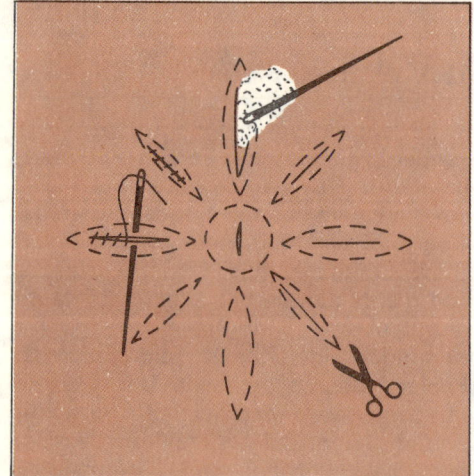

11.3–3

werden sollen, wird das Futter aufgeschnitten und Polsterwatte oder auch
Verbandwatte mit einer großen Stopfnadel eingeschoben, bis man eine genügend hohe und gleichmäßige Wölbung
erzielt hat. Dann wird der Schlitz im Futter mit überwendlichen Stichen zugenäht
(Abb. 11.3–3). Sind alle Musterteile ausgestopft, so wird die Stelle links nochmals mit Futter belegt und das Futter von
rechts rund um das Muster mit Rückstichen angenäht. Die Schnittkanten des
Futters werden mit Zick-Zack-Stichen versäubert.

11.4. Applikation

Darunter versteht man das Aufsetzen von
Mustern oder Spitzenmotiven auf den
Grundstoff. Man arbeitet folgendermaßen: Auf die linke Seite der für das Muster vorgesehenen Stoffteile wird Vlies
aufgebügelt. Anschließend werden die
Musterteile aufgezeichnet und ausgeschnitten (Abb. 11.4–1). Man steckt die
Teile auf den Grundstoff, heftet sie auf
und näht sie rundherum mit kleinem dich-
tem Zick-Zack-Stich oder mit der Hand
mit überwendlichen Stichen, mit Langet-
tenstichen oder mit Knopflochstichen
auf (Abb. 11.4–2). Verwendet man Leder,
so werden die Motive rundum knappkantig aufgesteppt.

11.4–1

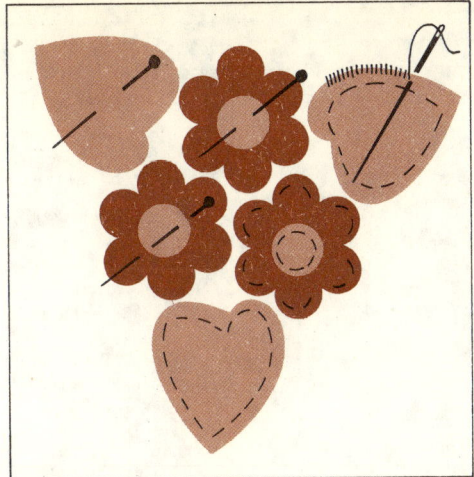

11.4–2

11.5. Inkrustation

In diesem Fall wird der Grundstoff im Muster ausgeschnitten und mit andersartigem oder andersfarbigem Stoff unterlegt (Abb. 11.5–1). Rund um die ausgeschnittenen Partien werden Oberstoff und untergelegter Stoff zusammengeheftet und der Oberstoff wird mit überwendlichen Stichen oder Knopflochstichen am unteren Stoff festgenäht (Abb. 11.5–2).

11.6. Spitzenmotive einsetzen

Man verwendet entweder fertiggekaufte einzelne Motive oder schneidet aus Spachtelspitze Mustergruppen oder ein-

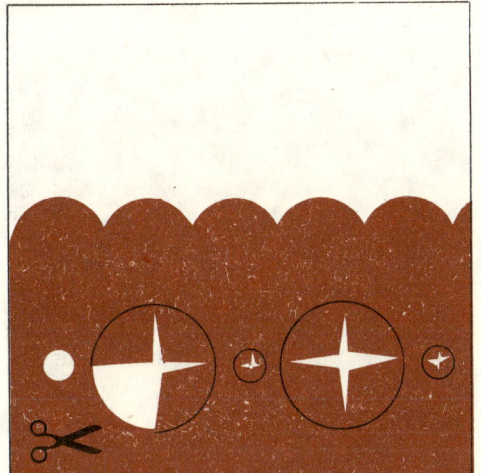

11.5–1

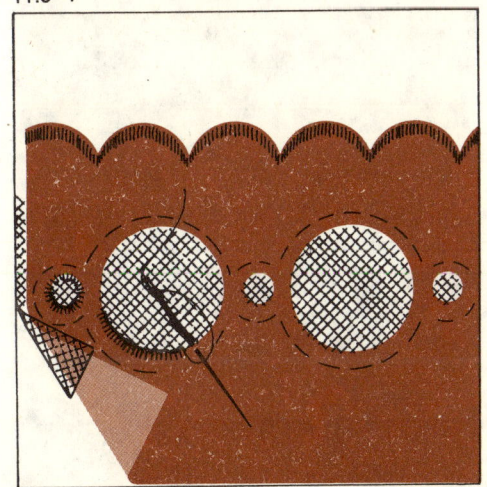

11.5–2

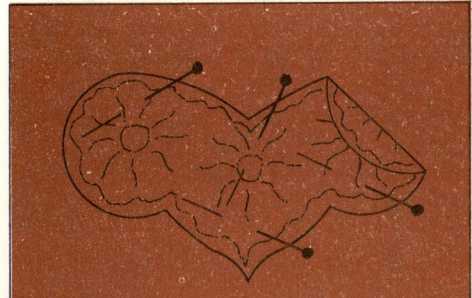

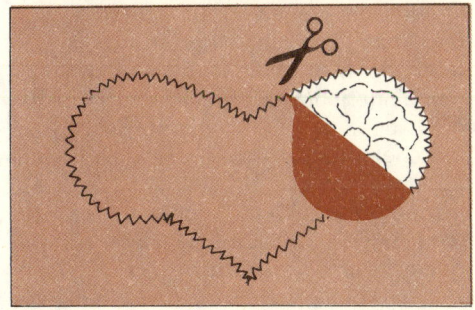

11.6–1

169

11.6—2

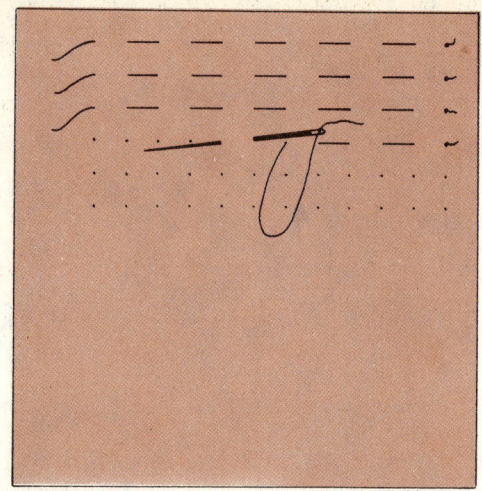

11.7—1

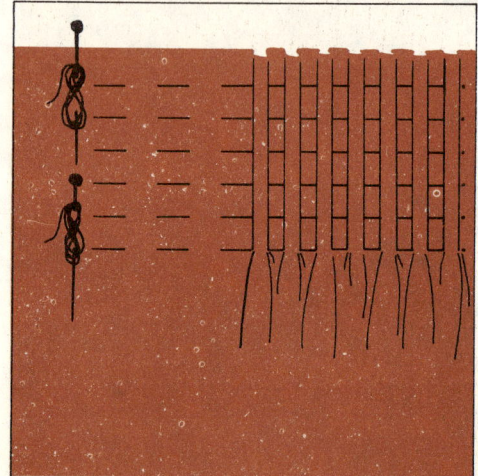

11.7—2

zelne Teile aus. Man heftet sie auf die betreffende Stelle des Kleidungsstücks und näht sie rundum mit Zick-Zack-Stich auf. Anschließend schneidet man den Stoff darunter sorgfältig aus und erhält einen transparenten Einsatz (Abb. 11.6—1; 11.6—2).

11.7. Smok

Mit diesen Schmuckfalten kann man Weite in Kleidungsstücken reizvoll zusammenhalten. Bevor man das Kleidungsstück zuschneidet, sollte man erst eine Musterprobe stechen, um berechnen zu können, wieviel Weite durch den Smok in dem betreffenden Material zusammengehalten wird.

Man arbeitet folgendermaßen: Auf die linke Seite des Stoffs zeichnet man parallele Punktreihen im Abstand von 1 cm × 1 cm auf. Die Punkte müssen genau untereinander liegen. Als Schablone eignet sich kleinkariertes Schreibpapier, das man an den Kreuzungspunkten durchsticht. Anschließend werden die Linien eingereiht: Entweder von Punkt zu Punkt oder von Punkt bis zur Mitte des Zwischenraums (Abb. 11.7—1). Die Reihfäden werden alle auf einmal zusammengezogen, so daß sich hochstehende Fältchen bilden. Je zwei Fäden werden miteinander verknotet (Abb. 11.7—2). Dann werden die Zierstiche mit Stickgarn oder Nähseide ausgeführt: Zwei obere

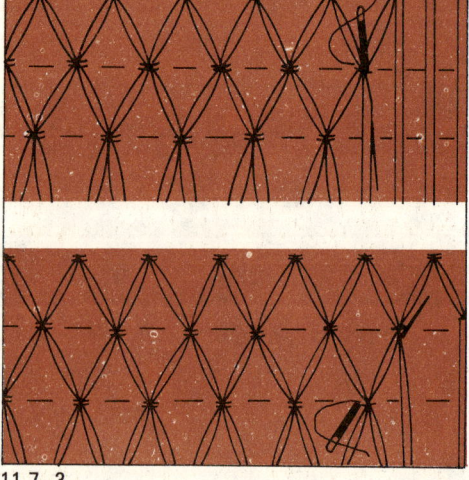

11.7—3

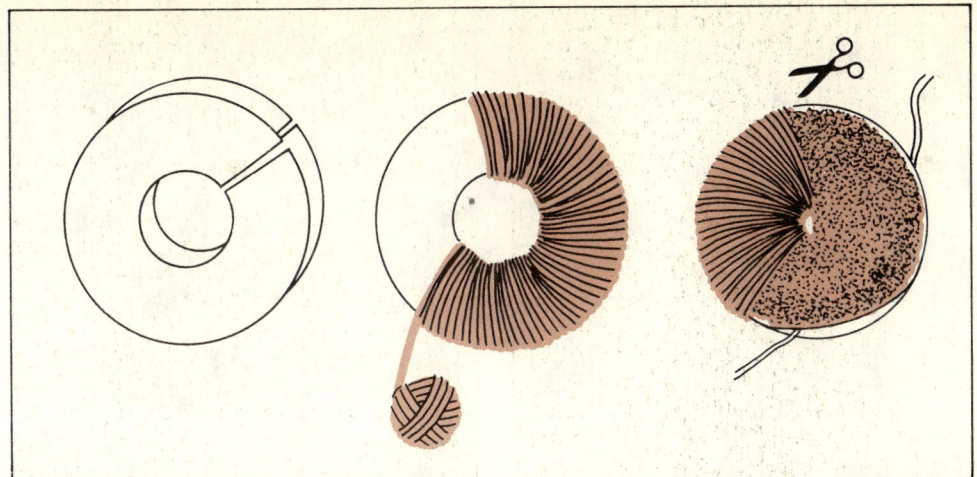

11.8—1

Faltenbrüche werden mit zwei Rückstichen miteinander verbunden, dabei ist darauf zu achten, daß möglichst nur zwei Gewebefäden gefaßt werden. Man führt anschließend die Nadel innerhalb eines Faltenbruchs in die darunterliegende Reihe und verbindet wiederum zwei Faltenbrüche mit zwei Rückstichen. Danach sticht man innerhalb des Faltenbruchs wieder in die obere Reihe, verbindet die nächsten zwei Fältchen und so fort im Wechsel (Abb. 11.7—3). Der im Faltenbruch lose liegende Faden darf nicht zu straff sein, damit die gesmokte Partie dehnbar bleibt. Je zwei Smokreihen werden immer gemeinsam genäht. Nach dem Nähen werden die Reihfäden entfernt, und die Arbeit wird auf eine Wolldecke gespannt und festgesteckt, bevor man das Stück weiterverarbeitet.

Durch die Punkteinteilung 1 cm × 1 cm kann man etwa die zweieinhalb- bis dreifache Weite zusammenhalten, die Einteilung von 0,5 cm Punktabstand ermöglicht das Zusammenhalten von eineinhalb- bis zweifacher Weite. Die beschriebene Art ist die schlichteste Form von Smok, weitere Varianten können dem Band „Weben" aus dem Verlag für die Frau entnommen werden.

11.8. Pompons, Quasten und Schnuren

Für Pompons sollte man möglichst Wolle verwenden, um sie recht füllig und gleichmäßig zu bekommen.

Quasten wird man, wenn sie zu wolligen Kleidungsstücken passen sollen, ebenfalls aus Wollfäden arbeiten; sie sehen aber auch gut aus, wenn man seidige Fäden oder Stickfäden dazu nimmt.

Schnuren kann man je nach Verwendungszweck aus jedem Fadenmaterial drehen, allerdings ist hier der Beanspruchungsgrad zu bedenken.

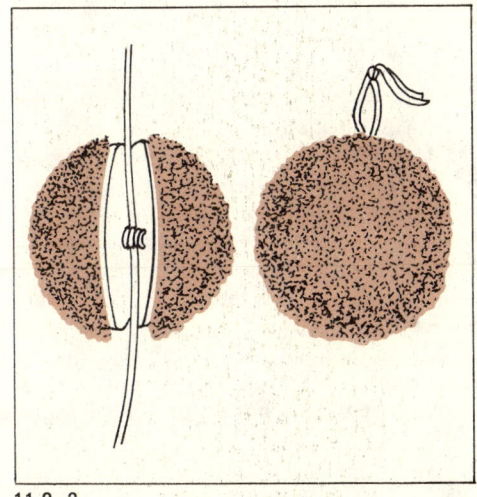

11.8—2

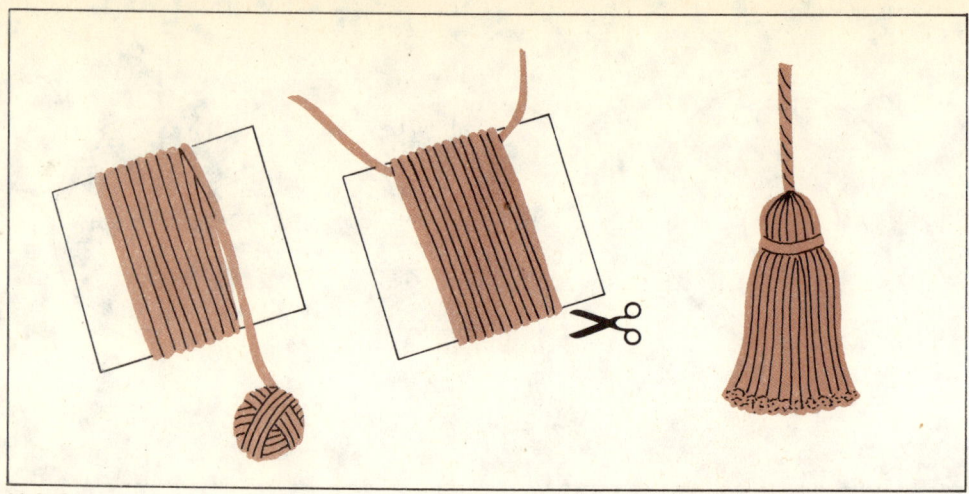

11.8-3

11.8.1. Pompons.
Man zeichnet mit dem Zirkel zwei Ringe auf eine Pappe und schneidet sie aus. Der Außendurchmesser richtet sich nach der Größe der Pompons. Beide Ringe werden aufeinandergelegt und an einer Stelle aufgeschnitten. Dann umwickelt man sie dicht mit Wolle. Die Fäden werden am Außenrand aufgeschnitten (Abb. 11.8–1). Zwischen den beiden Pappringen wird das Wollbündel mit einem Faden mehrmals umwickelt; der Faden wird verknotet. Nach dem Entfernen der Pappringe wird der Pompon über Wasserdampf gehalten, damit er rund und füllig wird. Anschließend wird der Pompon gleichmäßig rund verschnitten (Abb. 11.8–2).

11.8.2. Quasten.
Man schneidet einen Pappstreifen, der so breit sein muß, wie die Quaste lang werden soll. Dann umwickelt man den Streifen gleichmäßig dicht mit Wolle und zieht durch das Schlingenbündel einen Faden, den man fest verknotet. Der Pappstreifen wird herausgezogen, und die Schlingen werden gegenüber der verknoteten Stelle aufgeschnitten. Die Quaste wird am oberen Ende mehrmals mit einem Wollfaden umwickelt und anschließend über Wasserdampf gehalten, damit sie füllig wird. Sie kann an eine selbstgedrehte Kordel angenäht werden (Abb. 11.8–3).

11.8.3. Schnuren.
Dafür verwendet man je nach gewünschter Stärke 2 bis 4 Fäden in zweieinhalbfacher Fertiglänge der Schnur. Man befestigt das eine Ende der Fäden an einem Haken, spannt die Fäden straff und dreht sie so weit nach rechts zusammen, bis eine starke Spannung entsteht. Dann legt man die gedrehten Fäden über der zwischengehaltenen linken Hand zur Hälfte zusammen. Wenn man die Hand herauszieht, dreht sich die Schnur von selbst zusammen. Die Schnurenden werden verknotet.

12. Änderungen, Modernisierungen und Reparaturen

In jedem Haushalt sammeln sich im Laufe der Zeit Kleidungsstücke an, die man nicht mehr tragen kann oder möchte, die aber zum Wegwerfen zu schade sind, weil die Stoffe noch nicht verbraucht sind. Nach längerer Benutzung werden Tisch-, Bett- und Frottierwäsche dünn oder an den besonders beanspruchten Stellen schadhaft. Mit einigem Geschick und etwas Fantasie lassen sich viele Textilien weiterverwenden, man kann sie reparieren, modernisieren oder aus großen Kleidungsstücken Brauchbares für Kinder nähen. Einige Ratschläge sollen helfen, aus abgelegten Stücken wiederverwendbare „neue" Sachen zu nähen, ohne Geld für Stoffe ausgeben zu müssen.

12.1. Kleidungsstücke

Die Wiederverwendung von Kleidungsstücken richtet sich nach Größe, Material und Muster. Besitzt man schlecht passende Kleidungsstücke, sollte man versuchen, sie in ihrer Schnittform passend zu machen und durch kleine Veränderungen zu modernisieren. Trennt man solche Kleider auf, um aus ihnen durch einen neuen Zuschnitt etwas Modernes zu nähen, so gelingt das meistens nicht, da kaum ein anderer Schnitt auf die Teile paßt und man viel Mühe aufwenden muß, damit aus den Teilen etwas Komplettes entsteht. Diese Methode lohnt nur, wenn man wesentlich kleinere Sachen oder Kleidungsstücke für Kinder daraus nähen möchte.

12.1.1. Hosen modernisieren. *Zu weite Hosenbeine* näht man folgendermaßen *enger:* Die Hosenbeine werden nach links gewendet, die Säume aufgetrennt und die Hosenbeinnähte unter feuchtem Tuch nach einer Seite gebügelt. Die untere Saumweite wird gemessen, der Wert der neuen Saumweite davon abgezogen und der Differenzbetrag durch vier geteilt. Der so errechnete Wert wird an innerer und äußerer Naht angekreidet. Man zeichnet dann bis etwa in Kniehöhe eine gerade Linie, die etwa bis zum Oberschenkel in die frühere Nahtlinie verläuft. Die Veränderung muß an beiden Hosenbeinnähten gleichmäßig vorgenommen werden, damit der Fall der Hosenbeine nicht verändert wird. Nach dem Heften der neuen Nahtlinien wird die Hose anprobiert, die Beinweite kontrolliert und korrigiert. Anschließend werden die Nähte genäht, die Nahtzugaben verschnitten und versäubert, die Nähte breitgebügelt und die Hosenbeinsäume in richtiger Länge genäht.

Aus langen Hosen kann man für Urlaub oder Freizeit verschiedene kurze Hosenformen arbeiten.

Kniebundhose zum Wandern. Etwa 10 cm unterhalb der Kniekehle werden beide Hosenbeine abgeschnitten. Die Seitennähte erhalten einen 6 bis 8 cm langen Schlitz. Nachdem die Weite des Hosenbeins durch Einreihen oder Fältchenlegen auf den Beinumfang unterhalb des Knies eingehalten wurde, heftet man an jedes Hosenbein aus Gurtband oder Vlies einen Probebund an. Man probiert die Hose und reguliert Länge und Weite. Günstig ist, wenn die Hosenbeine vorn 1,5 cm länger sind, damit für das Beugen der Knie genügend Spielraum vorhanden ist. Nach der Anprobe schneidet man für die Bündchen aus den Abfallstücken zwei Streifen zu und näht sie mit Über- und Untertritt wie einen Rock- oder Hosenbund an (↑ 4.2.4.). Als Verschluß wird ein Knopf mit Knopfloch angebracht, oder man näht an den Untertritt eine Schnalle und zieht den Obertritt durch.

Will man sich nicht so viel Mühe machen, gibt man vor dem Abschneiden zur Fertiglänge noch 4 cm zu, heftet sie um und steppt diesen Saum am Bruch knappkantig und 3 cm davon entfernt nochmals durch. Durch einen offengelassenen Schlitz im Saumbereich an der inneren Beinnaht zieht man 2 cm breites Gummiband in erforderlicher Weite ein.

Bermuda-Shorts. Die Hosenbeine werden in Kniehöhe abgeschnitten und erhalten einen etwa 4 cm breiten handgenähten Saum.

12.1.2. Oberhemden modernisieren. Oft ist an neuwertigen Hemden die Kragenform veraltet.

Verkleinern des Kragens. Man trennt die Steppnaht des Unterkragens an der Kragenansatzlinie auf und wendet den Kragen nach links. Dabei bleibt der Oberkragen am Hemd angenäht. Die kleinere Kragenform wird mit Kreide auf die Einlage aufgezeichnet. Ist der Kragen durch mehrere Lagen Einlagematerial sehr verstärkt, so zieht man vorsichtig und sorgfältig eine Lage davon ab. Stoff und Einlage werden in der neuen Form zusammengeheftet und mit kleinen Stichen zusammengenäht. Dann verschneidet man die Nahtzugabe rundum auf 0,5 cm, wendet den Kragen wieder nach rechts, heftet ihn durch, steppt die Kante ab und

bügelt den Kragen. Zum Schluß wird der Unterkragen an der Kragenansatzlinie wieder aufgesteppt.

Durchgescheuerte Kragen und Manschetten kann man erneuern, indem man sie abtrennt, die Unterseiten wiederverwendet und mit Stoff aus dem Saumbereich des Hemds belegt. Das ist allerdings nur möglich, wenn das Hemd danach nicht zu kurz wird; evtl. kann man Kragen und Manschetten auch aus abstechendem Stoff arbeiten.

12.1.3. Kinderblusen aus Oberhemden. Man trennt alle Teile auf, bügelt sie glatt und legt gleiche Teile rechts auf rechts deckungsgleich übereinander. Die Teile des Schnitts werden aufgelegt und die Bluse wird zugeschnitten. Den Verschluß kann man verwenden, wenn er durch eine Knopfleiste die Knöpfrichtung verdeckt. Sonst kann man versuchen, die neuen Vorderteile in Gegenrichtung aufzulegen, damit die Knöpfrichtung verändert wird.

12.1.4. Jacken und Mäntel neu füttern. Bei Kleidungsstücken mit langer Tragedauer sind oft die Oberstoffe noch in einwandfreiem Zustand, aber das Futter ist an stark strapazierten Stellen schadhaft geworden. Es lohnt sich in vielen Fällen durchaus, diese Kleidungsstücke mit neuem Futter zu versehen.

Aus dem zuerst chemisch gereinigten Kleidungsstück wird das gesamte Futter vorsichtig herausgetrennt, nicht herausgeschnitten. An wichtigen Punkten, z. B. dem Zusammentreffen von Ärmel und Nähten am Rumpffutter, heftet man zur Markierung kleine Fäden ein, damit das neue Futter richtig zusammengesetzt werden kann. Das herausgetrennte Futter wird glattgebügelt, nachdem alle Teilungsnähte und Abnäher ebenfalls aufgetrennt wurden. Für den Zuschnitt wird jeweils nur das halbe Teil gebraucht, es genügt also, nur einen Ärmel, ein Vorderteil und den halben Rücken aufzutrennen und zu bügeln. Nach der Länge der Teile wird der Futterstoffverbrauch errechnet. Das Futter wird in Form und Größe genau nach den alten Teilen zugeschnitten, zusammengenäht und an den gleichen Stellen im Oberstoff neu eingenäht.

Wird ein Herrensakko neu gefüttert, so trennt man die eingearbeiteten Taschen vorsichtig aus dem alten Futter heraus und näht sie an den gleichen Stellen in das neue Futter ein.

12.1.5. Kinderkleidung vergrößern. Häufig genügt es nicht, Säume und Nähte einfach herauszulassen, weil oft auch die Kanten schon abgescheuert sind und die Kinder sich sträuben, solche unschön geänderten Sachen zu tragen. Verlängerungen und Erweiterungen müssen möglichst perfekt aussehen.

Kurze Jacken verlängern. Ärmel- und Jackensäume werden aufgetrennt und ausgebügelt. Sind die Brüche durch Bügeln beseitigt, werden alle Säume entweder mit einem farblich genau passenden oder einem gewollt abstechenden Stoff verstürzt. Dafür schneidet man etwa 6 cm breite schräge Streifen, die man an den Schnittkanten ansetzt und nach dem Annähen nach links umschlägt und hohl annäht. Die unteren Nahtkanten werden zum besseren Halt von rechts abgesteppt.

Kann man den Saumumschlag nicht verwenden oder genügt diese Verlängerung nicht, so kann man *an Ärmel und Jackensäume Strickbündchen* ansetzen. Diese Strickbündchen werden entweder im Patentmuster selbst gestrickt, oder man schneidet aus einem zu klein gewordenen oder schadhaften farblich passenden Pullover Bündchen zu. Ärmelsäume und Jackensaum werden zunächst mit Smokgummi zweimal eingerieben und die Schnittkanten mit Zick-Zack-Stich versäubert. Die Bündchen dürfen nur so weit gearbeitet sein, daß sie beim Tragen fest anliegen. Dann näht man sie, indem man sie stark dehnt, an die ebenfalls ausgedehnten Schnittkanten von Saum und Ärmeln. Die Reihlinien liegen im Bereich der Nahtzugabe und sind von rechts nicht zu sehen. Sie geben den Bündchen zusätzlich Halt.

Eine zweite Möglichkeit der Verlängerung ist das *Ansetzen von Bündchen aus Kordsamtresten.* Man schneidet Streifen in Länge des Jackensaums und in Länge

der Ärmelweite, die Breite sollte zwischen 6 und 8 cm Fertigmaß liegen. Die Streifenbreite beträgt doppeltes Fertigmaß plus 3 cm Nahtzugabe. Die Streifen werden links auf links zur Hälfte zusammengeheftet und in gleichmäßigen Abständen je nach Breite des Einziehgummis abgesteppt. Auf der linken Seite werden in den Bund auf jeder Seite Schlitze eingearbeitet, damit der Gummi eingezogen und festgenäht werden kann. In den Bündchen für die Ärmel bleibt jeweils die Naht auf der linken Seite offen (↑ 7.2.4.). Die Bündchen werden glatt an Ärmeln und Saum angenäht und die Nahtzugaben von Jacke und Bündchen zusammen mit Zick-Zack-Stich versäubert. Zuletzt wird Gummiband in erforderlicher Länge eingezogen und zusammengenäht. Aus einer gerade geschnittenen Jacke wird auf diese Weise ein Blouson.

Kinderkleider erweitern und verlängern. Dazu braucht man farblich abstechenden oder passend gemusterten Stoff. Der Rock wird durch eine zwischengesetzte schmale Querblende und durch eine am Saum angesetzte Falbel auf erforderliche Länge gebracht.

Das Oberteil wird abgetrennt, und die Schulternähte werden aufgetrennt. Dann werden Vorder- und Rückenteil senkrecht auseinandergeschnitten: Man schneidet von der Mitte der Schulternaht schräg bis zur Taille, so daß der Abstand von der vorderen bzw. hinteren Mitte etwa 7 cm beträgt. In diese Zwischenräume setzt man Blenden aus dem zweiten Stoff ein und bringt so das Oberteil auf die notwendige Weite. Wird dadurch die Schulterlinie zu breit, so muß man diese etwas korrigieren. Die Schulternaht wird zusammengenäht, und das Oberteil mit dem auf gleiche Weite gebrachten Rock zusammgengesetzt.

Wintermäntel verlängern. Hierzu verwendet man farbig passenden Webpelz. Man setzt an den Mantelsaum eine Blende von etwa 15 cm Breite an, die Ärmel erhalten 8 bis 10 cm breite Webpelzaufschläge, und der Kragen wird in der vorhandenen Form zusätzlich mit Webpelz belegt. Die Verlängerung wird auf diese Weise gleichzeitig eine Verschönerung.

12.1.6. Nützliche Dinge aus alten Kleidern.

Aus verschiedenartigen bunten, gemusterten und einfarbigen Stoffen schneidet man Quadrate von 8 cm × 8 cm und Rechtecke von 8 cm × 16 cm zu. Diese Teile setzt man willkürlich im Muster, aber abwechselnd von Quadrat und Rechteck, zu einer großen Fläche zusammen und kann daraus kleine lustige Westen, Kissen, Beutel oder auch eine Tagesdecke für das Bett im Kinderzimmer nähen.

Kleingeblümte Stoffe eignen sich gut als Futter für kleine Westen, oder man schneidet sie zu Schrägstreifen und faßt die Kanten an einfarbigen Kleidungsstücken damit ein.

Aus bunten Sommerkleidern kann man Bezüge für Stuhlkissen für die Küche oder den Garten nähen, ebenso praktisch sind Beutel für Schuhe, die man in den Schrank packen möchte oder für die Reise im Koffer verstauen will.

Turnbeutel für die Kinder und Einkaufsbeutel für den täglichen Gebrauch sind ebenso schnell genäht, und manches nicht mehr getragene Kleidungsstück kann sinnvoll verwendet werden, wenn man sich etwas Mühe gibt und Zeit nimmt, den richtigen Verwendungszweck zu finden.

12.2. Frottierhandtücher

Ausgefranste Kanten und Säume. Man schneidet die defekten Ränder rundherum im Fadenlauf ab, schlägt die Schnittkanten zweimal schmal nach links um und näht sie mit der Nähmaschine durch. An den Schmalseiten faßt man jeweils in der Mitte einen Aufhänger aus einem 12 cm langen, zur Hälfte gelegten Henkelband mit.

Dünne Stellen in Handtüchern. Man schneidet die besten Partien fadengerade heraus und näht daraus entweder kleine Handtücher für die Reise oder Waschlappen und Waschhandschuhe.

Waschlappen. Man schneidet die Teile 25 cm × 25 cm, schlägt sie rundherum zweimal schmal nach links ein und näht sie durch. An einer Ecke faßt man einen Aufhänger aus einem etwa 8 cm langen, zur Hälfte gelegten Henkelband mit.

Waschhandschuh. Man schneidet ein Teil 20 cm × 30 cm zu und säumt eine 30 cm lange Seite. Dann schlägt man das Teil zur Hälfte zusammen, faßt einen Aufhänger aus einem 8 cm langen zur Hälfte gelegten Henkelband zwischen die Schnittkanten und näht die zwei offenen Seiten zusammen. Die Nahtzugaben zusammen versäubern und den Handschuh nach rechts wenden.

12.3. Bettwäsche

12.3.1. Bettlaken.

Meist werden die Laken zuerst in der Mitte dünn. Dann schneidet man die defekten Laken in der Mitte längs auseinander und näht sie an ihren Webkanten (den äußeren Kanten) wieder zusammen. Dafür legt man beide Webkanten etwa 1,5 cm überlappend aufeinander und näht sie zweimal knappkantig durch. Die dünnen Außenseiten des Lakens werden fadengerade verschnitten, zweimal schmal nach links eingeschlagen und knappkantig durchgesteppt.

Aus sehr morschen Laken schneidet man brauchbare Stellen fadengerade heraus, säumt sie rundum und versieht sie mit einem Aufhänger, so erhält man *Geschirrtücher.*

Sehr gut eignet sich dünner Bettwäschestoff als *Bügeltuch;* das Stück wird nicht gesäumt, da sich die dicken Kanten auf das zu bügelnde Kleidungsstück durchdrücken würden.

12.3.2. Bettbezüge

Ausgeplatzte Knopflöcher. Man trennt beide Seitennähte des Bezugs von unten her bis etwa 15 cm oberhalb des Verschlusses auf, schneidet die defekte Kante ab und schlägt die Schnittkante zweimal 3 cm links ein. Dieser Umschlag wird knappkantig durchgesteppt, und die Knopflöcher werden an gleicher Stelle wie vorher mit der Maschine eingearbeitet. Besitzt man keine Zick-Zack-Nähmaschine, kann man die Knopflöcher auch in einem Dienstleistungsbetrieb einnähen lassen. Beide Verschlußkanten werden anschließend aufeinandertreffend zusammengesteckt, bis 15 cm von der Außenkante entfernt aufeinandergesteppt und die Längsseiten wieder zugenäht. Der Bezug ist dadurch zwar etwas kürzer als vorher, aber wieder voll verwendbar.

Dünne Oberkante. Diese am stärksten strapazierte Stelle wird meist vorzeitig dünn. Um das Einreißen zu vermeiden, verlegt man den oberen Bruch. Man trennt beide Seitennähte des Bezugs auf und legt ihn wieder so zusammen, daß die Verschlußöffnung um etwa 30 bis 35 cm auf die Oberseite verschoben wird. Dadurch verschiebt sich die gefährdete Stelle, und der Verschluß knöpft nun von unten nach oben. Anschließend werden beide Nähte geschlossen, und der Bezug ist wieder verwendungsfähig.

Kopfkissen nähen. Aus einem großen zusammenhängenden Stück Bettbezug kann man Kopfkissen nähen. Man schneidet dafür ein Stück von 170 cm × 82 cm zu. Beide Schmalseiten werden zweimal je 2,5 cm breit eingeschlagen, die Umschläge knappkantig durchgesteppt und Knopflöcher eingenäht. Beide Verschlußkanten werden aufeinandertreffend zusammengesteckt und bis 10 cm von der Außenkante entfernt aufeinandergesteppt. Rechts auf rechts wird das Teil so zusammengelegt, daß der Verschluß etwa 8 cm von der unteren Bruchkante entfernt ist. Beide Nähte werden genäht und anschließend mit Zick-Zack-Stich versäubert. Nach dem Wenden werden die Knöpfe angenäht.

Brötchenbeutel aus Bettwäsche. Aus kleineren Stücken des Bezugs kann man einen kochfesten Brötchenbeutel nähen. Man schneidet dafür ein Teil von 90 cm × 34 cm zu, legt es links auf links zusammen und näht die beiden 45 cm langen Nähte mit Rechts-Links-Naht zusammen. 4 cm unterhalb der Schnittkanten läßt man an beiden Nähten 3 cm offen. Dann schlägt man den oberen Rand 4 cm nach links um, schlägt ihn nochmals 1 cm ein und steppt den Umschlag fest. Beide Schlitze befinden sich auf der Außenseite. Durch sie zieht man zwei Schnuren von 65 cm Länge ein, die man miteinander verknotet.

Soll ein Brötchenbeutel besonders hübsch werden, so kann man die Vorderseite vor dem Nähen mit Textilmalfarbe bemalen oder eine Applikation aufnähen.

12.4. Dekorationsstoffe weiterverwenden

Aus abgelegten Übergardinen, deren Stoff noch haltbar ist, können Bezüge für Sitzkissen oder für die Aufleger der Gartenschaukel angefertigt werden.

Besonders praktisch ist auch ein Windschutz für den Strand. Dafür näht man aus dem Dekostoff eine Bahn von 4,50 m Länge und 75 cm Breite. Die Bahn wird an beiden Längsseiten schmal gesäumt, beide Schmalseiten erhalten einen etwa 3 cm breiten Saum. Dann teilt man die Gesamtlänge in 5 gleiche Abschnitte und näht an jeder Teillinie eine Falte von 3 cm Tiefe (= 6 cm Falteninhalt) nach links ab. Am oberen Ende werden beide Außensäume und die Falten zugenäht. In die entstandenen „Tunnel" werden Stäbe aus Holz oder aus Glasfiber eingesteckt. Näht man zusätzlich auf die Innenseite eines jeden Felds noch eine Tasche auf, kann man die Strandutensilien sicher unterbringen.

Alle diese Beispiele sollen nur Anregung sein, aus vorhandenen Materialien und Kleidungsstücken sinnvolle und schöne Dinge zu nähen, die kaum etwas kosten und noch lange Zeit verwendungsfähig bleiben. Mit viel Fantasie lassen sich bestimmt noch viele andere Möglichkeiten der Wiederverwendung von Textilien finden.

KpH Körperhöhe	HU Halsumfang	kBU kleiner Brustumfang	gBU großer Brustumfang
Abstand zwischen Scheitelpunkt und Fußboden	oberhalb des Halsansatzes	über dem Brustansatz, unter den Achselhöhlen hindurch, über die Schulterblätter	über die stärkste Stelle der Brust, unter den Achselhöhlen hindurch, über die Schulterblätter

OAU Oberarmumfang	TU Taillenumfang	GU Gesäßumfang	GUmA Gesäßumfang mit Ausgleich
an der dicksten Stelle des Oberarms	genau in der Taillenlinie	etwa 20 cm unterhalb der Taille, über die stärkste Stelle des Gesäßes	wie GU, aber mit untergelegter Pappe, um den Bauchvortritt zu berücksichtigen

GTHP Gürteltiefe bis Halsansatzpunkt	GT Gürteltiefe	BT Brusttiefe	SB Schulterbreite
vom Halsansatzpunkt bis zur Taille	vom unteren Halswirbel über Halsansatzpunkt zur Taille	vom unteren Halswirbel zur höchsten Stelle der Brust	vom Halsansatz zum Schultergelenk
RL Rückenlänge	RB Rückenbreite	äBL äußere Beinlänge	SB + äAL Schulterbreite und äußere Armlänge
vom Halswirbelpunkt zur Taille	von Armansatz zu Armansatz waagerecht über den Rücken	von der Taillenlinie senkrecht zum Fußgelenk	vom Halsansatzpunkt über den Schulterpunkt zum Handgelenkknöchel

Wichtige Zeichen auf Schnitten und Schnittmusterbogen

Fadenlauf
———————→

Der Fadenlauf ist an jedem Schnitteil angegeben, das nicht die Bezeichnung Stoffbruch aufweist.

Stoffbruch
– – – – – – – –

Das Schnitteil ist genau am Bruch des doppelten Stoffs anzulegen.

Schlitz
———————|

Einschnitt
|———————|

Schlitze und Einschnitte nur in der angegebenen Länge einschneiden (vorher prüfen).

×———————●

Falte einlegen. × trifft dabei exakt auf ●.

A   B
═══════════

A   B

Durchschnitt. Das Schnitteil befindet sich in zwei Teilen auf dem Schnittmusterbogen. Das mit a gekennzeichnete ergänzende Schnitteil muß so angelegt werden, daß die gleichen Großbuchstaben aneinandertreffen.

✳ Einreihen ✳

Einreihen in der gegebenen Begrenzung, entweder dreifach mit der Nähmaschine (bei größter Sticheinstellung) oder mit kleinen Handstichen.

✳ Dehnen ✳

Von ✳ bis ✳ ist der Stoff durch Bügeln unter feuchtem Tuch an der Schnittkante zu dehnen.

✳ Einhalten ✳

vM/vord. M.
hM/hintere M.

|——————|

② (im Kreis)

85 cm ———————→

❚ oder ▼

Symbole aus den Zeichnungen

dunkle
Farbfläche

helle
Farbfläche

weiße Fläche

farbige
Schräglinien

Von ✳ bis ✳ ist der Stoff durch Anschieben einzuhalten; sicherer ist, einen Reihfaden einzuziehen. Beim Nähen dürfen sich aber keine Fältchen bilden.

Vordere bzw. hintere Mitte.

Knopfloch; zunächst nur markieren. Die Länge des Knopflochs genau auf den Knopf abstimmen. Vorher probieren!

Knopf für das betreffende Schnitteil (hier z. B. Teil 2).

Verlängern des Schnitteils auf die angegebene Länge.

Die kleinen Markierungen am vorderen Ärmelausschnitt und an der vorderen Ärmelkugel müssen beim Ärmeleinstecken aufeinandertreffen.

rechte Stoffseite

linke Stoffseite

Einlage/Vlies

Schrägstreifen

	Futterstoff, rechte Seite
	Futterstoff, linke Seite
	Heftnaht
	Naht
	Durchschlagstiche auf der linken Stoffseite
	Staffierstiche
	Rückstiche
	Rückstiche auf der linken Stoffseite
	Zickzackstich
	Hexenstich
	Nährichtung
	Umschlagen
	Reißverschluß
	Gurtband
	Schneiden
	Bügeln
vM	vordere Mitte
hM	hintere Mitte

Register

A

Abbügeln 42
Abheften 21
Abnäher 24
– am Kleid 120
– am Rock 59, 60
– an der Hose 77
– an der Weste 88, 90
– Brustabnäher 88, 90, 130
– Längsabnäher 121
– Schulterabnäher 130, 134
Abnäher bügeln 41
Abschlüsse am Ärmel 111
– eingerollt 113
– gerades Bündchen 113
– gesmokt 112
– Formmanschette 114
– mit Gummizug 111
– mit Saum 111
Änderungen 173 ff.
Anprobe 54
– Bluse 98
– Hose 74
– Jacke 130, 135
– Kleid 118
– Mantel 150, 153
– Rock 58
– Weste 88
Anspitzen der Kreide 16
Applikation 168
Arbeitsplatz 9
Ärmel 98, 106
– Abschlüsse 111 ff.
– Einsetzen 106
– Einstecken 98, 108

Ärmel (Fortsetzung)
– Kimonoform 131, 133
– Länge 98
– zweinähtig für Mäntel 150, 156, 160, 163
– Raglanform 134 ff.
– Schlitze 108 ff.
Ärmelbügelbrett 11
Ärmelfutter 139, 160, 163
Armlochversäuberung 91
aufgesetzte Taschen 80
– Zuschnitt 80
– Verarbeitung 80
Aufgesteppte Naht 23
Aufhänger 37
– am Rock 66
– an Jacke und Mantel 37
Aufkreiden der Schnitteile 16

B

Balance
– beim Rock 58
– bei der Weste 89
Bänder 14
Baumwolle 12
Befestigung des Nähfadens 17
Belag 92, 140, 150, 152, 157
– angesetzter 93
– angeschnittener 92
Berechnung der Falten 67
Bettwäsche
– reparieren 176
– Weiterverarbeitung 177
Biesen 24
Bindekragen 106

Bindung 13
Blende 104
– eingesetzte 125
– Formblende 104, 105
Bluse 96 ff.
– Anprobe 98
– Näharbeiten 100 ff.
Brötchenbeutel nähen 177
Bügelgeräte 11
– Ärmelbügelbrett 11
– Bügelbrett 11
– Bügeleisen 11
– Bügelhandschuh 11
– Bügeltuch 11
Bügelfläche 11
Bügeln 41
– Abbügeln 42
– Abnäher, Nähte, Säume 41
– Falten 42
– Formbügeln, Dressieren 41, 74, 150
– Samt 41
Bund 61
– mit Einlage 61
– mit Gurtband 63
– mit vorgefertigtem Bund 62
Bündchen
– am Ärmel 113, 175
– am Halsausschnitt 99
– am Kragen 100 ff.
Bundfalten 77
Bundverarbeitung 61
– am Rock 61
– an der Hose 79

D

Dederonkettgewirk 13
Dressieren, Formbügeln 41, 74, 150
Druckknöpfe 14
– annähen 33
Durchschlagen 53
Durchstecken der Schnittmarkierungen 53

E

Ecken
– nähen 29, 30, 32
– verschneiden 29
einfache Naht 22
Einfädeln der Nadel 15
Einlagestoffe 13

Einlage unterheften 54
Einreihen 25
– mit der Hand 25
– mit der Nähmaschine 25
– mit Smokgummi 25
Einsetzen des Blusenärmels 108
Einsetzen des Mantelärmels 163
Einzelschnitt 44
Ergänzungsmaterialien 14

F

Fadenende, Knoten 16
Fadenmaterial 13
Fadenlaufrichtung beim Zuschneiden 50
Falbel 164
– aufgesetzte 165
– glockige 165
Fältchen 24
Falten 24
Falten berechnen 67
Faltenrock 67
– Stoffmenge 67
– Zuschnitt 68
– Verarbeitung 68
Fasern 12
– Chemiefasern 12
– Mischfasern 12
– natürliche Fasern 12
– Regeneratfasern 12
– synthetische Fasern 12
Fertigungsmittel 9 ff.
Fingerhut 12, 16
Flügeltaschen 82
Formblende 104, 105
Formbügeln, Dressieren 41, 74, 150
Formmanschetten 114
Formstreifen 91
– am Armloch 91
– am Ausschnitt 104
Frottierhandtücher 176
– reparieren 176
– Weiterverwendung 176
Füll- und Polsterstoffe 13
Futter erneuern 174
Füttern
– Hose 85
– Kimonojacke 133
– Mantel 160, 162
– Raglanjacke 138
– Rock 66
– Weste 94
Futterstoffe 13

G

gemusterte Stoffe, Zuschnitt 51
Geradstichnähmaschine 9, 21
gerauhte Stoffe, Zuschnitt 52
Gesäßnaht 75, 79
Gestricke 13
Gewebe 12
Gewirk 13
Gewirk und Gestrick, Zuschnitt 52
glatter Ärmel 111
— kurz 111
— lang 111
Glockenrock 69
— Stoffmenge 69
— Verarbeitung 71
— Zuschnitt 69
Größenbestimmung 43
Grundbegriffe des Schneiderns 15 ff.
Grundschnitt 44
Gürtel 35
Gürtelschlaufen 37
Gürtelstege 38

H

Haken 33
Haken- und Ösenverschluß 66
Haltung beim Nähen 15
Handnähnadeln 10
Handstiche 17
— Durchschlagstiche 17
— Hexenstiche 19
— Hohlstiche 19
— Knopflochstiche 20
— Langettenstiche 20
— Pikierstiche 19
— Rückstiche 18
— Staffierstiche 18
— Steppstiche 19
— Überwendlichstiche 19
— Vorstiche 17
Heften 21, 54
— Abheften 21
— Umheften 21, 54
— Unterheften 54
— Zusammenheften 21, 53
Heftfaden 13
Heftnaht 22
Hose 72 ff.
— Anprobe 74
— modernisieren 173
— Näharbeiten 77 ff.
Hosenfutter 85

I

Inkrustation 169

J

Jacke 128 ff.
— Anprobe 130, 135
— Futter erneuern 174
— Näharbeiten 132 ff., 136 ff.
— Taschen 142
— verlängern 175
Jackenfutter 133, 138

K

Kappnaht 23
Kermalin 14
Kettfäden 13
Kimonojacke 130 ff.
— Anprobe 130
— Einsetzen des Zwickels 133
— Füttern 133
— Taschen 142
— Verarbeitung 132 ff.
— Verschluß 140
Kinderkleidung 175
— Jacken verlängern 175
— Kleider verlängern, erweitern 175
— Mäntel verlängern 175
Klappentasche 143
Kleid 116 ff.
— Anprobe 118 ff.
— Näharbeiten 121 ff.
— verlängern 175
Kleiderknopfloch 34
Knöpfe 14
— annähen 33
Knopflöcher 34
— handgestochene 34
— Kleiderknopfloch 34
— mit der Nähmaschine 34
— Mantelknopfloch 35
— Wäscheknopfloch 34
Knopflochseide 10, 14
Knoten am Fadenende 16
Koffernähmaschine 9
Kopfkissen nähen 177
Kopierrädchen 12
Kordsamt, Zuschnitt 52
Kragen 99, 100
— Bindekragen 106
— Formblende 104
— in Reversform 103

Kragen (Fortsetzung)
- am Mantel 151, 152, 157, 158, 161
- mit angesetztem Bündchen 103
- schräge Rollblende 105
- Stehbündchen 100

L

Längsteilungsnähte 119, 122
Leistentaschen 144
Lineal 12
Litzen 14
Lurexstoffe, Zuschnitt 52

M

Manschette 114
Mantel 148 ff.
- Anprobe 150, 153
- Füttern 160, 162
- Kragen 150, 152, 153, 157, 158
- Näharbeiten 157 ff.
- neu füttern 174
- Rückenschlitz 150, 153, 159, 162
- verlängern 175
- Vorbereitung zur Anprobe 150
- Vorderteile verarbeiten 144
Mantelärmel 163
Mantelfutter 160, 162
Mantelknopfloch 35
Markieren der Schnittlinien 17, 52
Maschinennaht sichern 22
Maschinenstich 21
- Geradstich 21
- Zick-Zack-Stich 21
Maßband 11
Maßnehmen 43
Maßtabelle 43
- Größenbestimmung 43
- Standardmaße 43
Mischgewebe 12
Modellveränderungen 50
Modernisieren 173
- Kragen 174
- Hosen 173, 174

N

Nachkreiden der Schnittmarkie-
   rungen 53
Nadel einfädeln 16
Nadelkissen 12
Nadeln 10
- Handnähnadeln 10
- Nähmaschinennadeln 11

Nadeln (Fortsetzung)
- Stecknadeln 11
- Sticknadeln 11
- Stopfnadeln 11
- Zwillingsnadeln 11
Näharbeiten
- Bluse 100 ff.
- Hose 77 ff.
- Jacke 132 ff., 136 ff.
- Kleid 121 ff.
- Mantel 157 ff.
- Rock 60 ff.
- Weste 90 ff.
Näharbeit, Vorbereitung 10
Nähfaden, Befestigung 17
Nähhaltung 15
Nähmaschine 9
Nadeln 10, 11
- Pflege 10
- Typen 9
Nähmaschine mit Nähmöbel 9
Nähplatz 9
Nähseiden 13
Nähstörungen 10
Nähte 22
- aufgesteppte Naht 23
- einfache Naht 22
- Gesäßnaht 75, 79
- Heftnaht 22
- Kappnaht 23
- Längsteilungsnaht 119, 121
- Raglannaht 135
- Rechts-Links-Naht 23
- Schrittnaht 77
- Schulternaht 89, 90, 130
- Seitennaht 60, 77
- Taillennaht 120, 122
- Zick-Zack-Naht 23
Nahtversäuberung 26
- durch Auszacken 27
- mit Handstichen 26
- mit Steppstich 26
- mit Zick-Zack-Stich 26
Nahtzugaben beim Zuschnitt 51
Nähvorbereitung 43 ff.
Nähzwirne 14
Naturseide 12
Nutznaht-Automatik-Nähmaschine 9

O

Oberhemdkragen verkleinern 174
Ösen 33
- handgestochene 34

P

Papierkorb 12
Paspeltasche 83
– Verarbeitung 83
– Zuschnitt 83
Pikieren 19, 152
Polster 39
– Polster beziehen 39
– Polster einnähen 39
Polsterstoffe 13
Polyakrylnitrilfasern 12
Polyamidfasern 12
Polyesterfasern 12
Pompon 171
Programm-Zick-Zack-Maschine 9

Q

Quasten 172

R

Raglanjacke 134 ff.
– Anprobe 135
– Füttern 138
– Schnittkorrektur 134, 136
– Taschen 142 ff.
– Verarbeitung 136
– Verschluß 140 ff.
Rechts-Links-Naht 23
Regeneratfaserstoffe 12
Reißverschluß 64
– mit der Hand eingenäht 64
– mit der Maschine eingenäht 64
– verdeckt eingenäht 79
– teilbar, verdeckt eingenäht 141
Reparaturen 173 ff.
Retovlies 13
Revers 103, 152, 157
Rock 56 ff.
– Anprobe 58
– Faltenrock 67
– Glockenrock 69
– Näharbeiten 60 ff.
Rockformen ohne Schnitt 67 ff.
Rockfutter 66
Rollblende, schräge 105
Röllchen für Knopfverschluß 114
Rückenteil des Mantels, Verarbeitung 150
Rückenschlitz am Mantel 150, 153, 159, 162

Rüschen 164
– aufgesetzte Rüsche 165
– aus geradem Streifen 164
– aus Schrägstreifen 165
– aus Spitze 164
– in Falten gelegte Rüsche 166
– Rosenrüsche 166
– Zick-Zack-Rüsche 166

S

Samt, Zuschnitt 52
Saum 27
– am Rock 61
– an der Hose 79
– an Glocken- und Plisseerock 28
Säumen 27
– in elastischen Stoffen 27
– mit Hohlstichen 27
– mit Nähmaschine 28
Scheren 10
Schlaufen 37
Schlitze 108 ff.
– am Rock 67
– ausgestürzter Ärmelschlitz 108
– eingefaßter Ärmelschlitz 110
– Oberhemdärmelschlitz 110
– Rückenschlitz am Mantel 150, 153, 159, 162
– Seitenschlitz im Kleid 122
Schmuckfalten, Smok 170
Schnallen beziehen 36
Schneiderkreide 12, 16
Schnitt 44 ff.
– Einzelschnitt 45
– Grundschnitt 45
– vom Schnittmusterbogen 44
Schnittauflage 50
Schnitt kopieren 44
– mit Kopierpapier 44
– mit Kopierrädchen 44
– mit Transparentpapier 44
Schnittmusterbogen 44
Schnittveränderungen 45
– am Raglanärmel 134
– des Modells 50
– Kombination zweier Schnittgrößen 50
– körperbedingte Veränderungen 48
– mäßliche Veränderungen 47
Schnuren 172
Schrägstreifen 30
– Eckenbildung 32
– für Paspel 31
– zum Einfassen 31

Schußfäden 13
Seitennahttasche 82
– Verarbeitung 82
– Zuschnitt 82
Smok, Schmuckfalten 170
Smokgummi 25
Spezial-Nutznaht-Automatik-Maschine 9
Spiegel 12
Spitze 40
– Spachtelspitze verarbeiten 40
– Spitzenmotive einsetzen 169
– Spitzenrüsche 164
– Stickereispitze verarbeiten 40
Standardmaße 43
Stecknadeln 11
– einstecken 17
Stehbündchen 100
Stiche 17
– Durchschlagstiche 17
– Handstiche 17
– Hexenstiche 19
– Hohlstiche 19
– Knopflochstiche 20
– Langettenstiche 20
– Nähmaschinenstiche 21
– Pikierstiche 19
– Rückstiche 18
– Staffierstiche 8
– Steppstiche 19
– Überwendlichstiche 19
– Vorstiche 17
Sticknadeln 11
Stickzwirne 14
Stopfnadeln 11
Stoßborte 79
Super-Nutznaht-Automatik-Maschine 9
Synalin 14
Synthetische Fasern 12

T

Taillennaht 120, 122
Taschen 80
– aufgesetzte Tasche 80
– Flügeltasche 82
– Klappentasche 143
– Leistentasche 144
– Paspeltasche 83
– Seitennahttasche 82
Techniken des Schneiderns 15 ff.
textile Stoffe 12
– Herstellungsverfahren 12
– Wiederverwendung 173
Trennen 24

U

Übertragen des Schnitts 52
– Durchschlagen 53
– Durchstecken und Nachkreiden 53
– mit Kopierrädchen 53
Umheften 54
Unterheften von Einlagen 54
Unterkragen 103, 151, 158, 174
Untertritt 66, 79, 92, 123, 126, 142

V

Veränderungen des Modells 50
Veränderungen des Schnitts 46
– körperbedingte 48
– maßliche 46
– modellbedingte 50
verdeckter Verschluß 79, 140
– mit Knöpfen 141
– mit Reißverschluß 79, 141
Vergrößern des Schnitts 46
Verkleinern des Schnitts 46
Verkürzen des Schnitts 46
Verlängern des Schnitts 46
Versäubern der Nähte 26
– durch Auszacken 27
– mit Handstichen 26
– mit Steppstich 26
– mit Zick-Zack-Stich 26
Verschluß
– am Kleid 123 ff.
– am Rock 64, 65
– an der Hose 79
– an der Jacke 140
– an der Weste 92
– mit Untertritt 79
– verdeckter 140, 141
Verstürzen 28
– Außenrundungen 29
– Innenrundungen 29
– Kragen, Revers, Aufschläge 29, 157
– mit Einlage 29
Verwerten von Textilien 173 ff.
Viskoseseide 12, 13
Voraussetzungen zum Schneidern 9 ff.
Vordere Kanten 92
– mit angeschnittenem Belag 92
– mit angesetztem Belag 93
– am Mantel 150, 153
– an der Jacke 140
Vorderabschluß am Kleid 123
– mit Klinke 123
– mit eingesetzter Blende 125

W

Wäscheknopfloch 34
Wattestepperei 167
Wattestopferei 167
Webkante 50
Webpelz verarbeiten 40
Weste 86 ff.
– Anprobe 88
– Näharbeiten 90 ff.
Westenfutter 94
Wiederverwendung von Stoffen 176
Windschutz nähen 177
Winkel 12
Wolle 12

Z

Zick-Zack-Naht 23
Zick-Zack-Stich 21
Zierarbeiten 164 ff.
Zusammenheften 21, 53
Zuschneiden 52
Zuschnitt 50
– gemusterter Stoff 51
– gerauhte Materialien 52
– Gewirk und Gestrick 52
– Lurexstoffe 52
– Nahtzugaben 51
– Samt und Kordsamt 52
– Schnittauflage 50
– Technik 52
Zwickel 133
Zwillingsnadel 11
Zwischenbügeln 11
Zwirn 14